― 한 가지 재료로 매일 새로운 반찬과 국, 찌개 ―
# 365일 반찬 걱정 없는 책

욜로리아 송혜영 지음

## 365일 반찬 걱정 없는 책

**초판 발행** · 2022년 12월 9일
**초판 8쇄 발행** · 2025년 9월 22일

**지은이** · 송혜영(욜로리아)
**발행인** · 이종원
**발행처** · (주) 도서출판 길벗
**출판사 등록일** · 1990년 12월 24일
**주소** · 서울시 마포구 월드컵로 10길 56 (서교동)
**대표전화** · 02) 332-0931 | **팩스** · 02)323-0586
**홈페이지** · www.gilbut.co.kr | **이메일** · gilbut@gilbut.co.kr

**편집팀장** · 민보람 | **기획 및 책임편집** · 서랑례(rangrye@gilbut.co.kr) | **디자인** · 신세진 | **제작** · 이준호, 손일순
**마케팅** · 정경원, 김진영, 박민주, 류효정 | **유통혁신팀** · 한준희 | **영업관리** · 김명자 | **독자지원** · 윤정아

**편집진행** · 김소영 | **교정** · 추지영 | **사진** · 장봉영 | **사진 어시스턴트** · 윤장렬, 원인재, 김형준
**푸드스타일리스트** · 정재은@studioonthetable
**푸드스타일링 어시스턴트** · 장미진, 변연서, 이수진, 안수빈, 김미소, 최수민, 전진, 노혜령, 김우진
**CTP 출력 · 인쇄** · 교보피앤비 | **제본** · 경문제책

- 이 책은 저작권법의 보호를 받는 저작물로 이 책에 실린 모든 내용, 디자인, 이미지, 편집 구성은 허락 없이 복제하거나 다른 매체에 옮겨 실을 수 없습니다.
- 인공지능(AI) 기술 또는 시스템을 훈련하기 위해 이 책의 전체 내용은 물론 일부 문장도 사용하는 것을 금지합니다.
- 잘못 만든 책은 구입한 서점에서 바꿔 드립니다.

ⓒ송혜영(욜로리아)

ISBN 979-11-407-0225-1(13590)
(길벗 도서번호 020215)

정가 27,000원

**독자의 1초를 아껴주는 정성 길벗출판사**

**(주)도서출판 길벗** · IT단행본&교재, 성인어학, 교과서, 수험서, 경제경영, 교양, 자녀교육, 취미실용 www.gilbut.co.kr
**길벗스쿨** · 국어학습, 수학학습, 주니어어학, 어린이단행본, 학습단행본 www.gilbutschool.co.kr

독자의 1초를 아껴주는 정성!
세상이 아무리 바쁘게 돌아가더라도
책까지 아무렇게나 빨리 만들 수는 없습니다.

인스턴트 식품 같은 책보다는
오래 익힌 술이나 장맛이 밴 책을 만들고 싶습니다.

땀 흘리며 일하는 당신을 위해
한 권 한 권 마음을 다해 만들겠습니다.

마지막 페이지에서 만날 새로운 당신을 위해
더 나은 길을 준비하겠습니다.

독자의 1초를 아껴주는 정성을 만나보십시오.

## 작가의 말

**365일 반찬 걱정 없는 집밥 함께 만들어요!**

안녕하세요, 욜로리아입니다. 벌써 네 번째 요리책을 쓰게 되었어요.
이번 책은 일주일 또는 장보기가 아닌 재료별로 모아놓은 집밥 레시피입니다.
갑자기 찾아온 코로나와 물가 상승, 공공요금 인상, 주택 가격 상승, 주가 하락, 이자와 환율 변동으로 혼란스러운 시기입니다. 이럴 때일수록 기운을 내려면 잘 먹어야 해요. 요즘 '카페 가는 것도 사치다!'라고 하는 분들이 많아지고 있어요. 식당보다는 편의점 도시락 또는 삼각김밥을 더 많이 찾는다고 합니다. 저는 IMF 시대를 직접 체험한 세대로서 그때의 어려움들이 다시 떠오릅니다.
'아낄 수 있는 것은 먹거리밖에 없다!'라는 말이 있습니다. 하지만 아끼더라도 대충 드시지는 마세요. 식비를 줄이되 다양한 레시피로 부족함 없이 식사하는 것이 욜로리아 집밥 만들기의 장점 아닐까요? 아끼는 것도 중요하지만 버리지 않는 것도 중요합니다. 생활비를 절약하면서 장을 봐왔는데 냉장고 구석에서 식재료가 상하고 있지는 않나요? 집에 있는 식재료부터 버리지 않도록 재료별 레시피로 더 맛있게, 더 건강하게, 더 알뜰하게 집밥을 즐겨보세요.
'어차피 다 먹지도 못하고 버려!'라고 생각할 수도 있지만 소분하여 보관만 잘하면 버리지 않고 알뜰하게 먹을 수 있어요.
집밥 재료는 어디서나 쉽게 구할 수 있는 것들이고, 간단하게 만들어 먹을 수 있는 레시피로 준비했습니다. 국물 요리도 쉽고 간단하게 만들 수 있도록 구성했어요.
'재료비와 준비 시간을 들일 바에야 사 먹는 게 더 싸다!'는 생각이 들 수도 있을 겁니다. 하지만 장보기 총액은 한 끼 사 먹는 것과 별 차이가 없다 해도 한 번 장 본 재료로 여러 끼, 다양한 메뉴를 만들어 먹을 수 있으니 훨씬 절약입니다. '시간이 오래 걸린다'는 것도 따지고 보면 배달 주문하고 기다리는 시간보다 더 빨리 더 따뜻하고 맛있게 준비할 수 있어요.
반찬 만들기로 도시락을 준비해보세요. 서로 시간이 안 맞는 가족의 식사 준비를 한 번에 간단하게 끝낼 수 있어요. 1인 가구라면 도시락을 조금 더 준비해서 다른 사람들과 나눠 먹어보세요. 누군가와 함께 먹는다면 요리하는 즐거움이 더 생깁니다.

식습관으로 생기는 비만, 당뇨, 고지혈증, 고혈압 등 여러 가지 질병도 건강한 집밥으로 예방할 수 있어요.
《365일 반찬 걱정 없는 책》과 함께 어렵지 않게! 간단하고 맛있게!
집밥만큼은 따뜻하고 푸짐하길 바랍니다.

2022년 11월 율로리아

**Special Thanks to**

**항상 응원해주시는 구독자 뽀그리 님들께**
자취생부터 어머니, 아버지들까지 영상을 봐주시고, 함께 만들어주시고 응원해주셔서 율로리아가 벌써 네 번째 《365일 반찬 걱정 없는 책》을 마무리하게 되었어요. 이번 책을 만드는 동안 아들이 군대에 갔습니다. 휴가 나오면 엄마 밥이 너무 그리웠다고 하는 아들, 회사 단체급식이 냉동식품 데워 나오는 것 같다며 집밥 먹다가 밖에서 못 먹겠다고 하는 남편, 그냥 가족이니까 하는 말인 줄 알았어요. 직접 따라 만들어보고 맛있게 먹었다는 댓글 한 줄이 정말 힘이 되었고, 다른 언어를 사용하는 외국인 구독자가 SNS에 인증 사진을 올린 걸 보고 눈물이 났어요. 집밥은 같이 먹는 것이 정말 중요하다는 걸 느끼는 코로나 시국이었습니다. 같이 먹을 수는 없지만 함께할 수 있어서 늘 감사합니다. 앞으로도 더 쉽고 더 맛있고, 더 간단하게 건강한 집밥을 만들기 위해 노력하겠습니다.

## 일러두기

**유튜버 율로리아의 요리 꿀팁**

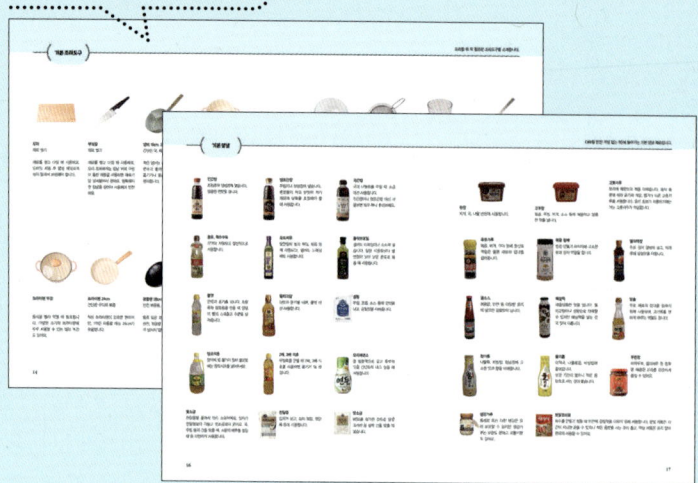

율로리아가 추천하는 꼭 필요한 기본 조리도구와 집에 구비해두면 좋은 양념들을 소개합니다.
이 책에 사용된 계량법 및 재료 써는 방법을 알기 쉽게 풀어놓았습니다. 요리 초보도 이 책에 나오는 계량법을 따라 레시피대로 요리한다면 맛있는 반찬을 만들 수 있습니다.

**유튜버 율로리아의 재료 고르는 법 & 보관법**

각 재료별 제철 시기, 신선한 재료 고르는 장보기 노하우, 오래 두고 먹을 수 있는 보관법, 손질법을 일목요연하게 정리했습니다.

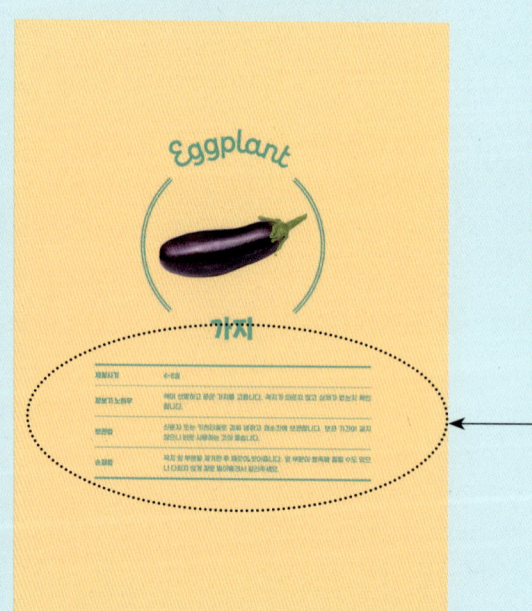

**유튜버 욜로리아의 쉽고 빠른 레시피 소개**

모든 요리 과정은 자세한 사진과 친절한 설명으로 풀어냈습니다.

구입해야 하는 재료와 집에 있는 기본재료로 나누어 보여줍니다.

욜로리아가 강조하는 조리 과정에 필요한 팁과 주의 사항을 알려줍니다.

욜로리아가 해당 레시피에 알려주고 싶은 한마디를 적어두었습니다.

**미리 알려드립니다.**

- 책에 소개된 레시피는 유튜버 욜로리아의 레시피를 책의 특성에 맞게 정리, 수정한 것입니다. 현재 욜로리아의 유튜브 계정에 올라 있는 영상 속 레시피와는 차이가 있을 수 있습니다.
- 보관 기간은 냉장 보관 기준입니다. 냉장고의 상태에 따라 보관 기간이 달라질 수 있습니다.
- 책에 소개된 레시피는 3~4인 가족 1회 식사 분량입니다.
- 책에 소개된 레시피에서 중량이 표시되지 않은 덩어리 채소류(감자, 당근, 양파 등)는 중간 크기를 사용했습니다.

## 목차

작가의 말　4
일러두기　6
기본 조리도구　14
기본 양념　16
간단하게 계량하기　18
재료 써는 법　19

장보기 노하우　20
장 보는 장소 소개　22
일주일 저녁 식단　24
냉장고·냉동고·팬트리 정리법　26
궁금해요! 율로리아 님!　28

# PART 1.
# 냉장고 속 재료로 만드는 매일 반찬

### 감자 · 31p

감자채볶음　32
햄감자채볶음　32
감자조림　34
매운감자조림　34
알감자조림　36
꽈리고추감자조림　36
감자채전　38
감자전　38
감자샐러드　40
감자냉채　41

### 달걀 · 42p

마약달걀장　43
참치달걀말이　44
시금치달걀말이　44
달걀장조림　46
햄달걀말이　46
소고기달걀장조림　48
꽈리고추달걀장조림　48
폭탄달걀찜　50
푸딩달걀찜　50
토마토달걀볶음　52

### 당근 · 53p

당근감자채전　54
당근부침개　54
당근견과류샐러드　56
당근라페　56
당근양배추생채　58
당근달걀말이　58
당근칩　60

### 두부 · 61p

두부조림　62
두부간장조림　62
된장소스두부조림　64
두부튀김조림　64
돼지고기두부조림　66
마파두부　66
두부브로콜리무침　68
두부롯무침　68
두부전　70
두부참치동그랑땡　70
두부장아찌　72
두부강정　72
두부잡채　74
두부강된장　74
연두부미역냉채　76

### 버섯 · 77p

팽이버섯전　78
한입팽이버섯전　78
팽이버섯베이컨말이　80
팽이버섯냉채　80
느타리버섯볶음　82
느타리버섯햄볶음　82
새송이버섯말이　84
새송이버섯고추장구이　84
표고버섯고기전　86

| | | |
|---|---|---|
| 표고버섯조림 | 86 | |
| 모둠버섯탕수육 | 88 | |

### 애호박 · 89p

| | |
|---|---|
| 매운애호박볶음 | 90 |
| 애호박볶음 | 90 |
| 애호박채볶음 | 92 |
| 애호박새우젓지짐 | 92 |
| 애호박구이 | 94 |
| 애호박가지된장볶음 | 94 |
| 애호박채전 | 96 |
| 애호박두부구이 | 96 |
| 애호박오징어전 | 98 |
| 애호박전 | 98 |
| 애호박달걀말이 | 100 |

### 양배추 · 101p

| | |
|---|---|
| 양배추샐러드 | 102 |
| 코울슬로 | 102 |
| 양배추피클 | 104 |
| 양배추베이컨볶음 | 104 |
| 양배추롤 | 106 |
| 양배추찜 | 106 |
| 양배추참치빈대떡 | 108 |

### 양파 · 109p

| | |
|---|---|
| 양파장아찌 | 110 |
| 양파양배추장아찌 | 110 |
| 양파고추장아찌 | 110 |
| 고깃집양파부추절임 | 112 |
| 양파김치 | 112 |
| 양파무침 | 114 |
| 양파비빔장 | 114 |
| 양파튀김 | 116 |
| 양파볶음 | 116 |
| 양파카레 | 118 |

### 어묵 · 119p

| | |
|---|---|
| 어묵볶음 | 120 |
| 고추장어묵볶음 | 120 |
| 감자어묵볶음 | 120 |
| 어묵곤약조림 | 122 |
| 어묵조림 | 122 |
| 매운어묵꼬치 | 124 |
| 어묵튀김 | 125 |
| 어묵샐러드 | 126 |

### 오이 · 127p

| | |
|---|---|
| 으깬오이무침 | 128 |
| 매콤오이무침 | 128 |
| 오이된장무침 | 130 |
| 오이겨자무침 | 130 |
| 오이소박이 | 132 |
| 오이파무침 | 132 |
| 오이피클 | 134 |
| 오이도라지생채 | 134 |
| 오이미역냉국 | 136 |
| 오이냉국 | 136 |
| 오이소고기볶음 | 138 |

### 캔참치 · 139p

| | |
|---|---|
| 참치고추장전 | 140 |
| 참치깻잎전 | 140 |
| 참치두부두루치기 | 142 |
| 참치무조림 | 142 |
| 참치샐러드 | 144 |

### 콩나물 · 145p

| | |
|---|---|
| 매운콩나물무침 | 146 |
| 콩나물무침 | 146 |
| 콩나물미나리무침 | 146 |
| 콩나물볶음 | 148 |
| 콩나물제육볶음 | 148 |
| 콩나물잡채 | 150 |

### 햄류 · 151p

| | |
|---|---|
| 소시지야채볶음 | 152 |
| 소시지감자조림 | 152 |
| 소떡소떡 | 154 |
| 분홍소시지구이 | 154 |
| 스팸두부구이 | 156 |
| 스팸두부조림 | 156 |
| 햄카츠 | 158 |
| 멕시칸샐러드 | 158 |

# PART2.
## 특별한 날 생각나는 별미 반찬

### 가지 · 161p

| | |
|---|---|
| 가지제육볶음 | 162 |
| 굴소스가지볶음 | 162 |
| 가지된장구이 | 164 |
| 가지튀김 | 164 |
| 가지만두조림 | 166 |
| 가지두부말이 | 166 |
| 가지장아찌 | 168 |
| 가지소박이 | 168 |
| 가지냉국 | 170 |
| 가지무침 | 170 |

### 고추 · 172p

| | |
|---|---|
| 고추전 | 173 |
| 오이고추된장무침 | 174 |
| 오이고추소박이 | 174 |
| 꽈리고추감자조림 | 176 |
| 꽈리고추찜 | 176 |
| 고추장아찌 | 178 |
| 고추멸치다짐 | 178 |

### 깻잎 · 180p

| | |
|---|---|
| 깻잎튀김 | 181 |
| 깻잎순된장무침 | 182 |
| 깻잎순나물 | 182 |
| 깻잎찜 | 184 |
| 된장소스깻잎찜 | 184 |
| 깻잎김치 | 186 |
| 생깻잎지 | 186 |
| 깻잎맛살말이튀김 | 188 |

### 무 · 189p

| | |
|---|---|
| 보쌈무 | 190 |
| 무생채 | 190 |
| 무말랭이무침 | 192 |
| 단무지무침 | 192 |
| 무나물 | 194 |
| 무조림 | 195 |

### 미역 · 196p

| | |
|---|---|
| 미역줄기볶음 | 197 |
| 미역오이초무침 | 198 |
| 쇠미역무침 | 198 |
| 쇠미역말이 | 200 |

### 배추 · 201p

| | |
|---|---|
| 칼국숫집겉절이 | 202 |
| 배추겉절이 | 202 |
| 배추삼겹살찜 | 204 |
| 배추된장지짐 | 204 |
| 배추전 | 206 |
| 배추생채 | 206 |
| 소고기배추볶음 | 208 |

### 부추 · 209p

| | |
|---|---|
| 부추양파절임 | 210 |
| 부추겉절이 | 210 |
| 부추표고버섯볶음 | 212 |
| 부추전 | 212 |
| 부추해물샐러드 | 214 |
| 부추오믈렛 | 214 |

### 브로콜리 · 216p

| | |
|---|---|
| 브로콜리파프리카피클 | 217 |
| 브로콜리들깨마요무침 | 218 |
| 브로콜리두부샐러드 | 218 |
| 브로콜리새우볶음 | 220 |
| 브로콜리치즈구이(전) | 220 |

### 숙주 · 222p

| | |
|---|---|
| 숙주채소찜 | 223 |
| 닭고기숙주 겨자무침 | 224 |
| 숙주무침 | 224 |
| 숙주베이컨볶음 | 226 |
| 숙주소고기볶음 | 226 |
| 숙주잡채 | 228 |

### 연근 · 243p

| | |
|---|---|
| 연근조림 | 244 |
| 연근버섯조림 | 244 |
| 연근카레전 | 246 |
| 연근전 | 246 |
| 참깨소스연근샐러드 | 248 |
| 연근피클 | 248 |
| 연근튀김 | 250 |

### 나물류 · 265p

| | |
|---|---|
| 참나물무침 | 266 |
| 고사리나물 | 266 |
| 곤드레나물 | 268 |
| 미나리오이무침 | 268 |
| 취나물고추장무침 | 270 |
| 취나물된장무침 | 270 |
| 청경채굴소스볶음 | 272 |
| 공심채볶음 | 272 |
| 미나리전 | 274 |
| 궁채볶음(상추대) | 274 |

### 시금치 · 229p

| | |
|---|---|
| 시금치무침 | 230 |
| 시금치된장무침 | 230 |
| 시금치해물볶음 | 232 |
| 시금치샐러드 | 232 |
| 시금치프리타타 | 234 |

### 건어물 · 251p

| | |
|---|---|
| 달콤멸치볶음 | 252 |
| 매콤멸치볶음 | 252 |
| 견과류멸치볶음 | 254 |
| 꽈리고추멸치조림 | 254 |
| 고추장건새우볶음 | 256 |
| 마늘종건새우볶음 | 256 |
| 명엽채볶음 | 258 |
| 환태채무침 | 258 |
| 마른오징어무조림 | 260 |
| 문어조림 | 260 |
| 진미채볶음 | 262 |
| 진미채무침 | 262 |
| 진미채버터구이 | 264 |

### 우엉 · 235p

| | |
|---|---|
| 우엉조림 | 236 |
| 우엉잡채 | 236 |
| 우엉고추장무침 | 238 |
| 우엉깨소스무침 | 238 |
| 우엉튀김 | 240 |
| 우엉찹쌀구이 | 240 |
| 우엉강정 | 242 |

# PART 3.
## 육류·생선·해산물로 만드는 일품 반찬

### 닭고기 · 277p

| | |
|---|---|
| 닭볶음탕 | 278 |
| 닭갈비 | 278 |
| 닭안심튀김 | 280 |
| 데리야키치킨 | 280 |
| 닭고기채소구이 | 282 |
| 닭고기겨자냉채 | 282 |
| 닭백숙 | 284 |

### 소고기 · 297p

| | |
|---|---|
| 떡갈비 | 298 |
| 너비아니 | 298 |
| 소갈비찜 | 300 |
| LA갈비구이 | 300 |
| 불고기 | 302 |
| 찹스테이크 | 302 |
| 우삼겹샐러드 | 304 |
| 소고기장조림 | 304 |
| 소고기청경채볶음 | 306 |

### 생선류 · 315p

| | |
|---|---|
| 고등어카레구이 | 316 |
| 가자미구이 | 316 |
| 조기찜 | 318 |
| 유장조기구이 | 318 |
| 고등어무조림 | 320 |
| 고등어된장조림 | 320 |
| 갈치조림 | 322 |
| 삼치간장조림 | 322 |
| 가자미조림 | 324 |

### 돼지고기 · 285p

| | |
|---|---|
| 돼지고기배추볶음 | 286 |
| 베이컨숙주볶음 | 286 |
| 돼지고기고추잡채 | 288 |
| 돼지고기부추볶음 | 288 |
| 돼지고기고추장바삭구이 | 290 |
| 돼지고기두부두루치기 | 290 |
| 간장제육볶음 | 292 |
| 고추장제육볶음 | 292 |
| 돼지갈비찜 | 294 |
| 돼지고기김치찜 | 294 |
| 수육 | 296 |

### 새우 · 307p

| | |
|---|---|
| 칠리새우 | 308 |
| 버터갈릭새우 | 308 |
| 새우소금구이 | 310 |
| 새우튀김 | 310 |
| 새우꼬치전 | 312 |
| 새우야채볶음 | 312 |
| 감바스 알 아히요 | 314 |

### 오징어 · 325p

| | |
|---|---|
| 오징어볶음 | 326 |
| 오징어간장조림 | 326 |
| 오징어숙회파말이 | 328 |
| 오징어오이초무침 | 328 |
| 오징어순대 | 330 |
| 오징어튀김 | 330 |

# PART 4.
## 상차림이 더욱 근사해지는 국·찌개·한 그릇 요리

### 국

### 찌개

### 한 그릇 요리

| 국 | | 찌개 | | 한 그릇 요리 | |
|---|---|---|---|---|---|
| 소고기뭇국 | 334 | 된장찌개 | 350 | 짜장 | 367 |
| 소고기미역국 | 335 | 차돌박이된장찌개 | 351 | 카레 | 368 |
| 소고기배추된장국 | 336 | 순두부찌개 | 352 | | |
| 시금치바지락된장국 | 337 | 청국장찌개 | 353 | | |
| 얼갈이된장국 | 338 | 비지찌개 | 354 | | |
| 감잣국 | 339 | 부대찌개 | 355 | | |
| 맑은달걀국 | 340 | 애호박감자고추장찌개 | 356 | | |
| 어묵뭇국 | 341 | 스팸두부고추장찌개 | 357 | | |
| 오징어어묵국 | 342 | 참치김치찌개 | 358 | | |
| 얼큰오징어뭇국 | 343 | 꽁치김치찌개 | 359 | | |
| 얼큰콩나물국 | 344 | 돼지고기김치찌개 | 360 | | |
| 콩나물냉국 | 345 | 닭개장(10인분) | 361 | | |
| 김칫국 | 346 | 육개장 | 362 | | |
| 김치콩나물국 | 347 | 우럭매운탕 | 363 | | |
| 굴국 | 348 | 맑은대구탕(지리) | 364 | | |
| 맑은순두붓국 | 349 | 조개탕 | 365 | | |
| | | 두부소고기전골 | 366 | | |

## 기본 조리도구

**도마**
재료 썰기

재료를 썰고 다질 때 사용해요. 도마는 사용 후 항상 깨끗하게 씻어 말려서 보관해야 합니다.

**부엌칼**
재료 썰기

재료를 썰고 다질 때 사용해요. 요리 초보에게는 칼날 위에 구멍이 뚫린 제품을 사용하면 재료가 덜 달라붙어서 편해요. 뭉툭해지면 칼날을 갈아서 사용해야 안전해요.

**냄비 16cm, 20cm**
간단한 국, 찌개

작은 냄비는 한쪽 손잡이가 있는 편수가 좋아요. 한손으로 들어 옮기거나 물을 따라내야 할 때 편리합니다.

**깊은 냄비 24cm**
국물 요리, 삶기

국물이 넘치거나 오래 끓여야 하는 음식, 많은 분량을 조리할 때 유용합니다.

**프라이팬 뚜껑**

음식을 빨리 익힐 때 필요합니다. 다양한 크기의 프라이팬에 두루 사용할 수 있는 멀티 뚜껑도 있어요.

**프라이팬 24cm**
간단한 구이와 볶음

작은 프라이팬이 있으면 편하지만, 1개만 사용할 때는 24cm가 유용합니다.

**궁중팬 28cm**
반찬 볶음용, 부침용

움푹 깊은 프라이팬으로 볶음류 반찬, 볶음밥 등을 만들 때 재료가 넘치지 않아서 좋아요.

**사각 프라이팬**
달걀말이

달걀말이를 편하게 만들 수 있어요.

요리할 때 꼭 필요한 조리도구를 소개합니다.

**믹스볼**
양념 재우기, 재료 준비

양념을 버무리거나 채소를 씻어 담고, 쌀을 씻는 등 여러 가지 용도로 활용할 수 있어요.

**거름체**
물기 빼기

채소를 데치거나 국수를 삶을 때 물기를 빼기 편해요.

**물컵 200ml**
계량

국, 김치 등 많은 양의 액체를 계량할 때 계량컵 대신 편하게 사용할 수 있어요.

**국자**
국물 뜨기

국물을 편하게 덜어낼 수 있어요.

**뒤집개**
부침, 뒤집기

부침개, 전 등 넓적한 요리를 뒤집거나 덜어낼 때 사용해요. 나무 또는 실리콘 재질을 사용하면 프라이팬이 상하지 않아요.

**볶음 주걱**
반찬 볶기

나무 또는 실리콘 주걱을 사용하면 프라이팬 코팅이 상하지 않아요.

**집게**
집고 옮기기

고기 또는 재료를 집어서 자를 때, 재료를 옮길 때 편해요.

**가위**
자르기

다양한 재료를 쉽게 자를 수 있어요.

## 기본 양념

**진간장**
조림류와 양념장에 넣습니다.
달콤한 짠맛을 냅니다.

**양조간장**
무침이나 양념장에 넣습니다. 혼합물이 적고 단맛이 적기 때문에 당류를 조절해야 할 때 사용합니다.

**국간장**
국과 나물류를 무칠 때 소금 대신 사용합니다. 진간장이나 양조간장 대신 사용하면 매우 짜니 주의하세요.

**콩유, 옥수수유**
가격이 저렴하고 일반적으로 사용합니다.

**포도씨유**
발연점이 높아 튀김, 볶음 등에 사용되고, 샐러드 드레싱에도 사용합니다.

**올리브오일**
샐러드 드레싱이나 소스에 넣습니다. 일반 식용유보다 발연점이 낮아 낮은 온도로 볶을 때 사용합니다.

**물엿**
단맛과 윤기를 냅니다. 조림류와 장조림을 만들 때 양념이 빨리 스며들고 수분을 날려줍니다.

**올리고당**
단맛과 윤기를 내며, 물엿 대신 사용합니다.

**설탕**
무침, 조림, 소스 등에 단맛을 내고, 감칠맛을 더해줍니다.

**양조식초**
장아찌 등 물기가 많이 필요할 때는 양조식초를 넣어주세요.

**2배, 3배 식초**
무침류를 만들 때 2배, 3배 식초를 사용하면 물기가 덜 생깁니다.

**요리에센스**
콩 발효액으로 깊고 풍부한 맛을 간단하게 내고 싶을 때 사용합니다.

**꽃소금**
천일염을 끓여서 만든 소금이에요. 입자가 천일염보다 가늘고 맛소금보다 굵어요. 국, 무침 등의 간을 맞출 때, 소량의 배추를 절일 때 등 다양하게 사용합니다.

**천일염**
입자가 굵고, 김치 절임, 젓갈류 등에 사용합니다.

**맛소금**
MSG를 첨가한 것으로 달걀 프라이 등 살짝 간을 맞출 때 넣습니다.

《365일 반찬 걱정 없는 책》에 들어가는 기본 양념 재료입니다.

**된장**
찌개, 국, 나물 반찬에 사용합니다.

**고추장**
볶음, 무침, 찌개, 소스 등에 매콤하고 달콤한 맛을 냅니다.

**고춧가루**
요리에 매운맛과 색을 더해줍니다. 음식 종류에 따라 굵기와 색깔, 맵기가 다른 고춧가루를 사용합니다. 요리 초보가 사용하기에는 가는 고춧가루가 적당합니다.

**후춧가루**
볶음, 찌개, 구이 등에 향신료 역할은 물론 재료의 잡내를 잡아줍니다.

**볶음 참깨**
반찬 만들기 마지막에 고소한 맛과 장식 역할을 합니다.

**멸치액젓**
주로 김치 양념에 넣고, 찌개류에 감칠맛을 더합니다.

**굴소스**
볶음밥, 반찬 등 다양한 요리에 넣으면 감칠맛이 납니다.

**매실액**
새콤달콤한 맛을 냅니다. 올리고당이나 설탕으로 대체할 수 있지만 매실액을 넣는 것과 맛이 다릅니다.

**맛술**
주로 재료의 잡내를 없애기 위해 사용하며, 고기류를 연하게 해주는 역할도 합니다.

**참기름**
나물류, 비빔밥, 양념장에 고소한 맛과 향을 더해줍니다.

**들기름**
미역국, 나물볶음, 비빔밥에 들어갑니다.
보관 기간이 짧으니 적은 용량으로 사는 것이 좋습니다.

**두반장**
마파두부, 칠리새우 등 중화풍 매콤한 요리를 간단하게 즐길 수 있어요.

**생강가루**
통생강 또는 다진 생강은 오래 보관할 수 없지만 생강가루는 보관도 편하고 유통기한도 길어요.

**분말조미료**
육수를 만들기 힘들 때 반찬에 감칠맛을 더하기 위해 사용합니다. 분말 제품은 시간이 지나면 굳을 수 있으니 적은 용량을 사는 것이 좋고, 액상 제품은 굳지 않아 편하게 사용할 수 있어요.

## 간단하게 계량하기

이 책에 사용된 숟가락 계량법을 소개합니다.

**가루 계량**

**1숟가락**
집에서 사용하는 숟가락에 수북이 떠서 담아주세요.

**½숟가락**
숟가락 절반 정도만 담아주세요.

**조금**
숟가락 끝부분만 채울 정도로 담아주세요.

**깎아서 1숟가락**
숟가락 표면을 평평하게 수평으로 깎아서 담아주세요.

**액체 계량**

**1숟가락**
집에서 사용하는 숟가락에 넘치지 않을 정도로 담아주세요.

**½숟가락**
숟가락 가장자리가 보일 정도로 담아주세요.

**조금**
숟가락의 가운데만 채울 정도로 살짝 담아주세요.

**장류 계량**

**1숟가락**
집에서 사용하는 숟가락에 가득 떠서 담아주세요.

**½숟가락**
숟가락 절반 정도 수북이 떠서 담아주세요.

**조금**
숟가락 끝부분만 채울 정도로 담아주세요.

**컵 계량**

종이컵 하나는 대략 180~200ml 용량입니다.
1컵, ½컵, ⅓컵을 대략 200ml, 100ml, 60ml 정도로 계산하면 됩니다.

## 재료 써는 법

다양하게 재료 써는 방법을 알려줍니다.

**채썰기**
재료를 얇고 납작하게 썬 후 겹쳐서 다시 길쭉하게 썰어주세요.

**깍둑썰기**
가로세로 높이가 비슷하게 사각으로 썰어주세요.

**송송 썰기**
대파나 고추를 동그란 모양 그대로 얇게 썰어주세요.

**어슷썰기**
대파나 오이 등 긴 재료들을 비스듬히 썰어주세요.

**반달썰기**
애호박이나 감자, 당근 등의 재료를 길게 반으로 잘라 눕혀서 일정한 두께로 썰어주세요.

**납작 썰기**
감자나 고구마 등을 반으로 잘라 일정한 두께로 썰어주세요.

## 장보기 노하우

**무턱대고 장을 보면 과소비를 하기 쉽고, 남는 재료가 항상 생기기 마련이에요.**
**각자의 집안 사정에 맞게, 집밥을 먹는 스타일에 따라 장 보는 방법이 달라져야 해요.**

장보기를 하기 전에 무엇을 만들어 먹을지 메뉴를 먼저 정해보세요.
필요한 재료를 메모하고, 냉장고에 남아 있는 재료를 확인한 다음 장을 보면 충동구매
또는 불필요한 중복 구입을 줄일 수 있어요. 그리고 가장 중요한 건 배고프지 않을 때 장을 보는 거예요.
딱 필요한 재료만 사면 장바구니 부피와 금액이 달라집니다.
하지만 유통기한이 임박한 제품을 1+1 할인, 마감 할인 등을 할 때,
계획에 없더라도 좋아하는 메뉴, 자주 쓰는 재료는 저렴하게 구입하는 것이 좋습니다.
유통기한은 제품 판매 기한이지 섭취 기한이 아니에요.
보통 유통기한보다 5~10일 정도 더 먹어도 되고, 냉동 보관하면 더 오래 두고 먹을 수 있습니다.
하지만 자주 먹는 식재료도 아닌데 단지 1+1 할인,
마감 세일이라고 충동구매를 하는 건 추천하지 않습니다.
빨리 소진해야 하는 재료인데 잘 먹지 않으면 쓰레기통으로 들어갈 확률이 높아요.

## 큰 냉장고 VS 작은 냉장고 장보기 노하우

요즘은 양문형 냉장고와 김치냉장고를 모두 갖춘 집들이 많습니다. 대형 냉장고에 김치냉장고까지 있다면 식재료를 보관하는 데는 문제없을 거예요. 또한 냉장고 성능이 좋아서 많은 식재료들을 오랫동안 싱싱하게 보관할 수 있어요. 이렇게 큰 냉장고를 가지고 있는 집이라면 소량 포장보다 대량 포장 제품이 단가 측면에서 더 이득입니다. 고기, 생선류도 마트나 재래시장보다 트레이더스, 코스트코 등 대형 매장에서 구입해 위생팩이나 용기에 나눠 담아 냉동 보관하면 자주 장을 보지 않고도 다양한 집밥을 만들어 먹을 수 있어요. 여기서 포인트는 구입한 후 바로 소분하는 것입니다. 싸다고 대량으로 구입해서 그대로 보관했다가는 아무리 냉장고 성능이 좋아도 다 먹지 못하고 상해서 버리는 일이 생길 수 있어요. 큰 냉장고가 있는 경우, 미리 식단을 짜서, 한 달에 한 번, 혹은 2주에 한 번 코스트코나 트레이더스를 방문해 장을 보는 것이 시간과 가격면에서 훨씬 이득입니다.

냉장고 용량이 작다면 대량 구매보다는 1~2회 분량만 구입하는 것을 추천합니다. 성능이 대형보다 떨어지기 때문에 지퍼백, 밀폐통 등에 담아서 보관해야 그나마 오래 두고 먹을 수 있어요. 대량으로 구입해서 다 먹지 못하면 장기간 보관하다 버릴 수 있기 때문에 딱 필요한 만큼만 구입해서 소진하는 것을 추천합니다. 다만 인터넷의 소량 판매 제품은 양에 비해 단가가 높은 편입니다. 동네 마트, 노브랜드, 대형마트의 마감 시간을 이용하면 저렴하게 구입할 수 있어요. 냉동 고기류는 고기보다 보관통이 더 커서 냉장고 자리를 많이 차지하니 지퍼백 또는 위생팩에 소분하여 보관합니다. 채소는 뒤섞이면 작은 냉장고라도 찾기 어려우니 다이소에서 1,000원짜리 책 분리대 또는 바구니로 분리해서 세워둡니다.

## 무엇이든 잘 먹는 가족 VS 냉장고에 들어간 건 안 먹는 가족 장보기 노하우

고깃집 1인분 150~180g 기준은 누가 정한 건가요? 돼지고기 1근(600g)도 치킨 1마리도 1~2인이 거뜬히 먹는 가족이라면 대량으로 구입하는 것이 좋습니다. 특히 고기류나 냉동 보관이 가능한 제품은 코스트코나 트레이더스 등에서 구입하는 것이 가성비가 좋습니다. 반찬도 하루 날을 잡아 구입한 식재료를 가지고 일주일 먹을 분량을 만들어두면 매끼 냉장고에서 꺼내 먹기만 하면 되니 편리합니다. 또한 무엇이든 잘 먹는 가족이라면 유통기한이 임박해 싸게 판매하는 제품들을 구입해 다음 날 한 끼에 소진하는 것도 식비를 줄일 수 있는 팁입니다.

1인분도 남기거나 냉장고에 들어갔다가 나온 것은 안 먹는 입 짧은 가족은 자주 장을 보는 것이 재료와 반찬을 남기지 않아 더 효율적입니다. 대량으로 구입해 양을 많이 만들어두면 한 끼에 다 먹지 못해 반찬이 냉장고에 들어가고, 한번 냉장고에 들어간 반찬은 다시 내봐도 인기가 없기 마련이죠. 그러다 결국 음식 쓰레기가 됩니다. 냉동 보관이 가능한 식재료는 가성비가 좋은 대형마트에서 구입하여 1회분씩 소분해서 보관합니다. 쉽게 상하는 채소류, 냉장 보관 식품은 오래 두고 먹을 수 없으니 1~2회 먹을 만큼 구입하는 것이 더 경제적입니다. 특히 반찬류는 직접 만들고 국물 요리 등은 밀키트를 이용하는 것이 더 알뜰한 방법일 수 있습니다. 밀키트를 이용해 한 끼 먹을 식사만 만드는 것이 양이 많은 식재료를 사서 직접 만드는 것보다 단가가 더 낮을 수 있습니다.

## 장 보는 장소 소개

### 마트, 시장, 인터넷, 어디서 장을 볼까?
가족의 인원수, 집밥을 먹는 스타일, 그날 만드는 메뉴에 따라 장 보는 장소가 달라집니다.
각자의 스타일에 맞게 장을 보러 가볼까요?

| | 오프라인 대형마트<br>emart　Home plus　LOTTE Mart | 트레이더스, 코스트코<br>COSTCO WHOLESALE　TRADERS WHOLESALE CLUB |
|---|---|---|
| 특징 | ● 넓은 주차 공간 확보로 편리<br>● 양념류, 라면, 건식품은 행사하는 경우가 많아 동네 마트보다 단가가 낮고, 창고형 할인 마트보다 필요한 만큼만 구입할 수 있는 장점 | ● 대용량 위주<br>● 코스트코, 트레이더스에서만 판매하는 제품 보유 |
| 장점 | ● 포인트 적립 또는 제휴 카드 할인<br>● 채소 소분 제품 판매, 고기는 포장된 양과 부위를 비교하며 구입 | ● 용량 대비 뛰어난 가성비(육류나 생필품) |
| 단점 | ● 행사상품 충동구매에 빠질 가능성이 큼<br>● 주말은 사람이 많아 혼잡 | ● 채소류는 바로 먹지 않으면 오히려 버리는 양이 더 많으니 필요한 양인지, 보관 기간이 얼마나 될지 감안해서 구입<br>● 코스트코는 현대카드만 사용 가능 |

| 동네 마트 | 인터넷 | 전통시장 |
|---|---|---|
| | SSG.COM OASIS coupang Kurly | |
| • 바로 필요한 식재료를 소량으로 조금씩 구입 가능<br>• 일정 금액 이상 구입 시 배달 가능 | • 본인이 원하는 시간에 언제든지 주문 가능<br>• 마켓컬리, ssg, 쿠팡, 오아시스 등 일정 금액 이상 구입 시 배달 가능 | • 구경하는 재미가 있고 시장 안에서 쿠폰 제도를 운영하는 가게도 있음<br>• 지역 상품권(온누리상품권, 서울사랑상품권 등)을 이용하면 5~10% 정도 싸게 물건 구입 가능 |
| • 가까운 거리로 장보기 시간 절약<br>• 그날 그날 할인하는 제품은 대형마트 보다 싼 경우도 많음 | • 향신료, 치즈 등 동네 마트에서 보기 힘든 재료 구입 가능<br>• 유기농 제품을 쉽게 구입 가능 | • 채소나 과일은 직접 보고 가격 흥정이나 덤 가능 |
| • 새로운 식재료가 없는 편<br>• 생필품은 가격이 비싼 편 | • 직접 보고 사는 것이 아니기 때문에 신선 식품의 경우 품질이 좋지 않은 경우가 종종 있음 | • 주차시설을 갖춘 시장도 있지만 턱없이 부족<br>• 배달이 안 되는 곳들이 많음 |

## 일주일 저녁 식단

일주일 저녁 식단 예시입니다.
책에 소개된 메뉴로 재료를 남기지 않고 사용할 수 있도록 식단을 짜보았습니다.

앞에서 언급한 것처럼 식단을 짜고 장을 볼 때는 무턱대고 구입하는 것이 아니라
1. 무엇을 해 먹을 것인지 메뉴를 먼저 정해보세요.
2. 필요한 재료를 메모하고, 냉장고에 남아 있는 재료를 확인한 다음 장을 보는 것이 중요합니다.

| 장보기 | 금액 | 메뉴 |
|---|---|---|
| 순두부 1봉지 | 1,500 | 순두부찌개, 제육볶음 팽이버섯전, 마약달걀장 달걀찜 |
| 돼지고기 600g | 8,990 | |
| 팽이버섯 2봉지 | 1,500 | |
| 달걀 15개 | 5,980 | |
| 바지락 300g | 4,980 | |
| 합계 | 22,950 | |
| 닭고기 1kg | 7,900 | 닭볶음탕, 당근라페 감자채볶음, 감잣국 감자전 |
| 감자 1kg | 4,200 | |
| 당근 1kg | 3,900 | |
| 합계 | 16,000 | |
| 깻잎 2봉지 | 4,000 | 깻잎지, 깻잎찜 참치무조림, 애호박전 애호박채볶음 |
| 캔참치 1캔 | 2,280 | |
| 무 1개 | 2,850 | |
| 애호박 2개 | 3,000 | |
| 합계 | 12,130 | |
| 대파 | 3,000 | 공통 |
| 양파 | 3,500 | |
| 청양고추 | 2,480 | |
| 합계 | 8,980 | |
| 총합계 | 60,060 | |

고춧가루, 소금, 설탕, 간장, 다진 마늘, 참기름, 국물용 멸치 등의 기본 재료는 집에 있는 것으로 가정하였습니다.

| | 월요일 |
|---|---|
| 국&일품 | 순두부찌개 p.352 |
| 반찬 1 | 당근라페 p.56 |
| 반찬 2 | 애호박전 p.98 |
| 반찬 3 | 감자채볶음 p.32 |

| 화요일 | 수요일 | 목요일 | 금요일 |
|---|---|---|---|
| 감잣국 p.339 | 맑은달걀국 p.340 | 닭볶음탕 p.278 | 고추장제육볶음 p.292 |
| 무생채 p.190 | 참치무조림 p.142 | 무나물 p.194 | 무생채 p.190 |
| 생깻잎지 p.186 | 애호박채볶음 p.92 | 생깻잎지 p.186 | 깻잎찜 p.184 |
| 한입팽이버섯전 p.78 | 감자조림 p.34 | 폭탄달걀찜 p.50 | 마약달걀장 p.43 |

## 냉장고·냉동고 팬트리 정리법

냉장고 정리를 하지 않으면 어디 있는지 모를 식재료들이 하나둘 썩게 되고 자연스럽게 위생적인 문제도 발생합니다. 뭐가 뭔지 모를 식재료들과 반찬들, 검정 비닐봉지로 빽빽하게 채워진 냉동고를 간단하게 정리할 수 있는 방법을 소개합니다.

● **반찬통은 같은 모양의 투명한 용기로**
반찬을 투명용기에 보관하면 내용을 확인하기 쉬워요. 되도록 같은 모양으로 구입하면 포개기도 편하고 공간 낭비 없이 맞출 수 있어요. 또 트레이를 활용해 한 곳에 수납하면 편리하고 전기세 절감 효과도 있어요.

● **식재료는 지퍼백에 1~2회 분량으로 소분**
밀폐통은 은근히 자리를 많이 차지해요. 지퍼백 또는 위생팩에 식재료를 1~2회 분량씩 소분해서 보관하면 열었다 닫았다 하지 않아 공기 접촉이 적어서 신선도도 더 유지되고, 세워서 보관하면 공간 활용도 좋고 찾기도 더 쉬워요. 지퍼백에는 내용물을 쉽게 확인할 수 있도록 각각 라벨을 부착하는 것이 좋아요. 냉장고 속 재료들이 한눈에 들어와 헤매지 않고 필요한 재료를 쉽게 찾을 수 있어요.

● **채소칸도 나눠 종류별로 끼리끼리 수납**
2개의 신선 채소칸에 단단한 채소와 물렁이는 채소를 나눠서 보관합니다. 채소칸이 1개라면 바구니 또는 책 분리대로 공간을 나눠서 재료끼리 부딪치거나 눌리지 않게 방지합니다. 채소들은 재료의 특성에 맞게 손질해 신문지나 랩, 투명 비닐봉지 등을 활용해 정리하면 더욱 좋아요.

● **냉장고 문에는 온도에 민감하지 않은 것들로**
냉장고 내부는 냉각기 거리에 따라 온도 차이가 있어요. 식재료를 더욱 신선하게 보관하기 위해서는 특성에 맞게 정리하는 것이 좋아요. 냉장고 문에는 온도에 민감하지 않은 견과류, 소스류, 음료, 주류 등을 나눠서 보관합니다.

### 냉장고 정리법

● **바구니 사용해 식재료별 그룹 만들기**
물건을 정리하려고 바구니와 상자를 사용하는데 공간 활용과 깔끔한 정리는 장점이지만 빈 공간이 생기면 공간 낭비가 되고 모양과 크기가 다른 것은 보관하기 힘들다는 것이 단점이에요. 제가 즐겨 사용하는 바구니와 상자는 다이소 제품이에요. 사용하지 않을 때는 포개 놓고 많이 기울지 않은 바구니가 좋아요. 가격도 1,000~3,000원으로 부담 없어요. 냉장고 용량이 클수록 안으로 깊기 때문에 식재료를 겹겹이 보관하다 보면 뒤에 뭐가 있는지 잊어버릴 때가 많아요. 식재료별로 바구니에 담아 보관하면 뒤쪽 재료를 꺼낼 때 바구니를 한 번 들어내면 되니 편리합니다. 비슷한 재료별로 바구니에 세워두면 공간도 많이 차지하지 않고 찾기도 쉬워요.

## 냉동고 정리법

● **70~80% 정도 채우기**
냉동실은 70~80% 정도는 채워져 있어야 절전 효과를 볼 수 있어요. 텅 빈 것보다는 오히려 채워야 온도 변화를 최대한 막아 냉기를 보존하기 좋답니다. 너무 비우지도 꽉 채우지도 않게 보관하세요.

● **재료별로 칸 나누어 보관하기**
고기류, 생선류, 양념류, 건어물을 따로 나눠서 보관해요. 각각 공간을 나누면 곧바로 찾을 수 있어요. 뒤섞여 있으면 냉장고 문을 열고 한참 찾느라 냉기가 빠져나가고 에너지 낭비를 하게 됩니다. 냉동실 온도가 가장 낮은 서랍칸에는 육류와 생선류, 냉동실 문에는 밀폐용기에 담은 손질한 멸치, 새우 등의 건어물이나 미숫가루 등 가루 식재료를 보관하세요.

● **납작한 용기나 지퍼백에 넣어 세로로 수납하기**
검정 비닐봉지가 가득한 냉동실 속 식재료는 내용물이 보이지 않아 사용하지 않게 되고 결국 버리게 될 가능성이 커요. 또한 비닐봉지는 냉동실에서 얼어버리면 쉽게 찢어질 수도 있어요. 두꺼운 지퍼백에 식재료를 납작하게 펴서 담고 얼려 세로로 놓거나 납작한 용기에 넣는 것이 좋아요. 이렇게 하면 해동도 빠르고 공간 효율도 좋아요.

## 팬트리 정리법

● **선입선출이 기본**
같은 종류의 식재료는 유통기한이 짧은 것들을 앞쪽에 배치해요. 라면, 김, 파스타 소스 등의 유통기한이 생각보다 짧아요. 귀찮다고 새로 산 식재료를 그냥 앞에 두면 결국 맨 뒤에 있는 식재료는 유통기한이 지나서 버리게 됩니다.

● **수납 박스나 트레이 이용하기**
팬트리에 수납 박스나 트레이 없이 마구 쌓아놓는다면 보기에도 좋지 않고 많은 양은 수납하기도 어려워요. 물티슈, 휴지, 키친타월, 세제, 비닐봉지 등은 수납 박스나 트레이에 넣어 보관하면 좀 더 쉽고 편하게 쓸 수 있어요.

● **무거운 물건은 아래로, 가벼운 물건은 위로**
요즘 아파트 팬트리에는 대부분 선반이 설치되어 있어요. 무거운 물건일수록 아래에 두고 가벼운 물건은 위에 두는 게 좋아요. 무거운 물건을 위에 두면 꺼내기도 어렵고 선반이 하중을 받아 휠 수도 있어요. 또한 자주 쓰는 물건이나 식재료는 시선이 머무는 높이에 두는 게 가장 좋아요.

## 궁금해요! 욜로리아 님!

가장 기초적인 밥 짓기부터, 조리도구 사용 및 보관법까지
많은 분들이 유튜버 욜로리아에게 궁금한 점을 알기 쉽게 설명해드립니다.

### 왜 제가 하면 밥도 맛이 없을까요? 밥 짓는 법 좀 알려주세요.

● **전기밥솥**
쌀 또는 잡곡을 씻은 후 내장되어 있는 냄비에 표시된 대로 물을 맞추고 취사 버튼을 누릅니다. 메뉴에 맞게 선택해 주세요.

● **솥밥** (전기밥솥이 아닌 가스불로 밥 짓는 경우)
1. 쌀 또는 잡곡을 씻은 후 물에 담가 20~30분 불려주세요.
2. 물을 뺀 후 불린 쌀과 물을 1 : 1로 맞춥니다.
3. 콩나물밥, 가지밥 등 채소를 넣고 밥을 지을 때는 채소에서 수분이 생기므로 불린 쌀과 물의 양을 1 : 0.8 비율로 맞춰주세요.
4. 센 불에서 물이 끓기 시작하면 약한 불로 줄여주세요.
5. 약 10분간 약불에서 끓이면 쌀이 익어 탁탁탁 소리가 납니다. 불을 끄고 5분 후 뚜껑을 열고 골고루 섞어주세요
   ※ 가스레인지, 인덕션, 하이라이트 등 열원과 냄비의 재질에 따라 시간은 달라질 수 있습니다.

### 욜로리아 님이 자주 사용하는 조리도구를 소재별로 어떻게 사용하고, 보관해야 하는지 알려주세요.

● **실리콘**
조리 시 냄비, 프라이팬 등에 흠집을 내지 않습니다. 열에 강하고 벗겨지는 현상이 없어 위생적이고, 끓는 물에 열탕 소독해서 사용할 수 있습니다. 다만 사용하다 보면 색이 배는 경우도 있어요. 식기세척기 사용이 가능합니다.

● **스테인레스**
열전도율이 빠르고, 세척이 간편하고, 위생적입니다. 집게, 숟가락, 젓가락의 경우 사용하기 편하고, 열탕 소독할 수 있어요. 프라이팬의 경우는 달라붙지 않게 미리 예열 또는 기름 코팅을 해주

어야 합니다. 가벼운 얼룩이라면 식초물로 쉽게 제거할 수 있고, 바닥에 음식물이 눌어 붙었거나 탔을 경우 물을 넣고 다시 끓여주세요. 끓는 물을 버리고 닦으면 눌어 붙은 음식물을 쉽게 제거할 수 있어요. 처음 사용 시 연마제 제거 작업을 꼭 해줘야 합니다. 식기세척기 사용이 가능합니다.

● **무쇠**
무쇠솥으로 조리 시 높은 압력으로 재료에 열을 골고루 전달해 깊은 맛을 낼 수 있습니다. 또한 조리 후 열이 오래 남아 끝까지 따뜻하게 음식을 먹을 수 있고, 적은 수분으로도 요리가 가능합니다. 세척 후 꼭 물기를 제거해야 하고, 주기적으로 기름 코팅을 해주어야 녹이 생기지 않습니다. 식기세척기는 사용하지 않는 것이 좋습니다. 또한 무게가 많이 나가기 때문에 손목이 좋지 않은 분은 주의해야 합니다.

● **코팅 팬들**
가장 사용하기 편한 조리도구 재질입니다. 별도로 코팅작업 없이 사용해도 음식이 눌어붙지 않습니다. 무쇠나 스테인레스에 비해 가볍고 식기세척기 사용도 가능합니다. 코팅이 벗겨진 조리도구는 바로 교체하는 것이 좋습니다.

● **나무 조리도구**
조리 시 냄비, 프라이팬 등에 흠집을 내지 않습니다. 나무의 특성상 물에 담가놓지 말아야 하며, 세척 시 바로 건조해야 곰팡이가 생기는 것을 방지할 수 있어요. 건조 시 나무가 갈라질 수 있으므로 식기세척기 사용은 피해야 합니다. 나무 도마는 항상 잘 건조하는 것이 중요합니다. 숟가락, 젓가락 등은 흠집이 생기면 위생상 좋지 않으니 바로 교체하는 것이 좋습니다.

**해산물을 좋아하는데 손질하는 게 매번 어렵네요. 다양한 해산물 손질 팁을 알려주세요.**

● 굴
굵은소금을 넣어 숟가락으로 살살 섞어주세요. 찬물에 여러 번 흔들어 헹군 후 물기를 빼주세요.

● 조개류
굵은소금을 넣고 뚜껑을 덮거나 검정 비닐 봉지로 빛을 차단해주세요. 30분 이상 담가 해감한 뒤 찬물에 헹궈줍니다.

● 생선류
지느러미를 잘라내고, 비늘은 칼등으로 비늘의 반대 방향으로 밀어 제거합니다. 배를 갈라 내장을 떼어내고 뼈에 붙은 핏물도 깨끗이 닦아주세요. 생선살은 물이 닿으면 흐물거리므로 되도록 모든 손질이 끝난 후 물로 세척하고 마른 행주 또는 키친타월로 물기를 제거해줍니다. 고등어처럼 비린내가 나는 생선은 쌀뜨물에 담가주거나, 뜨거운 물을 껍질에 살짝 부어 겉껍질을 제거하여 조리하면 비린내가 훨씬 덜 납니다.

● 갑각류
새우는 가위로 뿔과 수염, 다리, 꼬리에 있는 물총을 제거하고, 등 쪽 내장을 제거해줍니다. 꽃게는 수세미 또는 솔로 겉껍질을 깨끗하게 닦아줍니다.

● 전복
솔로 껍데기는 물론 전복살과 뒷부분도 깨끗이 닦아줍니다. 숟가락을 사용하여 껍데기와 분리해주세요. 모래집과 이빨을 제거하고 내장을 분리해서 조리합니다.

● 낙지, 주꾸미, 문어
빨판에 밀가루를 뿌려서 박박 문지르고 흐르는 물에 깨끗이 헹궈줍니다. 머리를 뒤집어 내장을 제거해주세요. 먹물이 터져 튈 수 있으니 주의하여 제거합니다. 눈과 이빨도 제거합니다.

**찌개나 국, 국수에 쓰이는 육수 내는 법이 궁금합니다. 무조건 오래 끓이는 게 답일까요?**

육수는 중불 또는 약불에 은근히 오래 끓여 맛을 냅니다. 한 번에 1~2L 정도 만들어 냉장 보관해두면 편리해요. 냉장 보관 시 일주일을 넘지 않도록 합니다.

● 고기 육수
소고기는 키친타월로 핏물을 제거합니다. 핏물이 많다면 찬물에 담가 핏물을 뺍니다. 닭고기는 붙어있는 지방을 제거하고 뼈에 남아 있는 핏물을 깨끗이 세척합니다. 찬물에 소고기 또는 뼈 있는 닭고기를 넣고 끓입니다. 물이 끓기 시작하면 중불 또는 중약불로 줄여 20~30분 정도 끓여주세요. 끓일 때 올라오는 거품을 바로바로 걷어내야 깔끔한 맛을 낼 수 있어요. 끓인 육수는 면보로 걸러 여분의 기름과 건더기 등을 제거해 맑게 사용하면 더 맛이 좋습니다. 고기만 넣거나 양파, 대파 등을 함께 넣어 육수를 내기도 합니다.

● 멸치육수
국물용 멸치는 내장을 떼야 쓴맛이 나지 않아요. 다시마, 양파, 대파, 청양고추 등을 함께 넣고 끓입니다. 물이 끓기 시작하면 다시마는 건져내고, 중불로 줄여 30분간 끓입니다. 면보에 한 번 걸러주면 더 맑고 깔끔한 멸치육수를 사용할 수 있습니다.

● 다시마, 다시마 + 가쓰오부시 육수
다시마를 마른 행주 또는 키친타월로 닦고 약한 불에 끓입니다. 물이 끓기 시작하면 다시마를 건져냅니다. 다시마는 오래 끓이면 텁텁한 맛이 나니 빨리 건져내는 게 중요합니다. 다시마 육수에 가쓰오부시를 넣고 5~10분 정도 둔 후 가쓰오부시를 면보에 거르면 감칠맛이 좋은 육수가 됩니다.

● 뼈육수
찬물에 담가 핏물을 빼고 흐르는 물에 뼈 부스러기를 제거해주세요. 찬물에 여러 번 헹군 후 1차로 센 불에 끓입니다. 물이 끓기 시작하면 불을 끄고 뼈를 찬물에 헹궈 빠져나온 불순물을 제거하고, 다시 깨끗한 냄비에 담아주세요. 대파, 양파, 통마늘, 생강, 맛술 또는 소주를 넣고 센 불에 끓입니다. 육수가 끓기 시작하면 중불로 낮춰 40분~1시간 정도 은근하게 끓인 후 건더기를 걸러 냅니다.

# PART 1

## 냉장고 속 재료료 만드는
## 매일 반찬

# Potato

## 감자

| | |
|---|---|
| 제철시기 | 일반 감자·수미감자 6~9월, 홍감자 6~7월, 알감자 8~10월 |
| 장보기 노하우 | 표면에 흠집이 없고 단단한 것을 고르세요. 싹이 나거나 녹색으로 변한 감자는 피하세요. |
| 보관법 | - 바람이 잘 통하는 서늘한 장소에 햇빛이 닿지 않게 상자에 넣고 신문지 또는 키친타월을 넣어 보관하세요. 상처 난 감자는 따로 분리합니다. 사과와 함께 보관하면 싹이 나는 것을 방지할 수 있어요.<br>- 서늘한 장소가 없다면 빛이 차단되는 검은 봉지 또는 종이봉투에 넣어 냉장고 채소칸에 보관하세요. 냉장고의 빛이 닿지 않게 뒤쪽에 보관하면 싹이 나지 않고 오래 두고 먹을 수 있어요. |
| 손질법 | - 흙을 털어내고 물로 씻은 후 껍질을 벗겨냅니다. 껍질 벗긴 감자는 물에 담가두면 갈변되는 것을 막을 수 있어요.<br>- 감자 껍질째 조리할 경우 겉면의 흙을 충분히 털어내고 깨끗한 수세미 또는 행주로 흐르는 물에 닦아주세요. |

*볶음*

# 감자채볶음

- 15분
- 냉장 5~7일

**주재료**
- 감자 2~3개

**부재료**
- 양파 1/2개
- 대파 10cm(중간 부분)
- 식용유 3숟가락
- 소금 0.3숟가락
- 다진 마늘 0.5숟가락

# 햄감자채볶음

- 15분
- 냉장 5~7일

**주재료**
- 감자 3개
- 사각햄 10~30g

**부재료**
- 양파 1/2개
- 대파 10cm(푸른 부분)
- 식용유 2숟가락
- 다진 마늘 0.3숟가락
- 소금 0.3숟가락
- 후춧가루 조금
- 깨 1숟가락

## 감자채볶음

1. 감자 2~3개와 양파 1/2개는 0.3cm 두께로 채 썰고, 대파 10cm는 어슷썰기를 해주세요.

2. 끓는 물에 채 썬 감자를 1분간 데친 후 물기를 빼주세요.

   💬 물이 조금 담긴 그릇에 넣고 전자레인지에 3분 정도 돌리면 편해요.

3. 식용유 3숟가락을 두르고 채 썬 양파, 데친 감자를 볶아주세요.

4. 소금 0.3숟가락, 다진 마늘 0.5숟가락을 넣고 볶아주세요.

   💬 액상조미료 1숟가락 또는 분말조미료 0.3 숟가락을 넣어도 맛있습니다.

5. 어슷 썬 대파를 넣고 골고루 섞어줍니다.

## 햄감자채볶음

1. 감자 3개, 양파 1/2개, 사각햄 10~30g은 채썰기, 대파 10cm는 어슷썰기를 해주세요.

2. 식용유 2숟가락을 두르고 중불에 채 썬 감자를 볶아주세요. (얇은 감자채 1분, 굵은 감자채 3분)

   💬 굵은 감자채는 끓는 물에 살짝 데쳐 물기를 빼고 볶으면 감자가 으스러지지 않아요.

3. 채 썬 양파, 사각햄, 다진 마늘 0.3숟가락, 소금 0.3숟가락을 넣고 중불에 1분간 볶아주세요.

4. 어슷 썬 대파를 넣고 골고루 섞은 후 불을 꺼주세요. 후춧가루 조금, 깨 1숟가락을 뿌려 골고루 섞어주세요.

• tip •

끈적이는 감자채볶음을 좋아하지 않는다면 채 썬 감자를 10분 정도 물에 담군 후 물기를 빼주세요.

조림

# 감자조림

- ⏱ 20분
- ❄ 냉장 5~7일

**주재료**
- ☐ 감자 3개(중간 크기)

**부재료**
- ☐ 양파 1개(작은 크기)
- ☐ 물 300ml
- ☐ 진간장 5숟가락
- ☐ 설탕 1숟가락
- ☐ 다진 마늘 0.5숟가락

# 매운감자조림

- ⏱ 15분
- ❄ 냉장 5~7일

**주재료**
- ☐ 감자 3개

**부재료**
- ☐ 양파 1/2개
- ☐ 물 150~200ml
- ☐ 진간장 4숟가락
- ☐ 물엿 2숟가락
- ☐ 다진 마늘 0.3숟가락
- ☐ 고춧가루 1숟가락(깎아서)
- ☐ 올리고당 1숟가락
- ☐ 깨 1숟가락

## 감자조림

1. 감자 3개와 양파 1개를 1.5cm 크기로 깍둑썰기를 해주세요.

2. 물 300ml에 진간장 5순가락, 설탕 1순가락, 다진 마늘 0.5순가락, 깍둑썰기한 감자를 넣고 끓여주세요.

   💬 2단계에서 비엔나소시지 또는 햄을 썰어 넣어도 맛있는 햄감자조림이 됩니다.

   💬 설탕 대신 물엿을 넣으면 감자가 으스러지지 않고 빨리 조려져요.

3. 양념이 끓으면 깍둑썰기한 양파를 넣고 끓이다 감자가 익으면 불을 꺼주세요.

   💬 젓가락으로 감자를 콕 찔러서 들어갈 정도로 익힙니다.

   💬 양파는 감자와 함께 끓이면 많이 물러지니 감자를 먼저 끓인 후 넣어야 아삭한 식감을 살릴 수 있어요.

## 매운감자조림

1. 감자 3개는 0.3cm 두께로 납작하게 썰고, 양파 1/2개는 채 썰어주세요.

2. 물 150~200ml에 납작 썬 감자를 넣고 삶아주세요.

   💬 물은 감자가 잠길 정도로 넣어주세요.

3. 물이 끓으면 채 썬 양파, 진간장 4순가락, 물엿 2순가락, 다진 마늘 0.3순가락을 넣고 끓여주세요.

4. 감자가 익으면 중불로 줄인 후 고춧가루를 깎아서 1순가락 넣고 섞어주세요.

   💬 고춧가루는 색깔과 맵기 정도에 따라 양을 조절합니다.

5. 불을 끄고 올리고당 1순가락, 깨 1순가락을 넣고 골고루 섞어주세요.

조림

## 알감자조림

- 25분
- 냉장 7일

**주재료**
- 알감자 15~20개

**부재료**
- 물 600ml
- 진간장 5숟가락+30ml
- 설탕 1숟가락
- 다시마 3장
- 물엿 50ml
- 깨 1숟가락

## 꽈리고추 감자조림

- 25분
- 냉장 4~5일

**주재료**
- 감자 3개(중간 크기)
- 꽈리고추 10개

**부재료**
- 양파 1개(작은 크기)
- 당근 1/3개
- 물 300ml
- 진간장 7숟가락
- 다진 마늘 1숟가락
- 설탕 1숟가락
- 깨 1숟가락

1. 알감자 15~20개를 껍질째 깨끗이 닦아 주세요.

💬 새 수세미 또는 키친타월로 닦으면 편합니다.

2. 물 600ml, 진간장 5숟가락, 설탕 1숟가락, 다시마 3장을 넣고 끓여주세요.

💬 물이 끓으면 다시마를 건져내세요.

3. 알감자를 넣고 뚜껑을 덮어 10분간 삶아 건져주세요.

4. 팬에 알감자 삶은 물 100ml, 진간장 30ml, 물엿 50ml를 넣고 삶은 알감자를 굴려가며 조려주세요.

💬 양념이 졸아들면 깨 1숟가락을 뿌려주세요.

1. 감자 3개, 양파 1개, 당근 1/3개를 2.5cm 크기로 깍둑썰기하고, 꽈리고추 10개는 꼭지를 떼어내고 사선으로 반을 잘라주세요.

2. 물 300ml, 진간장 7숟가락, 다진 마늘 1숟가락, 설탕 1숟가락, 깍둑썰기한 감자와 당근을 넣고 뚜껑을 덮어서 끓여주세요.

3. 감자가 익으면 깍둑썰기한 양파를 넣고 뚜껑을 덮어서 1분간 끓여주세요.

4. 중불로 줄인 후 꽈리고추를 넣고 30초간 골고루 섞은 후 불을 꺼주세요.

💬 꽈리고추를 오래 끓이면 색깔이 검게 변해요. 마지막에 넣어야 초록색을 유지할 수 있어요.

( 전 )

## 감자채전

- ⏱ 20분
- ❋ 당일

**주재료**
- 감자 2개

**부재료**
- 당근 1/2개
- 양파 1/2개
- 달걀 1개
- 소금 0.1숟가락
- 식용유 4숟가락

## 감자전

- ⏱ 20분
- ❋ 당일

**주재료**
- 감자 1개

**부재료**
- 청양고추 1~2개
- 홍고추 1개
- 소금 0.3숟가락
- 식용유 2~4숟가락

감자채전

**1.** 감자 2개, 당근 1/2개, 양파 1/2개는 최대한 얇게 채 썰어주세요.

💬 감자 전분이 있어야 재료가 서로 붙으니 감자를 물에 담그지 않습니다.

**2.** 1에 달걀 1개, 소금 0.1숟가락을 넣고 골고루 섞어주세요.

**3.** 팬에 식용유 4숟가락을 두르고 예열한 후 감자채 반죽을 흐트러지지 않게 올려주세요.

💬 1숟가락씩 작고 동그랗게 만들거나 작은 프라이팬에 넓게 펼칩니다.

**4.** 중약불에 서서히 구운 후 뒤집어서 구워주세요.

💬 어슷 썬 홍고추를 올리면 더 맛있어 보여요.

**tip**

채칼을 이용하면 빠르고 간편하게 채 썰 수 있어요.
다진 청양고추 조금, 다진 대파 조금, 고춧가루 조금, 진간장 2숟가락, 참기름 1숟가락 또는 식초 1숟가락을 섞어 만든 양념장을 준비하면 좋아요.

감자전

**1.** 감자 1개를 강판에 갈아서 전분 물을 체에 걸러주세요.

💬 전분이 가라앉으면 위의 맑은 물은 따라서 버리고 전분만 남깁니다.

**2.** 청양고추 1~2개는 다지고, 홍고추 1개는 어슷썰기를 해주세요.

**3.** 간 감자, 전분, 다진 청양고추, 소금 0.3숟가락을 골고루 섞어주세요.

**4.** 팬에 식용유 2~4숟가락을 두르고 예열한 후 중약불에 감자 반죽을 올려 구워주세요.

💬 1숟가락씩 작게, 또는 1국자씩 크게 만들어도 됩니다.

**5.** 모양 내기로 어슷 썬 홍고추 1~3개를 가운데 올리고 뒤집어서 구워주세요.

샐러드

# 감자샐러드

- ⏱ 20분
- ❄ 냉장 3일

**주재료**
- 감자 3개(큰 것)

**부재료**
- 오이 1개
- 꽃소금 0.5숟가락
- 달걀 2개
- 햄 10~30g
- 캔옥수수 5~6숟가락
- 설탕 1~2숟가락
- 마요네즈 5숟가락
- 파슬리 1~2꼬집

• tip •
달걀노른자는 채칼 또는 체를 이용하면 곱게 으깰 수 있어요.

1. 오이 1개를 반으로 잘라 길게 4등분한 후 가운데 씨를 제거하고 얇게 썰어서 꽃소금 0.5숟가락을 골고루 섞어 5~10분간 절여주세요.

2. 감자 3개를 8등분해서 삶아주세요.

3. 달걀 2개를 완숙으로 삶아주세요.

4. 햄 10~30g, 삶은 달걀흰자를 다져주세요.

5. 캔옥수수 5~6숟가락은 물기를 빼고, 절인 오이는 키친타월에 감싸 물기를 짜주세요.

6. 삶은 감자는 물기를 빼고 으깬 후, 절인 오이, 다진 햄, 달걀흰자, 스위트콘, 설탕 1~2숟가락, 마요네즈 5숟가락을 넣고 골고루 섞은 후 달걀노른자를 으깨어서 뿌려주세요.

파슬리 1~2꼬집을 뿌려주세요.

> 냉채

# 감자냉채

- 15분
- 냉장 3일

**주재료**
- 감자 2개

**부재료**
- 당근 조금
- 오이맛고추 2개
- 홍고추 2개
- 식초 3숟가락
- 설탕 1숟가락
- 소금 0.3숟가락
- 연겨자 0.5숟가락
- 깨 1숟가락

**1.** 감자 2개와 당근 조금은 얇게 채 썰고, 오이맛고추 2개와 홍고추 2개는 씨를 제거한 후 채 썰어주세요.

**2.** 끓는 물에 채 썬 감자를 1분간 데친 후 찬물에 헹궈 물기를 빼주세요.

**3.** 식초 3숟가락, 설탕 1숟가락, 소금 0.3숟가락, 연겨자 0.5숟가락을 골고루 섞어 소스를 만들어주세요.

**4.** 볼에 데친 감자, 채 썬 오이맛고추, 홍고추, 당근을 담고 소스를 골고루 섞어주세요.

💬 깨 1숟가락을 골고루 뿌려주세요.

# Egg

## 달걀

| | |
|---|---|
| 제철시기 | 연중 |
| 장보기 노하우 | 껍질이 미끄럽지 않고 까슬까슬하며 속이 흔들리지 않고 깨트렸을 때 노른자가 퍼지지 않고 높게 올라오는 것이 신선한 달걀입니다. 크기는 왕란 > 특란 > 대란 > 중란 순입니다. |
| 보관법 | 달걀의 뾰족한 부분을 아래로 담아 냉장 보관합니다. 냉장고 성능에 따라 20~30일 보관 가능합니다. |
| 손질법 | 여름철은 달걀 껍데기에 묻어 있던 살모넬라 세균이 섞여 식중독을 일으킬 수 있으니 사용하기 전에 흐르는 물로 살짝 씻어줍니다. 미리 씻어서 보관하면 세균 침입을 막아주는 막이 제거될 수 있습니다. |

조림

# 마약달걀장

⏱ 20분
❄ 냉장 5일

**주재료**
□ 달걀 15개

**부재료**
□ 소금 1숟가락
□ 대파 2대
□ 청양고추 2개
□ 물 100ml
□ 진간장 100ml
□ 올리고당 50ml
□ 다진 마늘 1숟가락
□ 깨 1숟가락

1. 달걀이 잠길 정도로 물을 붓고 소금 1숟가락을 넣어서 불이 끓으면 날달걀 15개를 넣고 8분간 삶아서 반숙을 만들어주세요.

2. 반숙란을 찬물에 담가 식힌 후 흐르는 물에서 껍질을 까주세요. 반숙란은 껍질과 달걀 사이에 물이 들어가면 조금 쉽게 껍질을 깔 수 있어요.

3. 대파 2대, 청양고추 2개는 송송 썰어주세요.

4. 물 100ml, 진간장 100ml, 올리고당 50ml, 다진 마늘 1숟가락을 골고루 섞어 양념장을 만들어주세요.

💬 올리고당 대신 설탕을 넣어도 됩니다. 단맛은 입맛에 따라 조절합니다. 양념장을 끓일 경우에는 반드시 식혀주세요.

5. 양념장에 반숙란, 송송 썬 대파, 청양고추, 깨 1숟가락을 넣고 실온에 반나절 두었다가 냉장 보관해주세요.

💬 달걀이 양념장에 잠길 정도로 폭이 좁고 깊은 통 또는 지퍼백에 담으면 양념이 골고루 배어들어요.

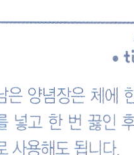

• tip •
남은 양념장은 체에 한 번 걸러서 식초 50ml를 넣고 한 번 끓인 후 양파장아찌 양념장으로 사용해도 됩니다.

> 부침

# 참치달걀말이

- ⏱ 15분
- ❄ 냉장 2일

**주재료**
- ☐ 달걀 2개
- ☐ 캔참치 2숟가락

**부재료**
- ☐ 대파 10cm
- ☐ 당근 3cm
- ☐ 소금 2꼬집
- ☐ 식용유 2숟가락

# 시금치달걀말이

- ⏱ 15분
- ❄ 냉장 2일

**주재료**
- ☐ 달걀 3개
- ☐ 시금치 5줄

**부재료**
- ☐ 당근 3cm
- ☐ 소금 2꼬집
- ☐ 식용유 2숟가락

## 참치달걀말이

1. 대파 10cm, 당근 3cm는 잘게 다져주세요.
2. 달걀 2개는 흰자와 노른자를 분리해서 소금 1꼬집씩 넣고 골고루 섞어주세요.
3. 달걀흰자에 기름기를 빼서 으깬 참치 2순가락, 다진 대파와 당근을 골고루 섞어주세요.

4. 팬에 식용유 2숟가락을 두르고 중약불로 살짝 예열한 후 3을 조금 부어 참치가 뭉치지 않게 골고루 펼친 후 살짝 익으면 살살 말고 다시 조금씩 부어가며 이어서 말아주세요.
5. 4의 끝부분에 달걀노른자를 2~3회 나눠 부어가며 이어서 말아주세요. 참치달걀말이가 식으면 먹기 좋은 두께로 썰어주세요.

## 시금치달걀말이

1. 당근 3cm, 시금치 5줄은 다져주세요.
2. 달걀 3개를 소금 2꼬집을 넣고 골고루 풀어주세요.
3. 달걀물에 다진 당근과 시금치를 넣고 골고루 섞어주세요.

4. 팬에 식용유 2숟가락을 두르고 중불로 살짝 예열한 후 달걀물을 조금 부어서 살짝 익으면 말아주세요.
5. 달걀말이 끝에 다시 달걀물을 부어서 살살 말아주세요.
6. 도마 위에 젓가락을 놓고 달걀말이를 올려서 식힌 후 먹기 좋은 두께로 썰어주세요.

   💬 젓가락 위에 달걀말이를 올려서 식히면 바닥에 수분이 생겨 눅눅해지는 것을 막을 수 있어요.

조림 & 부침

# 달걀장조림

- 30분
- 냉장 7일

**주재료**
- 달걀 15개

**부재료**
- 소금 1숟가락
- 대파 1대
- 양파 1개
- 국물용 멸치 10마리
- 진간장 100ml
- 물 500ml
- 설탕 1~2숟가락

# 햄달걀말이

- 15분
- 냉장 2일

**주재료**
- 달걀 3개

**부재료**
- 대파 1/2대(푸른 부분)
- 당근 1/5개
- 양파 1/8개
- 햄 20g
- 소금 2꼬집
- 식용유 3숟가락

1. 냄비에 달걀 15개를 담고 달걀이 잠길 만큼 물을 부은 후 소금 1숟가락을 넣고 삶아서 식으면 껍질을 까주세요.

   💬 물이 끓고 10~12분 삶으면 완숙이 됩니다. 삶은 달걀은 찬물에 한 번 헹군 다음 찬물에 담가서 식힙니다.

2. 대파 1대는 4등분하고, 양파 1개는 반으로 잘라주세요. 국물용 멸치 10마리는 내장을 제거해주세요.

3. 냄비에 진간장 100ml, 물 500ml, 설탕 1~2숟가락을 넣어 섞은 후, 삶은 달걀, 4등분한 대파, 반으로 자른 양파, 국물용 멸치를 넣고 끓기 시작하면 중약불로 줄이고 15분 정도 졸여주세요.

   💬 국물용 멸치 대신 다시팩을 사용하면 더 깔끔합니다.

   💬 대파, 양파는 건져내서 반찬통에 담아주면 더 진하고 맛있는 장조림 국물이 됩니다.

1. 대파 1/2대(푸른 부분), 당근 1/5개, 양파 1/8개, 햄 20g은 잘게 다져주세요.

2. 달걀 3개를 풀고 소금 2꼬집, 다진 대파, 당근, 양파, 햄을 넣고 골고루 섞어주세요.

   💬 달걀을 많이 저을수록 달걀말이가 부드러워집니다.

3. 팬에 식용유 3숟가락을 두르고 약불에 달걀물을 조금 부어주세요.

 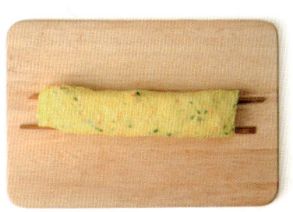

4. 달걀 바닥이 살짝 익으면 살살 말고 끝에서 달걀물을 다시 부어서 이어가며 천천히 말아주세요.

5. 도마 위에 젓가락을 놓고 달걀말이를 올려서 식힌 후 먹기 좋은 두께로 썰어주세요.

( 조림 )

## 소고기달걀 장조림

- 45분
- 냉장 10일 이상

**주재료**
- 달걀 15개
- 소고기 양지 250g

**부재료**
- 대파 1/2대
- 양파 1/2개
- 청양고추 3개
- 물 1L
- 맛술 1숟가락
- 꽃소금 1숟가락
- 소금 1숟가락
- 진간장 150ml
- 설탕 2숟가락

## 꽈리고추달걀 장조림

- 30분
- 냉장 10일 이상

**주재료**
- 달걀 15개
- 꽈리고추 20개

**부재료**
- 소금 1숟가락
- 홍고추 2개
- 대파 1/2대
- 양파 1개
- 진간장 100ml
- 물 500ml
- 설탕 1~2숟가락
- 국물용 멸치 10마리

## 소고기달걀장조림

1. 대파 1/2대, 양파 1/2개는 반으로 자르고, 청양고추 3개는 꼭지를 떼어낸 후 3등분으로 어슷썰기하고, 소고기 양지 250g은 5~7cm 크기로 잘라주세요.

2. 소고기는 물 1L, 맛술 1숟가락, 꽃소금 1숟가락, 반으로 자른 대파, 양파를 넣고 센불에 끓으면 중약불로 줄여서 20~30분간 삶은 후 식혀서 가늘게 찢어주세요.

3. 냄비에 달걀 15개를 담고 달걀이 잠길 만큼 물을 부은 후 소금 1숟가락을 넣고 완숙으로 삶아서 식으면 껍질을 까주세요.

4. 체에 거른 소고기 삶은 물 800ml에 진간장 150ml, 설탕 2숟가락, 삶은 달걀을 넣고 끓여주세요.

💬 고기 삶은 물이 부족하면 물을 더 부어서 맞춥니다.

5. 양념이 끓으면 중약불로 줄이고 찢어놓은 소고기와 어슷 썬 청양고추를 넣고 10분간 더 끓여주세요.

## 꽈리고추달걀장조림

1. 냄비에 달걀 15개를 담고 달걀이 잠길 만큼 물을 부은 후 소금 1숟가락을 넣고 삶아서 식으면 껍질을 까주세요.

2. 꽈리고추 20개는 꼭지를 떼고 포크로 찍어 구멍을 내고, 홍고추 2개는 1cm 두께로 송송 썰어주세요. 대파 1/2대, 양파 1개는 반으로 잘라주세요.

3. 냄비에 진간장 100ml, 물 500ml, 설탕 1~2숟가락을 넣어 섞은 후, 삶은 달걀, 반으로 자른 대파, 양파, 손질한 국물용 멸치를 넣어 끓기 시작하면 중약불로 줄이고 15분 정도 졸여주세요.

💬 국물용 멸치 대신 다시팩을 사용하면 더 깔끔합니다.

4. 꽈리고추, 송송 썬 홍고추를 넣고 장조림 국물을 골고루 섞어가며 30초 정도 더 끓여주세요.

💬 꽈리고추는 오래 끓이면 색이 짙어집니다.

찜

# 폭탄달걀찜

- 🕐 15분
- ❄ 당일

**주재료**
- 달걀 5개

**부재료**
- 당근 조금
- 대파 조금(푸른 부분)
- 소금 0.25숟가락
- 물 100ml
- 멸치액젓 0.5숟가락

# 푸딩달걀찜

- 🕐 30분
- ❄ 당일

**주재료**
- 달걀 4개

**부재료**
- 물 200ml
- 다시마 3장
- 가는소금 0.5숟가락

1. 당근, 대파(푸른 부분)는 잘게 다져주세요.
2. 달걀 5개를 풀고 소금 0.25순가락, 물 100ml, 멸치액젓 0.5순가락을 섞어주세요.
3. 달걀물을 체에 한 번 걸러서 뚝배기에 담아주세요.

💬 뚝배기 크기에 따라 달걀 개수를 조절합니다.

4. 달걀물에 다진 당근, 대파를 넣고 골고루 섞어주세요.
5. 중불에 저어가며 몽글해지도록 끓여주세요.
6. 오목한 그릇을 뚝배기 위에 덮고 아주 약한 불에 1분간 끓여주세요.

💬 뚜껑으로 사용한 그릇을 만질 때는 뜨거우니 반드시 마른 행주나 주방장갑을 이용하세요.

1. 물 200ml에 다시마 3장을 10분간 담가주세요.
2. 달걀 4개는 알끈을 제거한 후 풀어서 체에 한 번 걸러주세요.
3. 다시마 우린 물(다시마는 건져냅니다)에 가는소금 0.5순가락을 넣고 녹여주세요.

4. 달걀물과 다시마 우린 물을 1 : 1 비율로 섞어주세요.
5. 작은 그릇에 80% 정도씩 나눠 담은 후 수증기가 떨어지지 않도록 쿠킹호일을 씌우고 물이 끓는 냄비에 넣어 뚜껑을 덮고 매우 약불에 15~20분 익혀주세요.

💬 칵테일 새우 또는 쑥갓잎을 올리면 더 맛있어 보입니다.

> 볶음

# 토마토달걀볶음

- ⏱ 10분
- ❄ 냉장 5일

**주재료**
- 달걀 2개
- 토마토 1개

**부재료**
- 대파 1/3대
- 우유 3숟가락
- 소금 4꼬집
- 식용유 2숟가락
- 다진 마늘 0.5숟가락
- 후춧가루 조금

1. 대파 1/3대는 얇게 송송 썰고, 토마토 1개는 꼭지와 씨를 제거한 후 1.5×1.5cm 크기로 썰어주세요.

2. 달걀 2개를 풀고 우유 3숟가락, 소금 2꼬집을 골고루 섞어주세요.

3. 팬에 식용유 1숟가락을 두르고 다진 마늘 0.5숟가락, 송송 썬 대파를 볶다가, 대파가 익으면 달걀물을 붓고 약불에 저어가며 2/3 정도 익힌 후 그릇에 덜어주세요.

4. 팬에 식용유 1숟가락을 두르고 토마토를 소금 2꼬집을 뿌려서 볶다가 토마토가 익으면 볶아둔 달걀을 넣고 골고루 섞어가며 볶은 후 후춧가루를 조금 뿌려주세요.

• tip •
방울토마토를 사용할 경우 반으로 자릅니다.

# Carrot

## 당근

| | |
|---|---|
| 제철시기 | 9~11월 |
| 장보기 노하우 | - 단단하고 수염 또는 싹이 나지 않은 것을 구입하세요.<br>- 흙이 묻어 있는 흙당근이 신선합니다. 껍질을 제거한 당근은 일부 약품을 사용한 경우가 있으니 주의하세요. |
| 보관법 | - 흙이 묻은 채로 신문지에 싸서 그늘지고 서늘한 곳에 보관합니다. 냉장 보관할 때는 검은 봉지에 담아 채소칸에 넣어둡니다.<br>- 물에 씻은 당근은 물기를 제거하고 랩으로 감싸 냉장고 채소칸에 보관하세요. |
| 손질법 | - 흐르는 물에 깨끗이 씻어서 표면에 묻은 흙을 제거하세요.<br>- 당근 뿌리 부분은 잘라내고, 깨끗한 수세미 또는 칼, 필러로 껍질을 얇게 벗겨냅니다. |

( 전 )

## 당근감자채전

- ⏱ 15분
- ❄ 당일 또는 냉장 2일

**주재료**
- ☐ 당근 1개
- ☐ 감자 1개

**부재료**
- ☐ 소금 0.3숟가락+2꼬집
- ☐ 부침가루 3숟가락
- ☐ 식용유 4숟가락

## 당근부침개

- ⏱ 15분
- ❄ 당일

**주재료**
- ☐ 당근 1개

**부재료**
- ☐ 청양고추 1개
- ☐ 부침가루 3숟가락
- ☐ 달걀 1개
- ☐ 소금 1꼬집
- ☐ 식용유 3숟가락

## 당근감자채전

1. 당근 1개와 감자 1개는 가늘게 채 썰어 주세요.
2. 채 썬 당근과 감자에 소금 0.3숟가락을 골고루 섞어 5분간 절여주세요.
3. 절인 당근과 감자에 부침가루 3숟가락, 소금 2꼬집을 골고루 섞어 반죽을 만들어주세요.

4. 예열한 팬에 식용유 4숟가락을 두르고 중불에 반죽을 올려서 부친 후 뒤집어서 한 번 더 부쳐주세요.
   💬 감자를 빼고 당근만 넣어도 맛있는 당근채전이 됩니다.

## 당근부침개

1. 당근 1개를 강판에 갈아주세요.
   💬 믹서를 사용할 경우 물을 조금 넣고 갈아서 체에 걸러주세요.
2. 청양고추 1개는 어슷썰기를 해주세요.
3. 간 당근, 부침가루 3숟가락, 달걀 1개, 소금 1꼬집을 골고루 섞어 반죽을 만들어주세요.

4. 예열한 팬에 식용유 3숟가락을 두르고 반죽을 1~2숟가락씩 동그랗게 올려 중불에 구워주세요.
5. 어슷 썬 청양고추를 1개씩 올리고 뒤집어서 부쳐주세요.

샐러드

## 당근견과류 샐러드

- 15분
- 냉장 2일

**주재료**
- 당근 1개
- 견과류+베리류 150g

**부재료**
- 꽃소금 0.5숟가락
- 올리브오일 1숟가락
- 소금 1꼬집
- 설탕 0.5숟가락
- 레몬즙 1숟가락
- 마요네즈 2숟가락

## 당근라페

- 25분
- 냉장 7일

**주재료**
- 당근 2개

**부재료**
- 꽃소금 1숟가락
- 올리브오일 3숟가락
- 레몬즙 2숟가락
- 설탕 0.5숟가락
- 소금 1꼬집
- 홀그레인머스터드 0.5숟가락

1. 당근 1개는 가늘게 채 썰어주세요.
2. 당근채에 꽃소금 0.5숟가락을 골고루 섞어 10분간 절인 후 찬물에 헹궈 물기를 꽉 짜주세요.
3. 올리브오일 1숟가락, 소금 1꼬집, 설탕 0.5숟가락, 레몬즙 1숟가락, 마요네즈 2숟가락을 골고루 섞어 소스를 만들어주세요.

4. 절인 당근, 견과류+베리류 150g, 소스를 골고루 섞어주세요.

1. 당근 2개는 가늘게 채 썰어주세요.
2. 채 썬 당근에 꽃소금 1숟가락을 골고루 섞어 20분간 절인 후 찬물에 헹궈 물기를 꽉 짜주세요.
3. 팬에 올리브오일 1숟가락을 두르고 절인 당근채를 중불에 1분간 볶은 후 식혀주세요.

4. 올리브오일 2숟가락, 레몬즙 2숟가락, 설탕 0.5숟가락, 소금 1꼬집, 홀그레인 머스터드 0.5숟가락을 골고루 섞어 소스를 만들어주세요.
5. 볶은 당근채에 소스를 골고루 버무린 후 냉장고에 넣어 차갑게 보관합니다.

김치 & 부침

# 당근양배추 생채

- 25분
- 냉장 5일

**주재료**
- 당근 1개
- 양배추 1/4통

**부재료**
- 대파 1/2대
- 소금 1숟가락
- 고춧가루 2숟가락
- 다진 마늘 1숟가락
- 설탕 1숟가락
- 멸치액젓 1.5숟가락
- 깨 1숟가락
- 참기름 1숟가락

# 당근달걀말이

- 15분
- 냉장 2일

**주재료**
- 당근 1/4개
- 달걀 2개

**부재료**
- 소금 1꼬집
- 식용유 2숟가락

1. 당근 1개, 양배추 1/4통은 채썰기, 대파 1/2대는 어슷썰기를 해주세요.

2. 채 썬 양배추와 당근에 소금 1숟가락을 골고루 섞어 15분간 절인 후 물에 헹구고 물기를 빼주세요.

3. 고춧가루 2숟가락, 다진 마늘 1숟가락, 설탕 1숟가락, 멸치액젓 1.5숟가락을 골고루 섞어 양념장을 만들어주세요.

4. 절인 양배추와 당근에 양념장을 골고루 버무린 후 어슷 썬 대파, 깨 1숟가락을 넣고 골고루 섞어주세요.

   💬 먹을 만큼 접시에 담고 참기름 1숟가락을 뿌려주세요.

1. 당근 1/4개를 다져주세요.

2. 달걀 2개는 흰자와 노른자를 분리해서 각각 풀어주세요.

3. 달걀흰자에 다진 당근, 소금 1꼬집을 섞어주세요.

4. 예열한 팬에 식용유 2숟가락을 두르고 3을 조금씩 부어가며 말아주세요.

5. 달걀노른자를 이어서 부어가며 말고 다 구워지면 한 김 식혀서 썰어주세요.

   💬 당근달걀말이를 사선으로 썰어 한쪽을 뒤집어주면 하트 모양이 됩니다.

구이

# 당근칩

- 30분
- 실온 3일

**주재료**
- 당근 1개

**부재료**
- 올리브오일 2숟가락
- 소금 2꼬집

1. 당근 1개는 0.2cm 두께로 동그랗게 썰어주세요.

2. 얇게 썬 당근에 올리브오일 2숟가락, 소금 2꼬집을 골고루 버무려주세요.

3. 에어프라이어 또는 오븐에 160~170도로 10분간 굽고 뒤집어서 160도로 10분간 한 번 더 구워서 한 김 식혀주세요.

💬 기름에 튀기면 온도 조절이 어려워 타기 쉬워요.

# Tofu

## 두부

| | |
|---|---|
| **제철시기** | 연중 |
| **장보기 노하우** | - 일반적으로 모두 사용하지만 단단한 부침용과 부드러운 찌개용으로 나눌 수 있어요.<br>- 콩의 원산지(국내, 중국, 미국 등)를 확인하고 구입합니다. |
| **보관법** | - 냉장 보관하고 깨끗한 칼로 자릅니다.<br>- 요리하고 남은 두부는 밀폐통에 넣어 냉수를 붓고 냉장 보관합니다. |
| **손질법** | 조리 용도에 맞게 자르거나 으깨 사용합니다. |

( 조림 )

## 두부조림

- ⏱ 25분
- ❄ 냉장 5일

**주재료**
- ☐ 두부 1모(300g)

**부재료**
- ☐ 양파 1/2개
- ☐ 대파 1/2대
- ☐ 청양고추 1개
- ☐ 식용유 3숟가락
- ☐ 고춧가루 1.5숟가락
- ☐ 설탕 0.5숟가락
- ☐ 진간장 4숟가락
- ☐ 다진 마늘 1숟가락
- ☐ 물 100ml

## 두부간장조림

- ⏱ 20분
- ❄ 냉장 5일

**주재료**
- ☐ 두부 1모(300g)

**부재료**
- ☐ 식용유 3숟가락
- ☐ 진간장 3숟가락
- ☐ 설탕 1숟가락
- ☐ 다진 마늘 0.5숟가락
- ☐ 물 100ml
- ☐ 양파 1/2개(작은 크기)
- ☐ 대파 1/4대
- ☐ 당근 1/4개

1. 두부 1모(300g)는 2등분하고 0.5cm 두께로 썰어서 키친타월에 올려 물기를 빼주세요. 양파 1/2개는 채 썰고, 대파 1/2대, 청양고추 1개는 어슷썰기해주세요.

2. 팬에 식용유 3숟가락을 둘러서 예열하지 않고 바로 두부를 올려 약불에 천천히 앞뒤로 부쳐주세요.

3. 고춧가루 1.5숟가락, 설탕 0.5숟가락, 진간장 4숟가락, 다진 마늘 1숟가락, 물 100ml를 섞어 양념장을 만들어주세요.

4. 앞뒤로 부친 두부 위에 양념장을 골고루 뿌리고, 채 썬 양파, 어슷 썬 대파, 청양고추를 올린 후 뚜껑을 덮고 중불에 끓여주세요.

💬 양념장이 끓으면 뚜껑을 열고 숟가락으로 양념을 떠서 골고루 뿌려가며 조려주세요.

1. 두부 1모(300g)는 4등분하고 0.5cm 두께로 썰어서 키친타월에 올려 물기를 빼주세요.

2. 팬에 식용유 3숟가락을 둘러서 예열하지 않고 바로 두부를 올려 약불에 천천히 앞뒤로 부쳐주세요.

3. 진간장 3숟가락, 설탕 1숟가락, 다진 마늘 0.5숟가락, 물 100ml를 섞어서 양념장을 만들어주세요.

4. 양파 1/2개, 대파 1/4대, 당근 1/4개는 잘게 다져주세요.

5. 앞뒤로 부친 두부에 양념장을 골고루 뿌리고, 다진 양파, 당근, 대파를 올린 후 뚜껑을 덮고 중불에 끓여주세요.

6. 양념장이 끓으면 뚜껑을 열고 숟가락으로 양념을 떠서 골고루 뿌려가며 조려주세요.

조림

# 된장소스 두부조림

- 15분
- 냉장 5일

**주재료**
- 두부 1모(300g)

**부재료**
- 식용유 3숟가락
- 대파 1/4대
- 홍고추 1/2개
- 청양고추 1개
- 다진 마늘 1숟가락
- 진간장 1숟가락
- 설탕 1숟가락
- 된장 1숟가락
- 후춧가루 조금
- 물 2숟가락

# 두부튀김조림

- 20분
- 냉장 5일

**주재료**
- 두부 1모(300g)

**부재료**
- 대파 1/3대
- 튀김가루 또는 전분 1숟가락
- 식용유 4숟가락
- 물 80ml
- 진간장 3숟가락
- 설탕 1숟가락
- 다진 마늘 0.3숟가락
- 참기름 1숟가락

1. 두부 1모(300g)는 2등분하고 0.5cm 두께로 썰어서 키친타월에 올려 물기를 빼주세요.

2. 팬에 식용유 3숟가락을 두르고 약불에 천천히 앞뒤로 부쳐주세요.

3. 대파 1/4대, 홍고추 1/2개, 청양고추 1개는 길게 4등분한 후 잘게 썰어주세요.

4. 다진 마늘 1숟가락, 진간장 1숟가락, 설탕 1숟가락, 된장 1숟가락, 후춧가루 조금, 물 2숟가락을 골고루 섞어 된장 소스를 만들어주세요.

5. 된장 소스에 다진 대파, 청양고추, 홍고추를 넣고 섞어주세요.

6. 앞뒤로 부친 두부 위에 된장 소스를 골고루 올리고 뚜껑을 덮어 약불에 조려주세요.

 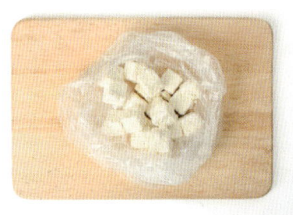 

1. 두부 1모(300g)는 1.5×1.5cm 크기로 깍둑썰기, 대파 1/3대는 송송 썰어주세요.

2. 위생팩에 튀김가루 또는 전분 1숟가락과 깍둑썰기한 두부를 넣고 부풀려서 흔들어 골고루 섞어주세요.

3. 팬에 식용유 4숟가락을 두르고 예열한 후 중불에 튀김가루 입힌 두부를 올리고 앞뒤, 옆면을 골고루 부쳐주세요.

• tip •

좁고 깊은 냄비를 사용하면 더 바삭하고 더 빠르게 튀길 수 있어요.

4. 물 80ml, 진간장 3숟가락, 설탕 1숟가락, 다진 마늘 0.3숟가락, 참기름 1숟가락을 골고루 섞어 끓여서 양념장을 만들어주세요.

5. 양념장이 끓으면 구운 두부와 송송 썬 대파를 넣고 골고루 섞어가며 중불에 조려주세요.

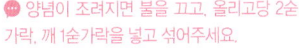

양념이 조려지면 불을 끄고, 올리고당 2숟가락, 깨 1숟가락을 넣고 섞어주세요.

( 조림 )

# 돼지고기 두부조림

⏱ 20분
❄ 냉장 3일

**주재료**
- 두부 1모(300g)
- 다진 돼지고기 150g

**부재료**
- 양파 1/2개
- 당근 1/4개
- 대파 10cm(중간 부분)
- 진간장 4숟가락
- 설탕 1.5숟가락
- 후춧가루 조금
- 물 100ml
- 고추장 0.5숟가락
- 다진 마늘 0.5숟가락
- 참기름 1숟가락

# 마파두부

⏱ 25분
❄ 냉장 3일

**주재료**
- 두부 2/3모(200g)

**부재료**
- 당근 1/4개
- 양파 1/4개
- 대파 1/3대
- 연근 5cm
- 식초 1숟가락
- 식용유 2숟가락
- 다진 마늘 0.5숟가락
- 다진 돼지고기 200g
- 소금 0.1숟가락
- 물 350ml
- 진간장 1숟가락
- 맛술 1숟가락
- 두반장 1.5숟가락
- 굴소스 1숟가락
- 물 2숟가락
- 감자전분 1숟가락

## 돼지고기두부조림

1. 두부 1모는 3등분하고 1cm 두께로 썰어주세요. 양파 1/2개, 당근 1/4개는 0.2cm 두께로 채 썰어주세요. 대파 10cm는 길게 4등분한 후 잘게 썰어주세요.

2. 다진 돼지고기 150g에 진간장 1숟가락, 설탕 0.5숟가락, 후춧가루 조금 넣고 버무려 밑간을 해주세요.

3. 물 100ml, 진간장 3숟가락, 설탕 1숟가락, 고추장 0.5숟가락, 다진 마늘 0.5숟가락을 골고루 섞어서 양념장을 만들어주세요.

4. 냄비에 양파-두부-밑간한 돼지고기-당근, 대파 순서로 올리고 양념장을 뿌려서 뚜껑을 덮고 센 불에 끓여주세요.

5. 양념장이 끓으면 약불로 줄이고 숟가락으로 양념장을 떠서 골고루 뿌려가며 조려주세요. 마지막에 참기름 1숟가락을 뿌리고 불을 끈 상태에서 숟가락으로 양념장을 떠서 골고루 끼얹어주세요.

## 마파두부

1. 두부 2/3모(200g)는 1.5×1.5cm 크기로 깍둑썰기해주세요.

2. 당근, 양파, 대파는 0.5×0.5cm 크기로 썰어주세요. 연근은 1cm 크기로 깍둑썰기를 한 후 식초 1숟가락을 섞은 물에 5분간 담가 떫은맛을 뺀 후 헹궈주세요.

3. 팬에 식용유 2숟가락을 두르고, 깍둑썰기한 연근, 대파, 다진 마늘 0.5숟가락을 센 불에 1분간 볶아주세요.

4. 당근, 양파, 다진 돼지고기 200g을 넣고 소금 0.1숟가락을 뿌린 후 돼지고기가 익을 때까지 골고루 볶아주세요.

5. 물 350ml, 진간장 1숟가락, 맛술 1숟가락, 두반장 1.5숟가락, 굴소스 1숟가락, 깍둑썰기한 두부를 넣고 끓여주세요.

6. 물 2숟가락, 감자전분 1숟가락을 섞어서 전분물을 만들고 양념이 끓으면 부어서 걸쭉해지도록 끓여주세요.

무침

# 두부브로콜리 무침

- 15분
- 냉장 2일

**주재료**
- 두부 1모(300g)
- 브로콜리 1/2개

**부재료**
- 소금 1.25숟가락
- 빨강 파프리카 1/2개
- 노랑 파프리카 1/2개
- 들기름 1숟가락
- 다진 마늘 0.25숟가락
- 깨 1숟가락

# 두부톳무침

- 10분
- 냉장 3일

**주재료**
- 두부 1모(300g)
- 톳 200g

**부재료**
- 소금 1.1숟가락
- 참기름 1숟가락
- 다진 마늘 0.3숟가락
- 깨 1숟가락

  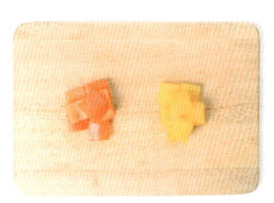

1. 끓는 물에 소금 0.5숟가락을 넣고 두부 1모(300g)를 2분간 데친 후 키친타월에 싸서 물기를 닦아주세요.

2. 브로콜리 1/2개는 줄기의 껍질을 벗겨 낸 다음 넓적하게 썰고 끓는 물에 소금 0.5숟가락을 넣어 2분간 데친 후 찬물에 헹구고 물기를 빼주세요.

3. 빨강·노랑 파프리카 각 1/2개는 씨를 제거한 후 2×2cm 크기로 썰어주세요.

4. 데친 두부를 으깨서 들기름 1숟가락, 소금 0.25숟가락, 다진 마늘 0.25숟가락을 넣고 골고루 섞어주세요.

5. 손질한 파프리카, 브로콜리를 넣고 섞은 후 깨 1숟가락을 골고루 뿌려주세요.

1. 끓는 물에 소금 0.5숟가락을 넣고 두부 1모(300g)를 2분간 데친 후 키친타월에 싸서 물기를 빼주세요.

2. 끓는 물에 소금 0.5숟가락을 넣고 톳 200g을 30초간 데친 후 찬물에 헹구고 물기를 빼주세요.

3. 물기 뺀 톳은 먹기 편하게 잘라주세요.

4. 데친 두부는 으깨고 소금 0.1숟가락, 참기름 1숟가락, 다진 마늘 0.3숟가락을 골고루 섞어주세요.

5. 자른 톳을 넣고 골고루 섞어주세요.

6. 깨 1숟가락을 뿌려서 골고루 섞어주세요.

◯ 전

## 두부전

- ⏱ 15분
- ❄ 냉장 3일

**주재료**
- ☐ 두부 1모(300g)

**부재료**
- ☐ 양파 1/4개
- ☐ 홍고추 1개
- ☐ 당근 1/4개
- ☐ 부추 10줄
- ☐ 소금 3꼬집
- ☐ 후춧가루 조금
- ☐ 달걀 1개
- ☐ 부침가루 1숟가락
- ☐ 식용유 3숟가락

## 두부참치 동그랑땡

- ⏱ 15분
- ❄ 냉장 3일

**주재료**
- ☐ 두부 1/2모(150g)
- ☐ 캔참치 150g

**부재료**
- ☐ 대파 1/4대
- ☐ 당근 1/5대
- ☐ 양파 조금
- ☐ 달걀 1개
- ☐ 부침가루 1숟가락
- ☐ 소금 3꼬집
- ☐ 후춧가루 조금
- ☐ 식용유 3숟가락

1. 양파 1/4개, 홍고추 1개, 당근 1/4개는 다지고, 부추 10줄은 잘게 썰어주세요.

2. 두부 1모는 으깨서 키친타월로 눌러 물기를 뺀 후 다진 양파, 홍고추, 당근, 부추, 소금 3꼬집, 후춧가루 조금 넣고 골고루 섞어주세요.

3. 달걀 1개, 부침가루 1숟가락을 넣고 골고루 섞어주세요.

• tip •

동그란 쿠키 틀을 이용하면 더 편하고 빠르게 만들 수 있어요.

4. 팬에 식용유 3숟가락을 둘러서 예열하고 약불에 두부 반죽을 1숟가락씩 올려 동그랗게 모양을 잡아가며 부쳐주세요.

💬 약불에 서서히 앞뒤로 부쳐주세요.

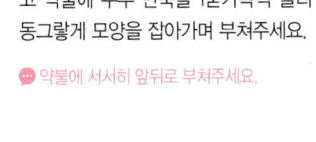  

1. 대파 1/4내, 당근 1/5개, 양파는 잘게 다져주세요.

2. 두부 1/2모는 으깨서 키친타월로 눌러 물기를 빼고, 캔참치 150g은 기름기를 빼주세요.

3. 으깬 두부, 참치, 다진 대파, 당근, 양파, 달걀 1개, 부침가루 1숟가락, 소금 3꼬집, 후춧가루를 골고루 섞어주세요.

4. 반죽을 1숟가락씩 떠서 꾹꾹 눌러 동그랗게 만들어주세요.

5. 동그란 두부참치 반죽에 부침가루와 달걀물을 순서대로 묻혀주세요.

6. 팬에 식용유 3숟가락을 두르고 중약불에 서서히 앞뒤로 부쳐주세요.

◯ 절임 & 튀김

# 두부장아찌

⏱ 30분
❄ 냉장 7일

**주재료**
- 두부 2모(600g)

**부재료**
- 양파 1/2개(작은 크기)
- 통마늘 4개
- 청고추 1개
- 홍고추 1개
- 식용유 3숟가락
- 물 200ml
- 진간장 150ml
- 설탕 50ml
- 식초 200ml

# 두부강정

⏱ 20분
❄ 냉장 3일

**주재료**
- 두부 1모(300g)

**부재료**
- 튀김가루 또는 전분 1숟가락
- 식용유 5숟가락
- 진간장 2숟가락
- 물엿 3숟가락
- 고춧가루 0.5숟가락
- 케첩 3숟가락
- 다진 마늘 0.3숟가락
- 깨 1숟가락

**1.** 두부 2모는 3×4×0.5cm 크기로 썰어서 키친타월에 올려 물기를 빼주세요.

💬 두부 위에 소금을 살짝 뿌리면 수분이 빠져서 단단해집니다.

**2.** 양파 1/2개는 1cm 두께로 채썰기, 통마늘 4개는 편썰기, 청고추 1개, 홍고추 1개는 어슷썰기해주세요.

**3.** 팬에 식용유 3숟가락을 두르고 두부를 중약불에 앞뒤로 노릇하게 부쳐주세요.

💬 두부조림보다 더 바삭할 정도로 부쳐주세요. 두부가 탈 수 있으니 불 조절하면서 부칩니다.

**4.** 부친 두부는 키친타월에 올려 기름기를 빼주세요.

**5.** 강화유리 반찬통에 부친 두부, 채 썬 양파, 편 썬 통마늘, 어슷 썬 청고추, 홍고추를 골고루 올려주세요.

**6.** 물 200ml, 진간장 150ml, 설탕 50ml, 식초 200ml를 섞어서 끓여주세요. 양념이 끓기 시작하면 불을 끄고 두부 위에 부어서 한 김 식힌 후 뚜껑을 덮어주세요.

💬 반나절 실온에 두었다 냉장 보관하세요.

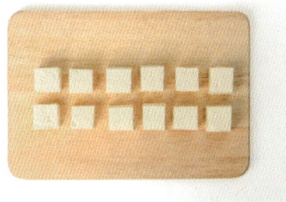

**1.** 두부 1모(300g)는 2.5×2.5cm 크기로 깍둑썰기해주세요.

**2.** 위생팩에 튀김가루 또는 전분 1숟가락과 깍둑 썬 두부를 넣고 부풀려서 흔들어 골고루 묻혀주세요.

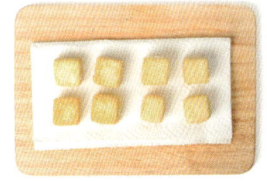

**3.** 팬에 식용유 5숟가락을 두르고 두부를 튀기듯이 부친 후 기름기를 빼주세요.

**4.** 진간장 2숟가락, 물엿 3숟가락, 고춧가루 0.5숟가락, 케첩 3숟가락, 다진 마늘 0.3숟가락을 골고루 섞어 양념장을 만들어주세요.

**5.** 양념장을 약불에 살짝 끓여주세요.

**6.** 튀긴 두부에 양념장을 골고루 섞은 후 깨 1숟가락을 골고루 뿌려주세요.

**볶음 & 조림**

# 두부잡채

- 15분
- 냉장 2일

**주재료**
- 두부 1모(300g)

**부재료**
- 양파 1/2개
- 빨강 파프리카 1/2개
- 노랑 파프리카 1/2개
- 피망 1/2개
- 새송이버섯 1개
- 식용유 2숟가락
- 소금 2꼬집
- 다진 마늘 0.6숟가락
- 참기름 2숟가락
- 진간장 2숟가락
- 설탕 0.5숟가락
- 후춧가루 조금
- 깨 조금

# 두부강된장

- 15분
- 냉장 3일

**주재료**
- 두부 1/2모(150g)

**부재료**
- 애호박 1/5개
- 양파 1/4개
- 표고버섯 1개
- 대파 1/5대
- 청양고추 1개
- 홍고추 1개
- 들기름 1.5숟가락
- 다진 마늘 0.5숟가락
- 된장 2숟가락
- 고추장 1숟가락
- 물 50ml
- 캔참치 100g

74

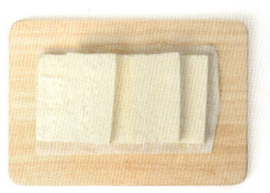  

**1.** 두부 1모(300g)는 1cm 두께로 넓게 썰어서 키친타월에 올려 물기를 빼주세요.

**2.** 양파 1/2개, 빨강·노랑 파프리카 각 1/2개, 피망 1/2개, 새송이버섯 1개는 0.5cm 두께로 채 썰어주세요.

**3.** 팬에 식용유 1숟가락을 두르고 약불에 두부를 앞뒤로 부친 후 식으면 1cm 두께로 채 썰어주세요.

**4.** 팬에 식용유 1숟가락을 두르고 채 썬 양파, 새송이버섯, 파프리카, 피망을 소금 2꼬집을 뿌려서 볶아주세요.

**5.** 다진 마늘 0.6숟가락, 참기름 2숟가락, 진간장 2숟가락, 설탕 0.5숟가락, 후춧가루를 골고루 섞어서 부친 두부와 함께 4에 넣고 살살 볶아주세요.

💬 불을 끄고 깨를 뿌려주세요.

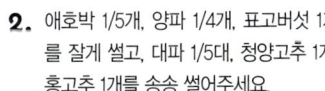 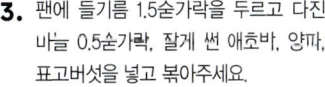 

**1.** 두부 1/2모(150g)를 1×1cm 크기로 깍둑썰기해주세요.

**2.** 애호박 1/5개, 양파 1/4개, 표고버섯 1개를 잘게 썰고, 대파 1/5대, 청양고추 1개, 홍고추 1개를 송송 썰어주세요.

**3.** 팬에 들기름 1.5숟가락을 두르고 다진 마늘 0.5숟가락, 잘게 썬 애호박, 양파, 표고버섯을 넣고 볶아주세요.

**4.** 된장 2숟가락, 고추장 1숟가락을 넣고 중불에 볶아주세요.

**5.** 물 50ml, 깍둑 썬 두부, 캔참치 100g을 넣고 끓여서 강된장을 만들어주세요.

**6.** 강된장이 끓으면 송송 썬 대파, 청양고추, 홍고추를 넣고 끓여주세요.

냉채

# 연두부미역냉채

⏱ 10분
❄ 당일

**주재료**
- 연두부 1봉지
- 마른 미역 1숟가락

**부재료**
- 물 50ml
- 진간장 2숟가락
- 식초 2숟가락
- 설탕 1숟가락
- 다진 마늘 0.3숟가락
- 참기름 1숟가락
- 깨 0.5숟가락
- 실파 1대
- 홍고추 1/2개

**1.** 물 50ml, 진간장 2숟가락, 식초 2숟가락, 설탕 1숟가락, 다진 마늘 0.3숟가락, 참기름 1숟가락, 깨 0.5숟가락으로 양념장을 만들고 냉장고에 넣어주세요.

**2.** 마른 미역 1숟가락을 찬물에 담가 불린 후 여러 번 헹궈 물기를 빼고 끓는 물에 30초간 데친 후 찬물에 헹궈 물기를 짜내고 뭉친 채로 2~4등분해주세요.

**3.** 실파 1대는 송송 썰고, 홍고추 1/2개는 씨를 제거한 후 4등분해서 잘게 썰어주세요.

💬 홍고추의 빨간 물이 빠질 수 있으니 찬물에 헹궈 키친타월로 물기를 제거해주세요.

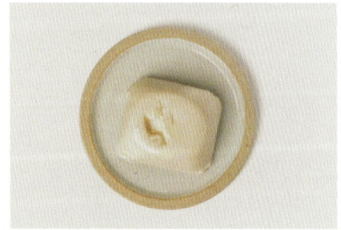

**4.** 연두부 1봉지를 접시에 담아주세요.

**5.** 연두부 위에 데친 미역, 송송 썬 실파, 잘게 썬 홍고추를 올린 후 차가운 양념장을 골고루 뿌려주세요.

• tip •
바로 먹을 거라면 양념장을 냉동실에 넣어두어 빨리 차갑게 만듭니다.

# 버섯

| | |
|---|---|
| **제철시기** | 연중 |
| **장보기 노하우** | 요리 종류와 조리 방법에 따라 알맞은 버섯을 구합니다. 상처가 없고 무르지 않은 버섯이 신선합니다. |
| **보관법** | 키친타월을 깔고 버섯끼리 눌리지 않도록 여유 있는 통이나 위생팩에 넣어 보관합니다. |
| **손질법** | 키친타월로 먼지를 닦아내고 물에 씻은 후 밑동을 살짝 잘라냅니다. |

전

# 팽이버섯전

- ⏱ 15~25분
- ❄ 냉장 2일 (당일 먹어야 맛있어요)

**주재료**
- 팽이버섯 150g

**부재료**
- 청양고추 1개
- 대파 5cm
- 당근 1/5개
- 달걀 2개
- 소금 2꼬집
- 식용유 2숟가락

# 한입팽이버섯전

- ⏱ 15분
- ❄ 냉장 3일

**주재료**
- 팽이버섯 150g

**부재료**
- 당근 1/5개
- 대파 5cm
- 달걀 2개
- 소금 2꼬집
- 식용유 3숟가락

1. 팽이버섯 150g은 밑동을 잘라내고 가닥가닥 떼어내세요.

2. 청양고추 1개, 대파 5cm는 길게 반으로 잘라 송송 썰고, 당근 1/5개는 채 썰어주세요.

3. 달걀 2개는 소금 2꼬집을 넣어 풀고, 송송 썬 청양고추와 대파를 섞어주세요.

4. 팬에 식용유 2숟가락을 두르고 약불에 팽이버섯과 채 썬 당근을 나란히 펼쳐 구워주세요.

5. 볶은 팽이버섯과 당근 위에 달걀물을 골고루 붓고 달걀이 2/3 정도 익으면 뒤집어서 구워주세요.

1. 팽이버섯 150g은 밑동을 잘라내고 2.5cm 길이로 썰어주세요.

2. 당근 1/5개, 대파 5cm는 잘게 다져주세요.

3. 달걀 2개를 소금 2꼬집을 넣고 풀어주세요.

4. 달걀물에 팽이버섯, 다진 당근, 대파를 골고루 섞어주세요.

5. 팬에 식용유 3숟가락을 두르고 예열한 후 약불에 팽이버섯 반죽을 1숟가락씩 동그랗게 올려주세요.

6. 바닥이 익으면 뒤집어서 구워주세요.

(부침 & 냉채)

# 팽이버섯 베이컨말이

- 10분
- 냉장 2일

**주재료**
- 팽이버섯 300g
- 베이컨 10줄(크기에 따라 사용)

**부재료**
- 당근 1/4개
- 쪽파(또는 부추) 1줌
- 파슬리 조금

# 팽이버섯냉채

- 10분
- 냉장 3일

**주재료**
- 팽이버섯 150g

**부재료**
- 오이 1/2개
- 소금 0.1숟가락+1꼬집
- 달걀 1개
- 크래미(또는 맛살) 1개
- 대파 5cm
- 설탕 0.5숟가락
- 식초 2숟가락

1. 팽이버섯 300g은 밑동을 잘라내고 가닥가닥 떼어내세요.

2. 당근 1/4개는 7cm 길이로 채 썰고, 쪽파(또는 부추) 1줌은 7cm 길이로 잘라주세요.

3. 베이컨을 펼쳐서 팽이버섯, 채 썬 당근, 쪽파(또는 부추)를 조금 올리고 돌돌 말아주세요.

   💬 길이가 긴 베이컨은 반으로 잘라 사용하세요.

4. 예열한 팬에 베이컨 말린 끝부분부터 올려서 굽고 굴리면서 골고루 구워주세요.

   💬 말린 끝부분부터 구워야 베이컨이 풀리지 않아요.

1. 팽이버섯 150g은 밑동을 잘라 내고 가닥가닥 떼어낸 후 끓는 물에 15초 정도 데쳐서 찬물에 헹구고 물기를 꽉 짜주세요.

2. 오이 1/2개는 돌려 깎아서 가늘게 채 썰고 소금 0.1숟가락을 골고루 버무려서 10분 정도 재운 후 물기를 짜주세요.

3. 달걀 1개는 흰자와 노른자를 따로 부쳐서 채 썰어주세요.

4. 크래미(또는 맛살) 1개는 가늘게 찢고, 대파 5cm는 잘게 다져주세요.

5. 팽이버섯, 달걀, 오이, 크래미(또는 맛살), 대파를 볼에 담고 설탕 0.5숟가락, 식초 2숟가락, 소금 1꼬집을 섞어 만든 소스를 골고루 섞어주세요.

볶음

# 느타리버섯 볶음

- 🕐 10분
- ❄ 냉장 3~4일

**주재료**
- 느타리버섯 200g

**부재료**
- 양파 1/2개(작은 크기)
- 당근 1/5개
- 대파 10cm
- 식용유 1숟가락
- 다진 마늘 0.3숟가락
- 소금 0.3숟가락
- 참기름 1숟가락
- 깨 1숟가락
- 액상조미료 0.5숟가락

# 느타리버섯 햄볶음

- 🕐 10분
- ❄ 냉장 3~4일

**주재료**
- 느타리버섯 200g
- 사각햄 100g

**부재료**
- 양파 1/2개(작은 크기)
- 대파 10cm
- 식용유 1숟가락
- 다진 마늘 0.3숟가락
- 소금 0.3숟가락
- 깨 1숟가락

1. 느타리버섯 200g은 밑동을 잘라내고 가늘게 찢어주세요.

2. 양파 1/2개, 당근 1/5개는 가늘게 채 썰고, 대파 10cm는 송송 썰어주세요.

3. 팬에 식용유 1숟가락을 두르고 채 썬 양파, 당근, 다진 마늘 0.3숟가락을 볶아주세요.

4. 느타리버섯을 넣고 볶아주세요.

5. 소금 0.3숟가락, 액상조미료 0.5숟가락(분말조미료 0.3숟가락), 송송 썬 대파를 넣고 볶아주세요.

💬 조미료를 살짝 넣으면 감칠맛이 더해집니다.

6. 불을 끄고 참기름 1숟가락, 깨 1숟가락을 뿌려서 골고루 섞어주세요.

1. 느타리버섯 200g은 밑동을 잘라내고 길게 4~6등분으로 찢어주세요.

2. 양파 1/2개, 사각햄 100g은 0.3cm 두께로 채 썰고, 대파 10cm는 송송 썰어주세요.

3. 팬에 식용유 1숟가락을 두르고 채 썬 양파, 다진 마늘 0.3숟가락을 볶아주세요.

4. 채 썬 햄을 넣고 볶아주세요.

5. 느타리버섯, 송송 썬 대파, 소금 0.3숟가락을 넣고 볶아주세요.

6. 불을 끄고 깨 1숟가락을 골고루 뿌려주세요.

부침 & 구이

# 새송이버섯 말이

- ⏱ 15분
- ❄ 당일

**주재료**
- 새송이버섯 2개

**부재료**
- 쪽파 15대
- 당근 1/4개
- 식용유 0.5숟가락
- 물 2숟가락
- 진간장 3숟가락
- 매실액 1숟가락
- 참기름 1숟가락
- 다진 마늘 0.2숟가락

# 새송이버섯 고추장구이

- ⏱ 15분
- ❄ 냉장 2일

**주재료**
- 새송이버섯 3개

**부재료**
- 쪽파 5대
- 물 3숟가락
- 진간장 1숟가락
- 참기름 1숟가락
- 고춧가루 0.5숟가락
- 다진 마늘 0.5숟가락
- 고추장 1숟가락
- 설탕 0.5숟가락
- 식용유 1숟가락
- 깨 0.5숟가락

## 새송이버섯말이

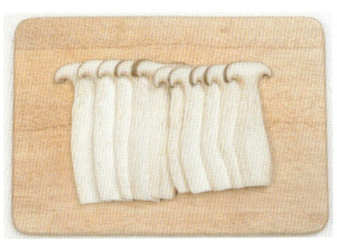

1. 새송이버섯 2개는 밑동을 잘라내고 0.3cm 두께로 길게 썰어주세요.

2. 쪽파 15대는 뿌리와 끝부분을 잘라낸 후 7~8cm 길이로 썰고, 당근 1/4개는 7~8cm 길이로 채 썰어주세요.

3. 팬에 식용유 0.5숟가락을 두르고 예열 후 새송이버섯을 앞뒤로 구워주세요.

● 키친타월을 이용하여 팬에 식용유를 골고루 발라주세요.

4. 물 2숟가락, 진간장 3숟가락, 매실액 1숟가락, 참기름 1숟가락, 다진 마늘 0.2숟가락을 골고루 섞어 간장 소스를 만들어주세요.

5. 구운 새송이버섯 위에 채 썬 당근, 쪽파를 올리고 돌돌 말아 이쑤시개로 고정해주세요.

6. 팬에 새송이버섯말이를 올리고 간장 소스를 골고루 뿌려 약불에 조려주세요.

## 새송이버섯고추장구이

1. 새송이버섯 3개는 밑동을 잘라내고 길게 0.3cm 두께로 썰어주세요.

2. 쪽파 5대는 송송 썰어주세요.

3. 물 3숟가락, 진간장 1숟가락, 참기름 1숟가락, 고춧가루 0.5숟가락, 다진 마늘 0.5숟가락, 고추장 1숟가락, 설탕 0.5숟가락을 골고루 섞어 고추장 양념을 만들어주세요.

4. 팬에 식용유 1숟가락을 두르고 중불에 새송이버섯을 앞뒤로 골고루 구워주세요.

5. 구운 새송이버섯에 고추장 양념을 앞뒤로 골고루 발라 약불에 구워서 송송 썬 쪽파와 깨 0.5숟가락을 골고루 뿌려주세요.

전 & 조림

# 표고버섯 고기전

⏱ 20분
❄ 냉장 3일

**주재료**
- 표고버섯 6~12개(크기에 따라 사용)

**부재료**
- 양파 1/4개
- 대파 1/4대
- 당근 1/5개
- 다진 돼지고기(또는 소고기) 150g
- 소금 0.2숟가락
- 후춧가루 조금
- 달걀 2개
- 식용유 2숟가락

# 표고버섯조림

⏱ 20분
❄ 냉장 5일

**주재료**
- 표고버섯 12개

**부재료**
- 대파 1/4대
- 물 150ml
- 진간장 4숟가락
- 참기름 1숟가락
- 다진 마늘 0.5숟가락
- 물엿 2숟가락
- 후춧가루 조금
- 식용유 1숟가락

1. 표고버섯은 대를 떼어내고 갓에 칼로 +
또는 * 모양을 내주세요.

2. 양파 1/4개, 대파 1/4대, 당근 1/5개, 표
고버섯 대는 잘게 다져주세요.

3. 다진 돼지고기(또는 소고기) 150g에 다
진 양파, 대파, 당근, 표고버섯을 넣고, 소
금 0.2숟가락, 후춧가루 조금, 달걀 1개를
넣어 골고루 섞어주세요.

4. 표고버섯 뒷면에 부침가루 묻힌 후 고기
반죽을 채우고, 달걀 1개를 풀어서 묻혀
주세요.

5. 팬에 식용유 2숟가락을 두르고 고기 반
죽을 채운 부분부터 중불에 구운 후 뒤
집어서 구워주세요.

1. 표고버섯 12개는 대를 떼어내고 갓에
칼로 + 또는 * 모양을 내주세요.

2. 대파 1/4대는 0.5cm 두께로 송송 썰어
주세요.

3. 물 150ml, 진간장 4숟가락, 참기름 1숟
가락, 다진 마늘 0.5숟가락, 물엿 2숟가
락, 후춧가루를 골고루 섞어서 양념장
을 만들어주세요.

4. 표고버섯 갓, 대에 양념장 절반을 골고
루 섞어주세요.

5. 팬에 식용유 1숟가락을 두르고 양념한
표고버섯을 볶아주세요.

6. 남은 양념장과 송송 썬 대파를 넣고 중
불에 조려주세요.

(튀김)

# 모둠버섯탕수육

⏱ 20분
❄ 당일

**주재료**
- 표고버섯 2개
- 새송이버섯 1개
- 팽이버섯 150g(1봉지)

**부재료**
- 당근 1/2개
- 양파 1/2개
- 물 200ml+1숟가락+30ml
- 진간장 1숟가락
- 매실액 1숟가락
- 식초 2숟가락
- 설탕 2숟가락
- 감자전분 1숟가락
- 튀김가루 45ml

**1.** 표고버섯 2개는 밑동을 잘라낸 후 4등분하고, 새송이버섯 1개는 2cm 두께로 반달썰기, 팽이버섯 150g은 6~8가닥으로 나눠서 납작하게 펼쳐주세요.

**2.** 당근 1/2개는 0.3cm 두께로 반달썰기, 양파 1/2개는 6등분해주세요.

**3.** 물 200ml에 진간장 1숟가락, 매실액 1숟가락, 식초 2숟가락, 설탕 2숟가락을 섞고 저은 후 당근, 양파를 넣고 끓여주세요.

**4.** 감자전분 1숟가락, 물 1숟가락을 섞어서 끓고 있는 소스에 조금씩 나눠 넣어 걸쭉하게 만들어주세요.

**5.** 튀김가루 45ml, 물 30ml을 골고루 섞어서 튀김옷을 만들고 버섯에 얇게 묻혀주세요.

**6.** 예열한 기름에 튀김옷 입힌 버섯을 튀겨주세요.

💬 가스불을 사용할 경우 온도가 계속 올라갈 수 있으니 불 조절을 하면서 튀깁니다.

# Zucchini

## 애호박

| | |
|---|---|
| **제철시기** | 3~10월 |
| **장보기 노하우** | - 꼭지가 신선하고 단단한 애호박을 고릅니다. 흠집이 없고 무르지 않은 애호박이 오래갑니다.<br>- 포장 애호박은 겉으로 보기에 신선해도 반드시 손으로 살짝 만져보고 무르지 않은지 바닥 쪽에 상처가 없는지 확인합니다. |
| **보관법** | 포장되지 않은 애호박은 위생팩 또는 키친타월로 감싸 냉장고 채소칸에 보관하고, 요리하고 남은 애호박은 자른 면에 공기가 닿지 않게 밀폐통에 넣거나 랩으로 감싸 보관합니다. |
| **손질법** | 흐르는 물에 깨끗이 씻어서 꼭지와 꽁부분을 바짝 잘라냅니다. |

볶음

## 매운애호박볶음

- 15분
- 냉장 3일

**주재료**
- 애호박 1개

**부재료**
- 양파 1/2개
- 청양고추 1개
- 식용유 3숟가락
- 다진 마늘 0.3숟가락
- 소금 3꼬집
- 액상조미료 0.5숟가락(또는 분말조미료 0.3숟가락)
- 고춧가루 0.5~1숟가락

## 애호박볶음

- 15분
- 냉장 3일

**주재료**
- 애호박 1개

**부재료**
- 양파 1/2개
- 식용유 2숟가락
- 다진 마늘 1/3숟가락
- 소금 3꼬집
- 액상조미료 0.5숟가락(또는 분말조미료 0.3숟가락)
- 깨 1숟가락

1. 애호박 1개는 0.3cm 두께로 반달썰기, 양파 1/2개는 0.3cm 두께로 채썰기, 청양고추 1개는 어슷썰기를 해주세요.

2. 팬에 식용유 3숟가락을 두르고 반달썰기한 애호박, 다진 마늘 0.3숟가락을 넣고 중불에 볶아주세요.

3. 애호박이 노릇해지면 채 썬 양파, 어슷 썬 청양고추, 소금 3꼬집, 액상조미료 0.5숟가락(또는 분말조미료 0.3숟가락)을 넣고 볶아주세요.

4. 고춧가루 0.5~1숟가락을 넣고 볶은 후 불을 끄고 깨 1숟가락을 뿌려서 골고루 섞어주세요.

   💬 고춧가루는 수분을 빨아들여 재료가 탈 수 있으니 나중에 넣어줍니다.

1. 애호박 1개는 0.3cm 두께로 반달썰기, 양파 1/2개는 0.3cm 두께로 채썰기를 해주세요.

2. 팬에 식용유 2숟가락을 두르고 반달썰기한 애호박, 다진 마늘 0.3숟가락을 중불에 볶아주세요.

3. 애호박이 노릇해지면 채 썬 양파, 소금 3꼬집, 액상소비료 0.5숟가락(또는 분말조미료 0.3숟가락)을 넣고 볶은 후 불을 끄고 깨 1숟가락을 뿌려서 골고루 섞어주세요.

   💬 양파는 물컹한 식감을 원한다면 처음부터 같이 볶고, 아삭한 식감을 원한다면 나중에 볶아줍니다.

○ 볶음

# 애호박채볶음

- ⏱ 15분
- ❄ 냉장 3일

**주재료**
- ☐ 애호박 1개

**부재료**
- ☐ 대파 10cm
- ☐ 홍고추 1개
- ☐ 꽃소금 0.25숟가락
- ☐ 참기름 2숟가락
- ☐ 다진 마늘 0.3숟가락
- ☐ 멸치액젓 0.5숟가락
- ☐ 깨 1숟가락

# 애호박새우젓 지짐

- ⏱ 15분
- ❄ 냉장 3일

**주재료**
- ☐ 애호박 1개
- ☐ 새우젓 1숟가락

**부재료**
- ☐ 양파 1/2개
- ☐ 홍고추 1/2개
- ☐ 청양고추 1개
- ☐ 식용유 1숟가락
- ☐ 참기름 2숟가락
- ☐ 다진 마늘 0.3숟가락
- ☐ 고춧가루 0.5~1숟가락
- ☐ 깨 1숟가락

1. 애호박 1개는 0.5cm 두께로 길게 어슷썰기를 한 후 0.5cm 두께로 채썰기, 대파 10cm, 홍고추 1개는 송송 썰어주세요.

2. 채 썬 애호박에 꽃소금 0.25숟가락을 골고루 버무려 10분간 절인 후 물기를 짜주세요.

3. 팬에 참기름 2숟가락을 두르고 절인 애호박, 다진 마늘 0.3숟가락을 중불에 30초 정도 볶아주세요.

4. 송송 썬 대파와 홍고추, 멸치액젓 0.5숟가락을 넣고 골고루 볶은 후 깨 1숟가락을 뿌려서 골고루 섞어주세요.

   💬 멸치액젓이 없다면 소금으로 간을 맞춥니다.

   💬 애호박채볶음은 소면을 삶아 비빔국수에 넣어 먹어도 맛있어요.

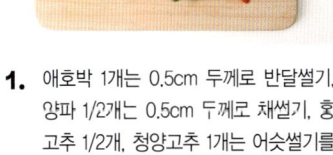  

1. 애호박 1개는 0.5cm 두께로 반달썰기, 양파 1/2개는 0.5cm 두께로 채썰기, 홍고추 1/2개, 청양고추 1개는 어슷썰기를 해주세요.

2. 팬에 식용유 1숟가락, 참기름 2숟가락을 두르고 중불에 반달썰기한 애호박과 다진 마늘 0.3숟가락을 넣고 1분간 볶아주세요.

3. 채 썬 양파와 새우젓 1숟가락을 넣고 볶아주세요.

 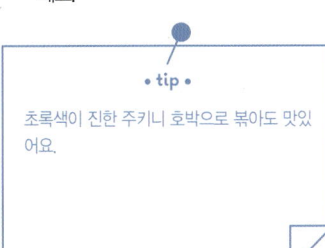

• tip •

초록색이 진한 주키니 호박으로 볶아도 맛있어요.

4. 고춧가루 0.5~1숟가락, 어슷 썬 청양고추, 홍고추를 넣고 볶은 후 깨 1숟가락을 뿌려서 섞어주세요.

   💬 하루 정도 지나 물기가 자박하게 생기면 밥에 비벼 드세요.

구이 & 볶음

# 애호박구이

- ⏱ 15분
- ❄ 당일

**주재료**
- □ 애호박 1개

**부재료**
- □ 굵은소금 적당량

# 애호박가지 된장볶음

- ⏱ 15분
- ❄ 냉장 3일

**주재료**
- □ 애호박 1개
- □ 가지 1개

**부재료**
- □ 대파 10cm
- □ 청양고추 1개
- □ 된장 1숟가락
- □ 다진 마늘 0.5숟가락
- □ 참기름 1숟가락
- □ 올리고당 2숟가락
- □ 식용유 1숟가락
- □ 깨 1숟가락

**1.** 애호박 1개는 0.3cm 두께로 동그랗게 썰어주세요.

**2.** 애호박에 굵은소금을 뿌리고 10분 후에 키친타월로 물기를 제거하세요.

**3.** 팬을 예열하고 중불에 구워주세요.

💬 취향에 따라 양념장을 곁들이세요.

**1.** 애호박 1개는 0.3cm 두께, 가지 1개는 0.5cm 두께로 반딜썰기를 해주세요. 대파 10cm, 청양고추 1개는 다져주세요.

**2.** 된장 1숟가락, 다진 마늘 0.5숟가락, 참기름 1숟가락, 올리고당 2숟가락, 다진 대파, 청양고추를 골고루 섞어 양념장을 만들어주세요.

**3.** 팬에 식용유 1숟가락을 두르고 반달썰기한 애호박을 먼저 중불에 1분간 구운 후 가지를 넣고 중약불에 2분간 구워주세요.

💬 각각 익는 시간이 달라 가지를 함께 구우면 많이 물컹해질 수 있어요.

**4.** 구운 애호박과 가지 위에 2의 양념장을 골고루 뿌려서 볶아주세요.

💬 불을 끄고 깨 1숟가락을 골고루 뿌려주세요.

( 전 & 구이 )

# 애호박채전

- ⏱ 15분
- ❄ 냉장 2일

**주재료**
- 애호박 1/2개

**부재료**
- 양파 1/4개
- 홍고추 1/2개
- 굵은소금 2꼬집
- 부침가루 5숟가락
- 감자전분 1숟가락
- 물 10숟가락
- 식용유 3숟가락

# 애호박두부구이

- ⏱ 25분
- ❄ 냉장 2일

**주재료**
- 애호박 1개
- 두부 1모

**부재료**
- 굵은소금 조금
- 식용유 2숟가락

1. 애호박 1/2개, 양파 1/4개는 채썰기, 홍고추 1/2개는 얇게 어슷썰기를 해주세요.

2. 채 썬 애호박에 굵은소금 2꼬집을 버무리고 5분 후 물기가 배어 나오면 키친타월로 제거해주세요.

3. 볼에 절인 애호박, 채 썬 양파, 어슷 썬 홍고추를 담고 부침가루 5숟가락, 감자전분 1숟가락, 물 10숟가락을 골고루 섞어주세요.

 부침가루 또는 튀김가루만 사용해도 되지만 감자전분을 넣으면 더 바삭하고 맛있습니다.

4. 예열한 팬에 식용유 3숟가락을 두르고 반죽을 한 국자 떠서 넓게 펼쳐 약불에 부쳐주세요.

 부침개가 노릇해지면 뒤집어서 부쳐주세요. 애호박채전은 한 숟가락씩 작게 만들거나, 한 국자씩 크게 만들어 잘라 먹어도 됩니다.

1. 애호박 1개는 0.5cm 두께로 동그랗게 썰고, 두부 1모도 0.5cm 두께로 썰어주세요.

2. 애호박에 굵은소금을 골고루 뿌리고 5~10분 후 물기가 배어 나오면 키친타월로 닦아냅니다. 두부는 키친타월에 올려 물기를 빼주세요.

3. 애호박보다 작은 모양틀로 애호박과 두부 가운데를 찍어내서 애호박 가운데 동그란 두부를 끼워주세요.

4. 예열한 팬에 식용유 2숟가락을 두르고 약불에 천천히 구운 후 뒤집어서 구워주세요.

전

## 애호박오징어전

- 🕐 20분
- ❄ 냉장 2일

**주재료**
- ☐ 애호박 1개
- ☐ 오징어 1마리

**부재료**
- ☐ 쪽파 10줄
- ☐ 청양고추 1개
- ☐ 홍고추 1개
- ☐ 부침가루 1컵(또는 튀김가루)
- ☐ 물 1컵
- ☐ 식용유 3~4숟가락

## 애호박전

- 🕐 20분
- ❄ 냉장 2일

**주재료**
- ☐ 애호박 1개

**부재료**
- ☐ 홍고추 1개
- ☐ 굵은소금 조금
- ☐ 부침가루 1숟가락(듬뿍)
- ☐ 달걀 1개
- ☐ 식용유 3숟가락

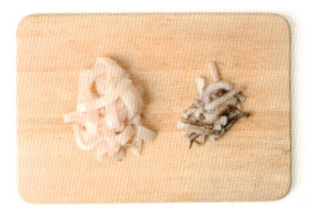

1. 애호박 1개는 0.2cm 두께로 동그랗게 썰어서 채 썰고, 쪽파 10줄은 5cm 길이로 잘라주세요. 청양고추 1개, 홍고추 1개는 송송 썰어줍니다.

2. 오징어 1마리는 몸통을 길게 반으로 자른 후 1cm 두께로 채 썰고, 오징어 다리도 5cm 길이로 잘라주세요.

3. 부침가루 1컵(또는 튀김가루), 물 1컵을 섞어 반죽을 만들어주세요.

4. 반죽에 채 썬 오징어, 애호박, 쪽파, 청양고추, 홍고추를 섞어주세요.

5. 예열한 팬에 식용유 3~4숟가락을 두르고 반죽을 1숟가락씩 펼쳐 중약불에 부쳐주세요.

   💬 한 국자씩 펼쳐서 크게 만들어도 됩니다.

6. 부침개 반죽이 2/3 정도 익으면 뒤집어서 부쳐주세요.

   💬 기름이 부족할 경우 식용유 1~2숟가락을 부침개 바깥쪽에 둘러줍니다.

1. 애호박 1개는 0.5cm 두께로 동그랗게 썰고, 홍고추 1개는 어슷썰기를 해주세요.

2. 도마 위에 애호박을 펼치고 굵은소금을 조금씩 골고루 뿌린 다음 10분 뒤에 물기가 배어 나오면 키친타월로 제거해주세요.

3. 애호박에 부침가루를 얇게 묻히고 달걀 1개를 풀어서 달걀물을 입혀주세요.

   💬 위생팩에 애호박과 부침가루 1숟가락을 듬뿍 넣고 풍선처럼 부풀려서 흔들면 빠르고 골고루 묻힐 수 있어요.

4. 예열한 팬에 식용유 3숟가락을 두르고 약불에 달걀물 입힌 애호박을 천천히 부치다가 1/2 정도 노릇해지면 어슷 썬 홍고추를 1개씩 올리고 뒤집어서 부쳐주세요.

> 부침

# 애호박달걀말이

🕐 15분
❄ 냉장 2일

**주재료**
- 애호박 1/3개
- 달걀 3개

**부재료**
- 굵은소금 조금
- 대파 10cm
- 당근 조금
- 소금 2꼬집
- 식용유 2숟가락

**1.** 애호박 1/3개는 최대한 얇고 동그랗게 썰고, 대파 10cm, 당근 조금은 다져주세요.

**2.** 애호박은 굵은소금을 뿌리고 물기가 배어 나오면 키친타월로 제거해주세요.

**3.** 달걀 3개, 소금 2꼬집, 다진 대파와 당근을 섞어서 달걀물을 만들어주세요. 팬에 식용유 2숟가락을 두르고 따뜻할 정도로 예열한 후 약불로 줄여서 달걀물을 조금씩 부어가며 말아주세요.

**4.** 마지막 달걀물을 붓기 전에 절인 애호박을 빈 곳에 올리고 달걀물을 부어 천천히 말아주세요.

# Cabbage

## 양배추

| | |
|---|---|
| **제철시기** | 3~6월 |
| **장보기 노하우** | 겉잎이 연한 녹색을 띠고 상처가 없으며, 단단하고 묵직한 양배추를 고릅니다. |
| **보관법** | 양배추 심을 제거하고 그 부위에 물을 적신 키친타월을 대고 밀봉하면 오래갑니다. |
| **손질법** | 겉잎을 떼고 식초 섞은 물에 3~5분 정도 담가두었다 흐르는 물에 3번 정도 헹궈 냅니다. |

샐러드

## 양배추샐러드

- 🕐 10분
- ❄ 냉장 3일(재료 섞지 않을 경우)

**주재료**
- ☐ 양배추 1/8통

**부재료**
- ☐ 당근 1/2개
- ☐ 사각햄 조금
- ☐ 마요네즈 적당량
- ☐ 케첩 적당량

## 코울슬로

- 🕐 15분
- ❄ 냉장 5일

**주재료**
- ☐ 양배추 1/4통

**부재료**
- ☐ 소금 0.5숟가락
- ☐ 식초 1숟가락
- ☐ 당근 1/4개
- ☐ 소금 1+0.1숟가락
- ☐ 캔옥수수 4숟가락
- ☐ 마요네즈 2~3숟가락
- ☐ 레몬주스 3숟가락
- ☐ 우유 7숟가락
- ☐ 후춧가루 조금

1. 양배추 1/8통을 채칼로 얇게 채 썰어 씻은 후 물기를 털어주세요.

   💬 채소탈수기를 이용하면 물기 없이 더 아삭하게 먹을 수 있습니다.

2. 당근 1/2개와 사각햄은 얇게 채 썰어주세요.

3. 채 썬 양배추, 당근, 햄을 접시에 담고 마요네즈와 케첩을 골고루 뿌려 섞어서 먹어요.

1. 양배추 1/4통은 심을 제거한 후 0.5cm 크기로 잘게 썰어서 소금 0.5숟가락을 버무리고 식초 1숟가락을 섞은 물에 담가 깨끗이 씻어주세요.

2. 당근 1/4개도 0.5cm 크기로 썰어주세요.

3. 손질한 양배추와 당근에 소금 1숟가락을 골고루 섞어서 15분간 절여두었다가 물에 헹구고 물기를 꽉 짜주세요.

4. 캔옥수수 4숟가락, 절인 양배추와 당근에 마요네즈 2~3숟가락, 레몬주스 3숟가락, 우유 7숟가락, 소금 0.1숟가락을 넣고 골고루 섞어주세요.

   💬 레몬주스 대신 식초 2숟가락, 설탕 1숟가락을 넣어도 됩니다.

5. 후춧가루를 조금 뿌린 후 골고루 섞어주세요.

   💬 용기에 담아 냉장고에 넣어 차갑게 보관합니다.

절임 & 볶음

# 양배추피클

- 15분
- 냉장 20일 이상

**주재료**
- 양배추 1/4통

**부재료**
- 양파 1개
- 빨강 파프리카 1개
- 노랑 파프리카 1개
- 물 200ml
- 양조식초 200ml
- 소금 2숟가락
- 설탕 50ml

# 양배추베이컨 볶음

- 10분
- 냉장 20일 이상

**주재료**
- 양배추 1/4통
- 베이컨 3줄

**부재료**
- 대파 1/2대(푸른 부분)
- 청양고추 2개
- 버터 10g
- 다진 마늘 0.3숟가락
- 소금 2꼬집
- 굴소스 0.3숟가락
- 후춧가루 조금
- 참기름 1숟가락

1. 양배추 1/4통은 2~2.5cm 크기로 썰어서 식초 섞은 물에 담가 씻은 후 체에 담아 물기를 털어줍니다.

2. 양파 1개도 2~2.5cm 크기로 썰고, 빨강·노랑 파프리카 각 1개는 반으로 잘라 씨를 제거한 후 2~2.5cm 크기로 썰어주세요.

3. 냄비에 물 200ml, 양조식초 200ml, 소금 2숟가락, 설탕 50ml를 넣고 끓어오르면 바로 불을 끕니다.

• tip •

한 김 식힌 후 뚜껑을 덮어서 12시간 동안 실온에 두었다 냉장 보관하세요.

4. 열탕 소독한 강화유리통에 양배추, 양파, 빨강·노랑 파프리카를 담고 3의 끓인 소스를 부어주세요.

💬 한 가지 재료를 한 번에 담지 않고 번갈아 섞어서 담으면 더 예쁘고 먹음직스러워요.

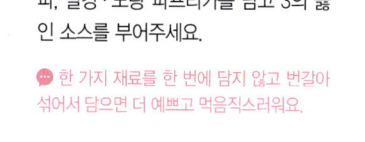  

1. 양배추 1/4통은 얇게 채 썰어 씻어서 물기를 빼고, 베이컨 3줄은 가늘게 채썰기, 대파 1/2대와 청양고추 2개는 어슷썰기를 해주세요.

2. 팬에 버터 10g, 다진 마늘 0.3숟가락, 채 썬 양배추, 소금 2꼬집을 넣고 중불에 볶아주세요.

💬 버터 대신 식용유 2숟가락을 둘러도 됩니다.

3. 채 썬 베이컨, 어슷 썬 대파, 청양고추를 넣고 볶아주세요.

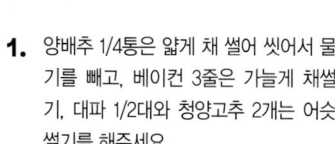

4. 굴소스 0.3숟가락을 넣고 볶은 다음 후춧가루 조금, 참기름 1숟가락을 섞어주세요.

💬 삶은 달걀을 반으로 잘라 올리면 더 맛있어 보입니다.

조림 & 찜

# 양배추롤

- ⏱ 20분
- ❄ 냉장 2일

**주재료**
- 양배추 1/2통

**부재료**
- 양파 1/4개
- 당근 1/4개
- 버섯 1/4개
- 대파 10cm(중간 부분)
- 두부 1/2모
- 돼지고기 150g
- 달걀 1개
- 소금 0.2숟가락
- 후춧가루 조금
- 멸치육수 500ml
- 진간장 1숟가락

# 양배추찜

- ⏱ 15분
- ❄ 냉장 3일

**주재료**
- 양배추 1/2통

**부재료**
- 청양고추 1개
- 홍고추 1/2개
- 대파 10cm(중간 부분)
- 된장 1숟가락
- 고추장 0.3숟가락
- 다진 마늘 0.3숟가락
- 매실액 1숟가락
- 참기름 1숟가락
- 깨 1숟가락
- 밥 1공기

**1.** 양배추 1/2통을 반으로 잘라 심을 제거한 후 5분 정도 물에 담가 잎을 하나씩 떼어 씻어주세요.

💬 잎의 두꺼운 부분은 제거해주세요.

**2.** 양배추를 찜기에 담고 물이 끓기 시작하면 중불로 줄여서 8~10분간 찐 후 찬물에 헹궈 물기를 빼주세요.

**3.** 양파 1/4개, 당근 1/4개, 버섯 1/4개, 대파 10cm를 다져주세요. 두부 1/2모는 으깨서 키친타월로 눌러 물기를 빼주세요.

**4.** 으깬 두부에 다진 돼지고기 150g, 다진 양파, 당근, 버섯, 대파, 달걀 1개, 소금 0.2숟가락, 후춧가루 조금 넣고 골고루 섞어주세요.

**5.** 찐 양배추를 펼쳐서 4의 소를 1숟가락 올리고 양쪽 끝을 접어 말아주세요.

**6.** 냄비에 양배추롤 말린 부분을 아래로 놓고 멸치육수 500ml를 부은 다음 진간장 1숟가락을 넣고 끓여주세요. 육수가 끓으면 중불로 낮춰 10분간 끓입니다.

💬 멸치육수가 없다면 물 500ml에 멸치액젓 1숟가락을 넣어도 됩니다.

**1.** 양배추 1/2통은 심을 제거한 후 물에 담가 잎을 하나씩 떼어내고 식초 섞은 물에 담가 씻은 후 물기를 빼주세요.

💬 잎 사이로 물이 들어가면 쉽게 떼어집니다.

**2.** 양배추를 찜기에 담고 물이 끓으면 중불로 줄여서 8~10분간 찝니다.

💬 위생팩 또는 전자레인지 용기에 양배추와 물 5숟가락을 넣어서 8분간 돌리면 간편합니다.

**3.** 찐 양배추는 찬물에 헹구고 체에 받쳐 물기를 빼주세요.

**4.** 청양고추 1개, 홍고추 1/2개, 대파 10cm를 다져주세요.

**5.** 다진 청양고추와 홍고추, 대파, 된장 1숟가락, 고추장 0.3숟가락, 다진 마늘 0.3숟가락, 매실액 1숟가락, 참기름 1숟가락, 깨 1숟가락을 골고루 섞어 쌈장을 만들어주세요.

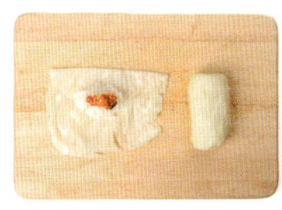

**5.** 찐 양배추를 펼쳐서 밥, 쌈장을 올리고 양쪽 끝을 접어 말아주세요.

💬 쌈처럼 싸서 바로 먹어도 됩니다.

> 한 그릇 요리

# 양배추참치빈대떡

⏱ 15분
❄ 냉장 2일

**주재료**
- 양배추 1/4통
- 캔참치 200g

**부재료**
- 대파 15cm(푸른 부분)
- 청양고추 1개
- 부침가루 4컵(소주컵)
- 물 6컵(소주컵)
- 캔옥수수 4~5숟가락
- 달걀 1개
- 마요네즈 적당량
- 돈가스 소스 또는 케첩 적당량
- 식용유 4~5숟가락

**1.** 양배추 1/4통은 3cm 길이로 얇게 채 썰어서 씻어주세요. 대파 15cm, 청양고추 1개는 길게 반으로 잘라 얇게 송송 썰어주세요.

**2.** 부침가루 4컵에 물 6컵을 붓고 뭉치지 않게 반죽을 섞은 후 기름기를 뺀 캔참치 200g, 채 썬 양배추, 대파, 청양고추, 캔옥수수 4~5숟가락, 소금 2꼬집을 넣고 골고루 섞어주세요.

💬 부침가루 대신 달걀 2~3개를 넣어도 됩니다.

**3.** 팬에 식용유 4~5숟가락을 두르고 예열한 후 중약불에 반죽을 3숟가락 듬뿍 올려 도톰하고 동그랗게 모양을 잡아줍니다.

💬 양배추가 삐져나올 수 있지만 익으면서 자리를 잡습니다.

💬 바닥이 노랗게 익어가면 뒤집어서 부쳐주세요.

**4.** 양배추참치빈대떡 위에 마요네즈를 뿌리고 달걀 프라이(반숙)를 올린 후, 돈가스 소스 또는 케첩을 뿌려주세요.

💬 달걀 프라이는 약불에 천천히 구워야 예쁜 반숙을 만들기가 쉬워요.

# Onion

## 양파

| | |
|---|---|
| **제철시기** | 7~9월, 햇양파 5~6월 |
| **장보기 노하우** | 껍질이 바삭하게 잘 말라 있고 색이 선명한 것을 고르세요. 손으로 잡았을 때 무르지 않고 단단하며 싹이 나지 않은 양파가 신선합니다. |
| **보관법** | - 빛이 닿지 않는 서늘한 장소에 상자째 보관할 경우 양파가 바닥에 눌려 곯지 않도록 신문지 또는 키친타월을 구겨 깔아줍니다. 또는 망에 넣어 바닥에 닿지 않게 매달아 보관합니다.<br>- 서늘한 장소가 없을 경우 망째로 위생팩에 넣어 냉장고 채소칸에 보관합니다. 바닥에 눌리면 쉽게 물러질 수 있으니 신문지 또는 키친타월을 구겨 깔아주면 더 오래갑니다.<br>- 무르거나 상한 양파는 따로 분리해야 다른 양파가 상하지 않습니다. |
| **손질법** | 양파 뿌리와 꼭지 부분을 잘라내고 껍질을 벗겨냅니다. |

( 절임 )

# 양파장아찌

- ⏱ 10분
- ❄ 냉장 30일

**주재료**
- 양파 5개(작은 크기)

**부재료**
- 물 150ml
- 진간장 100ml
- 설탕 50ml
- 양조식초 100ml

# 양파양배추 장아찌

- ⏱ 15분
- ❄ 냉장 30일

**주재료**
- 양파 1개(작은 크기)
- 양배추 1/2통

**부재료**
- 청양고추 2개
- 홍고추 1개
- 물 150ml
- 진간장 100ml
- 설탕 50ml
- 양조식초 100ml

# 양파고추 장아찌

- ⏱ 10분
- ❄ 냉장 30일

**주재료**
- 양파 3개(작은 크기)
- 오이맛고추 4개
- 홍고추 2개

**부재료**
- 물 150ml
- 진간장 100ml
- 설탕 50ml
- 양조식초 100ml

1. 양파 5개를 반으로 자른 후 깍둑썰기를 해주세요.
2. 열탕 소독한 강화유리통에 깍둑썰기한 양파를 담아주세요.
3. 냄비에 물 150ml, 진간장 100ml, 설탕 50ml, 양조식초 100ml를 넣고 끓여서 양파에 부어주세요.

💬 진간장 양을 줄이고 소금을 넣으면 맑은 장아찌 소스가 됩니다.

💬 반나절 실온에 두었다 냉장 보관하세요.

1. 양배추 1/2통을 씻어서 물기를 뺀 후 3×3cm 크기로 썰고, 양파 1개, 청양고추 2개, 홍고추 1개는 2.5cm 크기로 썰어주세요.

💬 당근 1/2개를 반달썰기해서 넣으면 더 맛있어 보여요.

2. 열탕 소독한 강화유리통에 양배추, 양파, 청양고추, 홍고추를 담아주세요.
3. 냄비에 물 150ml, 진간장 100ml, 설탕 50ml, 양조식초 100ml를 넣고 끓여서 부어주세요.

💬 하루 동안 실온에 두었다 냉장 보관하세요.

1. 양파 3개, 오이맛고추 4개, 홍고추 2개는 2.5cm 크기로 썰어주세요.
2. 열탕 소독한 강화유리통에 양파, 오이맛고추, 홍고추를 담아주세요.
3. 냄비에 물 150ml, 진간장 100ml, 설탕 50ml, 양조식초 100ml를 넣고 끓여서 부어주세요.

💬 장아찌는 뜨거운 양념을 부어야 더욱 아삭한 식감을 살릴 수 있습니다.

💬 반나절 실온에 두었다 냉장 보관하세요.

절임 & 김치

## 고깃집 양파부추절임

- ⏱ 10분
- ❄ 냉장 2일

**주재료**
- 양파 1/2개
- 부추 10줄

**부재료**
- 물 2숟가락
- 식초 2숟가락
- 진간장 2숟가락
- 올리고당 1숟가락
- 연겨자 0.5숟가락

## 양파김치

- ⏱ 35분
- ❄ 냉장 30일

**주재료**
- 양파 4개(중간 크기)

**부재료**
- 물 1L
- 천일염 2숟가락
- 부추 100~200g
- 청양고추 2개
- 홍고추 2개
- 멸치액젓 3숟가락
- 고춧가루 5숟가락
- 다진 마늘 2숟가락
- 물 50ml
- 밀가루 또는 찹쌀풀 200ml
- 매실액 1숟가락

## 고깃집양파부추절임

1. 양파 1/2개는 얇게 채 썰고, 부추 10줄은 5cm 길이로 잘라주세요.

2. 물 2숟가락, 식초 2숟가락, 진간장 2숟가락, 올리고당 1숟가락, 연겨자 0.5숟가락을 골고루 섞어 양념장을 만들어주세요.
   - 💬 먹을 만큼 접시에 덜어 양념장을 부어주세요.
   - 💬 양념장과 재료는 따로 보관합니다.

## 양파김치

1. 양파 4개를 반으로 잘라 2.5cm 두께로 길게 썰어주세요. 부추 100~200g은 3cm 길이로 자르고, 청양고추 2개, 홍고추 2개는 어슷썰기를 해주세요.

2. 물 1L에 천일염 2숟가락을 풀어서 양파를 30분간 절인 후 물기를 빼주세요.

3. 멸치액젓 3숟가락, 고춧가루 5숟가락, 다진 마늘 2숟가락, 물 50ml를 믹서에 갈아서 밀가루 또는 찹쌀풀 200ml, 매실액 1숟가락을 섞어 양념장을 만들어주세요.

4. 손질한 양파, 부추, 고추에 양념장을 넣고 골고루 버무려주세요.
   - 💬 바로 먹어도 맛있지만 다음 날 맛이 들면 더 맛있어요. 반나절 실온 보관 후 냉장 보관하세요.

*무침*

## 양파무침

- 12분
- 냉장 5일

**주재료**
- 양파 1개(중간 크기)

**부재료**
- 부추 15줄
- 청양고추 1개
- 홍고추 1개
- 고춧가루 1숟가락
- 멸치액젓 2숟가락
- 매실액 2숟가락
- 식초 2숟가락
- 깨 1숟가락

## 양파비빔장

- 10분
- 냉장 15일

**주재료**
- 양파 1개(중간 크기)

**부재료**
- 대파 1/2대(흰 부분)
- 청양고추 2개
- 홍고추 1개
- 구운김 3장
- 진간장 3숟가락
- 멸치액젓 1숟가락
- 고춧가루 2숟가락
- 올리고당 1숟가락
- 참기름 2숟가락
- 깨 1숟가락

**1.** 양파 1개는 반으로 자른 후 0.3cm 두께로 채썰기, 부추 15줄은 5cm 길이로 자르고, 청양고추 1개, 홍고추 1개는 어슷 썰기를 해주세요.

🌸 채 썬 양파는 찬물에 10분간 담근 후 물기를 빼주세요.

**2.** 채 썬 양파에 고춧가루 1숟가락, 멸치액젓 2숟가락, 매실액 2숟가락, 식초 2숟가락을 넣어 골고루 섞어주세요.

🌸 설탕을 넣으면 미끌거릴 수 있어 매실액을 사용합니다. 매실액이 없다면 설탕 0.5숟가락을 넣으면 됩니다.

🌸 무침류에는 2배식초를 사용하면 식초 양이 반으로 줄어들어 물기가 덜합니다.

**3.** 부추, 어슷 썬 청양고추, 홍고추를 넣고 골고루 섞은 후 깨 1숟가락을 뿌려주세요.

**1.** 양파 1개, 대파 1/2대, 청양고추 2개, 홍고추 1개는 0.5cm 크기로 잘게 썰어주세요. 구운김 3장은 1×1cm 크기로 잘라주세요.

🌸 구운김은 4등분으로 찢어서 위생팩에 넣고 비비면 잘게 부서집니다.

**2.** 진간장 3숟가락, 멸치액젓 1숟가락, 고춧가루 2숟가락, 올리고당 1숟가락, 참기름 2숟가락을 골고루 섞어 양념장을 만들어주세요.

**3.** 잘게 썬 양파, 대파, 청양고추, 홍고추에 양념장을 넣고 골고루 섞은 후 잘게 자른 김, 깨 1숟가락을 넣고 한 번 더 골고루 섞어주세요.

🌸 12시간 이상 실온에 두었다 냉장 보관하세요.

튀김 & 볶음

# 양파튀김

- ⏱ 20분
- ❄ 당일

**주재료**
- 양파 1개

**부재료**
- 소금 2꼬집
- 달걀 2개
- 튀김가루 3숟가락
- 빵가루 1컵
- 파슬리 2숟가락
- 식용유 1컵

# 양파볶음

- ⏱ 10분
- ❄ 냉장 2일

**주재료**
- 양파 1개(중간 크기)

**부재료**
- 청양고추 2개
- 식용유 2숟가락
- 다진 마늘 0.5숟가락
- 진간장 2숟가락
- 설탕 0.5숟가락
- 참기름 1숟가락
- 깨 1숟가락

**1.** 양파 1개는 0.5~1cm 두께로 동그랗게 링 모양으로 자른 후 하나씩 떼어 소금 2꼬집을 골고루 뿌려주세요.

**2.** 달걀 2개, 튀김가루 3숟가락을 섞어 튀김 반죽을 만들고, 넓은 그릇에 빵가루 1컵, 파슬리 2숟가락을 골고루 섞어주세요.

**3.** 식용유 1컵을 예열해주세요.

💬 빵가루를 떨어트렸을 때 곧바로 지글지글 떠오르면 예열된 거예요. 튀김기가 아니라면 불 세기를 '약하게-중간-약하게'로 조절합니다.

💬 폭이 좁은 냄비를 사용해야 적은 식용유로 튀길 수 있어요.

**4.** 양파-튀김가루-튀김반죽-빵가루 순서로 묻혀서 튀겨주세요.

💬 양파와 튀김가루를 위생팩에 넣고 부풀려서 흔들어주면 더 빠르고 쉽게 튀김가루를 묻힐 수 있어요.

• tip •
튀긴 양파를 튀김망 또는 키친타월에 올려 기름기를 빼면서 식혀주세요.
마요네즈 또는 케첩에 찍어 먹어요.

**1.** 양파 1개를 반으로 자른 후 1cm 두께로 채썰기, 청양고추 2개는 어슷썰기를 해주세요.

**2.** 팬에 식용유 2숟가락을 두르고 채 썬 양파, 다진 마늘 0.5숟가락을 3분간 센 불과 중불을 조절해가며 볶아주세요.

💬 양파가 타지 않도록 불 조절을 하며 볶아주세요.

**3.** 진간장 2숟가락, 설탕 0.5숟가락을 넣고 1분간 중불에 볶다가 어슷 썬 청양고추, 참기름 1숟가락을 넣고 살짝 볶아주세요.

💬 재료가 섞일 정도로 살짝 볶아줍니다.

💬 깨 1숟가락을 넣고 섞어주세요.

한 그릇 요리

# 양파카레

⏱ 25분
❄ 냉장 5일

**주재료**
- 양파 1개(중간 크기)
- 고체 카레 1개

**부재료**
- 달걀 1개
- 버터 10~15g
- 물 250ml

**1.** 양파 1개를 반으로 잘라 0.1~0.2cm 두께로 얇게 채 썰어주세요.

**2.** 냄비에 버터 10~15g을 녹여서 중불에 채 썬 양파를 갈색으로 변할 때까지 오래 볶아주세요.

💬 양파가 흐물거릴 때까지 볶아야 합니다.

**3.** 물 250ml를 넣고 끓어오르면 고체 카레 1개를 넣고 섞어가며 끓여주세요.

💬 양파카레는 고체 카레를 넣어야 맛있어요. 분말 카레를 사용할 경우 양파 끓일 때 물 200ml, 분말 카레 녹일 때 물 50ml를 넣어주세요.

# 어묵

| | |
|---|---|
| 제철시기 | 연중 |
| 장보기 노하우 | 조리 용도에 따라 모양, 두께를 고릅니다. 제조 방법에 따라 튀김어묵, 구운어묵, 어육소시지 등이 있습니다. 생선 함유량에 따라 단백질 함량과 칼로리, 가격이 달라지니 성분표를 확인합니다. |
| 보관법 | 사용하고 남은 어묵은 밀폐통이나 지퍼팩에 넣어 냉장 보관하고, 더 오래 두고 먹으려면 소분해서 냉동 보관했다가 필요할 때 해동해서 요리합니다. |
| 손질법 | 뜨거운 물에 살짝 데쳐서 어묵 겉면에 묻은 기름기나 먼지 등을 제거하면 좋아요. 쫄깃한 식감은 조금 줄어들 수 있으니 볶음류를 만들 때는 물기를 잘 제거합니다. |

( 볶음 )

# 어묵볶음

- ⏱ 10분
- ❄ 냉장 7일

**주재료**
- ▫ 사각어묵 4장

**부재료**
- ▫ 양파 1/2개
- ▫ 당근 1/3개
- ▫ 대파 1/2대
- ▫ 홍고추 조금
- ▫ 식용유 2숟가락
- ▫ 진간장 2숟가락
- ▫ 다진 마늘 0.5숟가락
- ▫ 올리고당 2숟가락
- ▫ 깨 1숟가락

# 고추장어묵볶음

- ⏱ 10분
- ❄ 냉장 7일

**주재료**
- ▫ 둥근 어묵 300g

**부재료**
- ▫ 대파 1/2대
- ▫ 양파 1/2개
- ▫ 식용유 3숟가락
- ▫ 진간장 2숟가락
- ▫ 다진 마늘 1숟가락
- ▫ 고추장 1숟가락
- ▫ 올리고당 1~2숟가락
- ▫ 깨 1숟가락

# 감자어묵볶음

- ⏱ 10분
- ❄ 냉장 7일

**주재료**
- ▫ 사각어묵 4장
- ▫ 감자 1개(중간 크기)

**부재료**
- ▫ 양파 1/2개
- ▫ 대파 1/2대
- ▫ 물 2숟가락
- ▫ 식용유 2숟가락
- ▫ 다진 마늘 0.5숟가락
- ▫ 진간장 2숟가락
- ▫ 굴소스 2숟가락
- ▫ 올리고당 1숟가락
- ▫ 깨 1숟가락

**1.** 사각어묵 4장은 2등분한 후 0.3cm 두께로 채 썰어주세요. 양파 1/2개, 당근 1/3개는 채썰기, 대파 1/2대, 홍고추 조금은 어슷썰기를 해주세요.

**2.** 팬에 식용유 2숟가락을 두르고 어슷 썬 양파, 당근을 볶다가 중약불로 줄여서 채 썬 어묵을 넣고 볶아주세요.

**3.** 진간장 2숟가락, 다진 마늘 0.5숟가락을 넣고 볶다가 어슷 썬 대파와 홍고추를 넣고 볶은 후 불을 끄고 올리고당 2숟가락, 깨 1숟가락을 골고루 섞어주세요.

💬 매운맛을 원한다면 청양고추 1개를 추가해서 볶은 후 양념장이 섞이면 고춧가루 0.5~1숟가락을 넣고 골고루 볶아주세요.

**1.** 대파 1/2대는 어슷썰기, 양파 1/2개는 도톰하게 채 썰어주세요.

**2.** 식용유 3숟가락, 진간장 2숟가락, 다진 마늘 1숟가락, 고추장 1숟가락을 중불에 골고루 섞어가며 양념장이 끓으면 둥근어묵과 채 썬 양파를 넣고 골고루 볶아주세요.

**3.** 어슷 썬 대파를 넣고 골고루 섞은 후 불을 끄고 올리고당 1~2숟가락, 깨 1숟가락을 골고루 섞어주세요.

**1.** 사각어묵 4장은 2등분한 후 채썰기, 감자 1개, 양파 1/2개도 채썰기를 해주세요. 대파 1/2대는 송송 썰어주세요.

**2.** 볼에 채 썬 감자와 물 2숟가락을 담고 랩을 씌워 전자레인지에 2분간 돌려주세요.

**3.** 팬에 식용유 2숟가락을 두르고 중불에 채 썬 양파를 볶다가 채 썬 어묵을 넣고 볶아주세요. 익힌 감자, 다진 마늘 0.5숟가락, 진간장 2숟가락, 굴소스 2숟가락을 넣고 골고루 볶아주세요.

**4.** 양념이 골고루 섞이면 송송 썬 대파를 넣고 불을 끈 후 올리고당 1숟가락, 깨 1숟가락을 뿌려 섞어주세요.

조림

# 어묵곤약조림

- 20분
- 냉장 7일

**주재료**
- 사각어묵 4장
- 곤약 500~600g

**부재료**
- 식초 1숟가락
- 청양고추 1개
- 홍고추 1개
- 물 50ml
- 진간장 3숟가락
- 다진 마늘 0.5숟가락
- 설탕 1숟가락
- 올리고당 2숟가락

# 어묵조림

- 20분
- 냉장 7일

**주재료**
- 사각어묵 4장
- 둥근 어묵 10개

**부재료**
- 양파 1/2개
- 당근 1/4개
- 대파 1/3대
- 청양고추 1개
- 홍고추 1개
- 물 50ml
- 진간장 3숟가락
- 다진 마늘 0.3숟가락
- 고춧가루 0.5숟가락
- 올리고당 2숟가락

 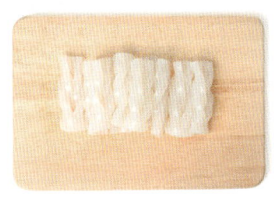 

1. 끓는 물에 식초 1숟가락을 넣고 곤약 500~600g을 1분간 데친 후 찬물에 헹구고 물기를 빼주세요.

2. 데친 곤약을 0.5cm 두께로 자른 후 가운데 칼집을 넣고 뒤집어서 꽈배기 모양을 만들어주세요.

3. 사각어묵 4장은 길게 2등분하고 어슷썰기, 청양고추 1개, 홍고추 1개도 어슷썰기를 해주세요.

> • tip •
> 식초를 넣으면 곤약의 시큼한 냄새가 제거됩니다.
> 꽈배기 모양 곤약은 식감이 더 쫀득하고 더 맛있어 보입니다.

4. 냄비에 어슷 썬 어묵, 꽈배기 모양 곤약, 물 50㎖, 진간장 3숟가락, 다진 마늘 0.5숟가락, 설탕 1숟가락을 넣고 끓여주세요.

5. 양념장이 졸아들면 어슷 썬 청양고추와 홍고추를 넣고 골고루 섞어가며 볶다가 불을 끄고 올리고당 2숟가락을 넣고 골고루 섞어주세요.

1. 사각어묵 4장은 0.5cm 두께로 길쭉하게 썰어주세요. 양파 1/2개, 당근 1/4개는 0.5㎝ 두께로 채 썰고, 대파 1/3대, 청양고추 1개, 홍고추 1개는 어슷썰기를 해주세요.

2. 팬에 물 50㎖, 진간장 3숟가락, 다진 마늘 0.3숟가락, 채 썬 양파와 당근을 넣고 끓어오르면 채 썬 어묵과 둥근 어묵을 넣어 양념장이 골고루 배도록 섞어가며 조려주세요.

3. 고춧가루 0.5숟가락, 어슷 썬 청양고추, 홍고추, 대파를 넣고 중약불에 골고루 섞어가며 볶다가 불을 끄고 올리고당 2숟가락을 넣어 골고루 섞어주세요.

123

 한 그릇 요리

# 매운어묵꼬치

- ⏱ 25분
- ❄ 냉장 3일

**주재료**
- 사각어묵 4장

**부재료**
- 양파 1/2개
- 청양고추 2개
- 대파 1/2대
- 물 500ml
- 국물용 멸치 10마리
- 고추장 1숟가락
- 다진 마늘 0.5숟가락
- 고춧가루 1숟가락

1. 사각어묵 4장을 길게 2등분한 후 반으로 접어서 꽂이에 끼워주세요.

2. 양파 1/2개, 청양고추 1개는 반으로 자르고, 대파 1/2대, 나머지 청양고추 1개는 어슷썰기해주세요.

3. 전골냄비에 물 500ml, 내장을 제거한 국물용 멸치 10마리, 반으로 자른 양파와 청양고추를 넣고 끓어오르면 고추장 1숟가락, 다진 마늘 0.5숟가락을 풀어주세요.

4. 어묵꼬치를 넣고 국물을 골고루 뿌려가며 끓이다 고춧가루 1숟가락, 어슷 썬 대파, 청양고추를 넣고 끓여주세요.

튀김

# 어묵튀김

⏱ 10분
❄ 당일

**주재료**
- 사각어묵 4장

**부재료**
- 청양고추 1개
- 마요네즈 1숟가락
- 진간장 2숟가락

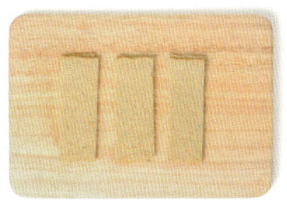  

**1.** 사각어묵 4장은 뜨거운 물에 헹군 후 물기를 빼고 2cm 두께로 썰어주세요.
💬 통그랗고 긴 어묵은 어슷썰기합니다.

**2.** 어묵을 에어프라이어에 180도로 5분간 구워주세요.

**3.** 청양고추 1개는 송송 썰어주세요.

**4.** 마요네즈 1숟가락에 진간장 2숟가락을 넣고 송송 썬 청양고추를 올려주세요.
💬 쥐포처럼 쫀득한 어묵튀김을 청양고추 마요네즈 소스에 찍어 먹어요.

 샐러드

# 어묵샐러드

- ⏱ 25분
- ❄ 냉장 2~3일(오이를 절이지 않아 물기가 생길 수 있어요)

**주재료**
- ☐ 사각어묵 3장

**부재료**
- ☐ 맛살 2개
- ☐ 오이 1/2개
- ☐ 양파 1/4개
- ☐ 마요네즈 2숟가락
- ☐ 소금 2꼬집
- ☐ 후춧가루 조금

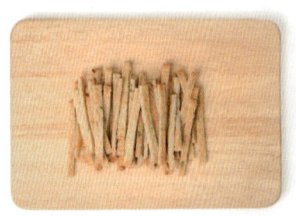

1. 사각어묵 3장은 2등분하고 0.5cm 두께로 채 썰어주세요.

2. 끓는 물에 채 썬 어묵을 30초 정도 데친 후 물기를 빼고 식혀주세요.

3. 맛살 2개, 오이 1/2개, 양파 1/4개는 채 썰어주세요.

💬 아이와 함께 먹을 경우 양파는 생략하거나 찬물에 10분 정도 담가 매운맛을 빼줍니다.

4. 마요네즈 2숟가락, 소금 2꼬집, 후춧가루 조금 넣고 골고루 섞어주세요.

# Cucumber

## 오이

| | |
|---|---|
| 제철시기 | 4~7월, 장아찌용 오이 5월 |
| 장보기 노하우 | 굵기가 균일하고 단단하며 꼭지가 마르지 않은 것을 구입합니다. 가시가 남아 있는 오이가 신선합니다. 초록색과 연두색이 나는 백다다기는 반찬으로 사용하고, 초록색이 짙은 취청오이는 샐러드, 김밥, 오이채 등에 사용합니다. |
| 보관법 | 수분이 마르지 않도록 키친타월을 위생팩 밑에 깔고 오이를 넣어서 보관합니다. |
| 손질법 | 가시 사이에 이물질이 남아 있을 수 있으니 굵은소금으로 문지르거나 칼등으로 가시를 제거하고 흐르는 물에 씻어냅니다. |

○ 무침

# 으깬오이무침

- 5분
- 냉장 3일

**주재료**
- 오이 2개

**부재료**
- 소금 0.8숟가락
- 물엿 4숟가락
- 참기름 1숟가락
- 깨 1숟가락

# 매콤오이무침

- 15분
- 냉장 7일

**주재료**
- 오이 3개

**부재료**
- 양파 1개(작은 크기)
- 꽃소금 1숟가락
- 고춧가루 2숟가락
- 고추장 1숟가락
- 다진 마늘 0.5숟가락
- 2배식초 2숟가락
- 올리고당 2숟가락
- 깨 1숟가락

1. 오이 2개는 소금으로 문지르거나 칼로 가시를 긁어내고 깨끗이 씻어서 양쪽 끝을 잘라내고, 밀대 또는 랩 심지로 두드려주세요.

2. 두드린 오이를 4등분하고 다시 길게 4등분해주세요.

3. 오이씨를 제거해주세요.

4. 손질한 오이에 소금 0.8숟가락, 물엿 4숟가락, 참기름 1숟가락, 깨 1숟가락을 넣고 골고루 무쳐주세요.

1. 오이 3개는 소금으로 문지르거나 칼로 가시를 긁어내고 씻어주세요.

2. 씻은 오이는 양쪽 끝을 잘라내고 길게 반으로 잘라 0.5cm 두께로 어슷썰기를 하고, 양파 1개는 반으로 잘라 0.5cm 두께로 채 썰어주세요.

3. 손질한 오이, 채 썬 양파에 꽃소금 1숟가락을 골고루 버무려 10분 정도 절인 후 찬물에 헹구고 물기를 빼주세요.

4. 절인 오이, 양파에 고춧가루 2숟가락, 고추장 1숟가락, 다진 마늘 0.5숟가락, 2배식초 2숟가락, 올리고당 2숟가락을 넣고 골고루 무친 후 깨 1숟가락을 뿌려 골고루 섞어주세요.

129

무침

# 오이된장무침

⏱ 10분
❄ 냉장 5일

**주재료**
- ㅁ 오이 2개

**부재료**
- ㅁ 대파 15cm
- ㅁ 된장 1.5숟가락
- ㅁ 다진 마늘 0.5숟가락
- ㅁ 참기름 2숟가락
- ㅁ 매실청 1숟가락
- ㅁ 올리고당 2숟가락
- ㅁ 깨 1숟가락

# 오이겨자무침

⏱ 15분
❄ 냉장 3일

**주재료**
- ㅁ 오이 1개

**부재료**
- ㅁ 양파 1/4개
- ㅁ 맛살 2개
- ㅁ 소금 0.6숟가락
- ㅁ 연겨자 1숟가락
- ㅁ 식초 3숟가락
- ㅁ 설탕 1숟가락
- ㅁ 검은깨 1숟가락

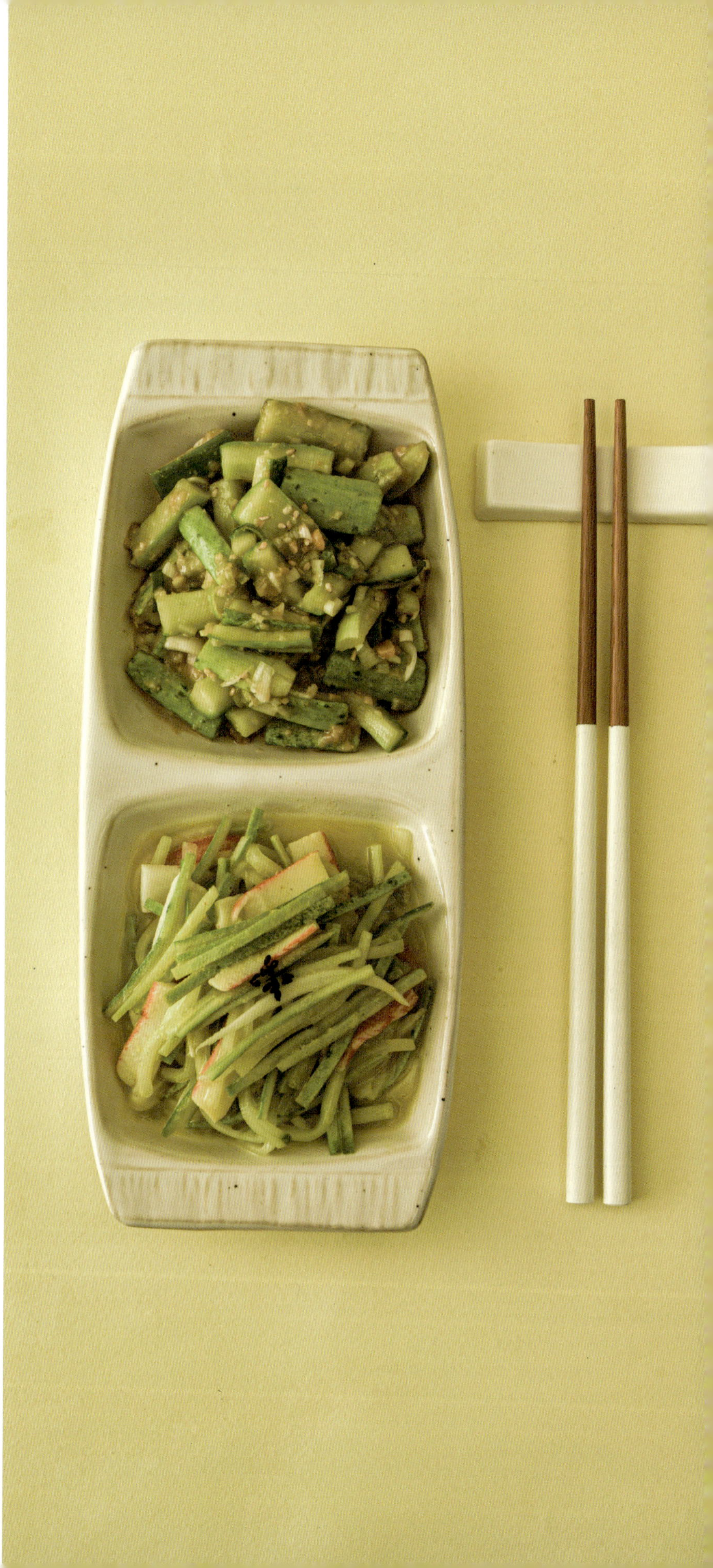

1. 오이 2개는 4등분하고 다시 길게 4~8등분한 후 씨를 제거해주세요.

2. 씨를 제거한 오이는 2cm 두께로 썰고, 대파 15cm는 길게 4등분해서 잘게 썰어주세요.

3. 된장 1.5숟가락, 다진 마늘 0.5숟가락, 참기름 2숟가락, 매실청 1숟가락, 올리고당 2숟가락을 골고루 섞어 된장 양념을 만들어주세요.

4. 오이에 된장 양념을 골고루 무쳐주세요.

5. 잘게 썬 대파, 깨 1숟가락을 넣고 골고루 무쳐주세요.

1. 오이 1개는 4등분한 후 돌려 깎아주세요.

2. 돌려 깎은 오이, 양파 1/4개는 0.2cm 두께로 채썰기, 맛살 2개는 4등분한 후 0.3cm 두께로 썰어주세요.

3. 채 썬 오이에 소금 0.5숟가락을 골고루 버무려 10분간 절인 후 물기를 꽉 짜주세요.

4. 연겨자 1숟가락, 식초 3숟가락, 설탕 1숟가락, 소금 0.1숟가락을 골고루 섞어 겨자 소스를 만들어주세요.

5. 절인 오이, 맛살, 양파에 겨자 소스를 골고루 버무린 후 검은깨 1숟가락을 뿌려주세요.

## 오이소박이

- ⏱ 30분
- ❄ 냉장 15일

**주재료**
- ☐ 오이 5개

**부재료**
- ☐ 물 1L
- ☐ 천일염 2컵
- ☐ 부추 200g
- ☐ 당근 1/2개
- ☐ 양파 1개
- ☐ 고춧가루 5숟가락
- ☐ 멸치액젓 3숟가락
- ☐ 매실액 2숟가락
- ☐ 다진 마늘 1숟가락

## 오이파무침

- ⏱ 15분
- ❄ 냉장 7일

**주재료**
- ☐ 오이 2개
- ☐ 대파 1대

**부재료**
- ☐ 양파 1개
- ☐ 꽃소금 1숟가락
- ☐ 다진 마늘 0.5숟가락
- ☐ 고춧가루 1.5숟가락
- ☐ 고추장 1숟가락
- ☐ 2배식초 2숟가락
- ☐ 설탕 1숟가락
- ☐ 깨 1숟가락

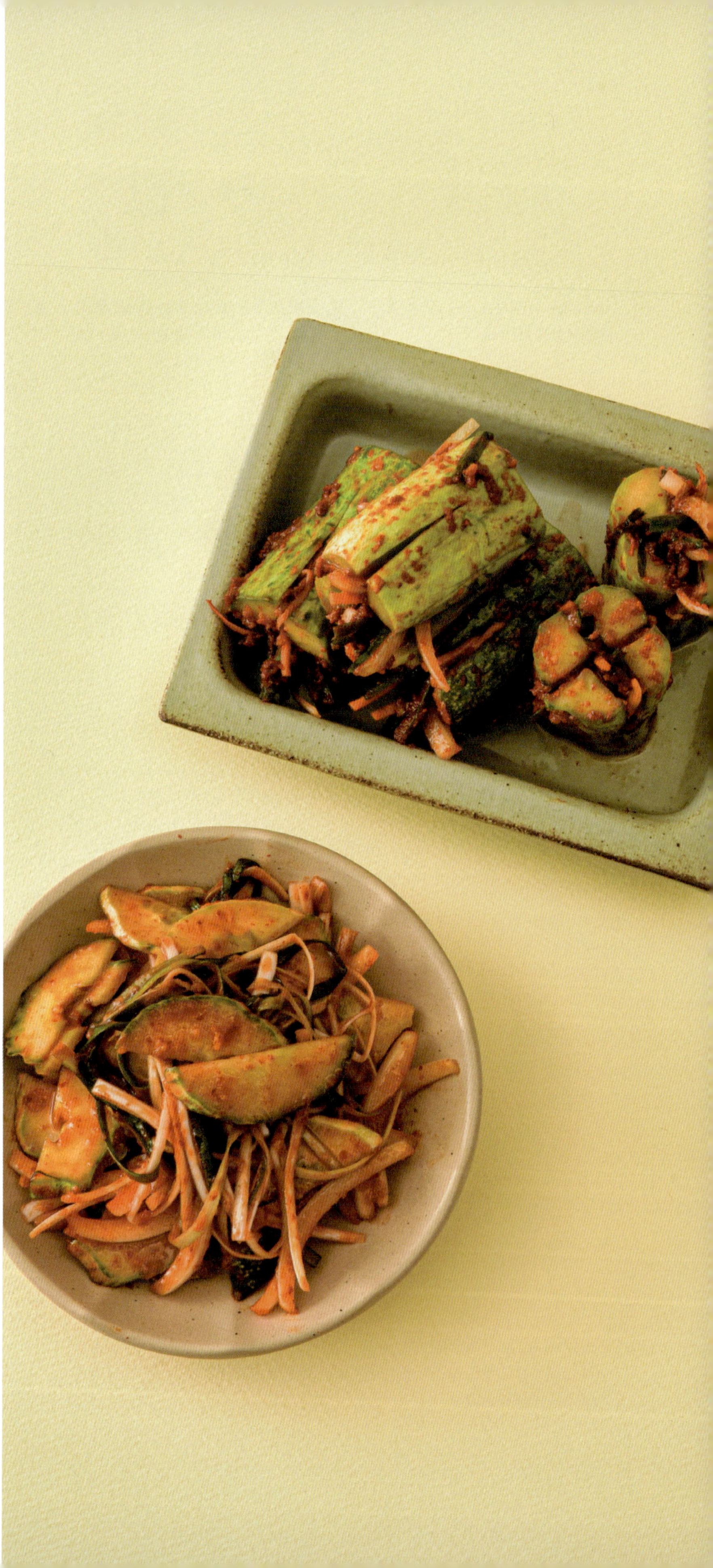

1. 오이 5개는 양쪽 끝을 잘라내고 4등분 해주세요.

2. 물 1L에 천일염 2컵을 넣고 끓인 물을 자른 오이에 부어 10분간 절인 후 찬물에 씻어서 물기를 꽉 짜낸 다음 1cm 남기고 + 모양 칼집을 내주세요.

3. 부추 200g은 2cm 길이로 자르고, 당근 1/2개, 양파 1개는 채 썰어주세요.

· tip ·

오이소박이는 김치통에 담아 하루 동안 실온에 두었다가 냉장 보관하세요.

4. 손질한 부추, 채 썬 양파, 당근에 고춧가루 5숟가락, 멸치액젓 3숟가락, 매실액 2숟가락, 다진 마늘 1숟가락을 골고루 버무려 양념 소를 만들어주세요. 칼집 낸 오이를 넣어 양념을 골고루 무치고, 칼집 속에 소를 채워주세요.

1. 오이 2개는 길게 반으로 자른 후 어슷썰기, 양파 1개는 반으로 자른 후 채썰기를 해주세요. 대파 1대는 가늘게 썰어 파채를 만들어주세요.

2. 어슷 썬 오이에 꽃소금 1숟가락을 골고루 버무린 후 10분간 절였다가 물에 헹구고 물기를 빼주세요.

3. 다진 마늘 0.5숟가락, 고춧가루 1.5숟가락, 고추장 1숟가락, 2배식초 2숟가락, 실탕 1숟가락을 골고루 섞어 양념장을 만들어주세요.

4. 절인 오이, 양파, 파채에 양념장을 골고루 버무린 후 깨 1숟가락을 뿌려 골고루 섞어주세요.

133

절임 & 김치

# 오이피클

- 10분
- 냉장 30일

**주재료**
- 오이 2개

**부재료**
- 당근 1/2개
- 물 200ml
- 양조식초 100ml
- 설탕 100ml
- 소금 0.3숟가락
- 스파클링 0.5숟가락
- 월계수잎 2~3장

# 오이도라지 생채

- 15분(도라지 담가두는 시간 제외)
- 냉장 15일

**주재료**
- 오이 2개
- 깐 도라지 200g

**부재료**
- 양파 1/2개
- 꽃소금 0.5숟가락
- 고추장 1숟가락
- 다진 마늘 0.5숟가락
- 2배식초 3숟가락
- 설탕 1숟가락
- 깨 1숟가락

1. 오이 2개는 양쪽 끝을 잘라내고 0.5cm 두께로 썰어주세요. 당근 1/2개는 길게 반으로 자른 후 0.2cm 두께로 반달썰기를 해주세요.

   🌸 물결무늬가 있는 묵칼로 자르면 더 예쁜 오이피클이 됩니다.

2. 냄비에 물 200ml, 양조식초 100ml, 설탕 100ml, 소금 0.3숟가락, 스파클링 0.5숟가락, 월계수잎 2~3장을 넣고 끓여서 소스를 만들어주세요.

3. 열탕 소독한 강화유리통에 손질한 오이, 반달썰기한 당근을 넣고 소스를 부어주세요.

• tip •
하루 동안 실온에 두었다 냉장 보관하세요.

1. 깐 도라지 200g은 소금 1숟가락을 뿌려서 비빈 후 찬물에 30분 담가 쓴 맛을 제거한 후 헹궈주세요.

2. 도라지는 끓는 물에 1분간 데친 후 찬물에 헹궈 물기를 짜내고 4cm 길이로 잘라주세요. 오이 2개는 길게 반으로 자른 후 어슷썰기, 양파 1/2개는 0.3cm 두께로 채썰기를 해주세요.

3. 어슷 썬 오이, 채 썬 양파에 꽃소금 0.5숟가락을 골고루 버무려 10분간 절인 후 찬물에 헹구고 물기를 빼주세요.

4. 볼에 데친 도라지, 절인 오이, 양파를 담고 고추장 1숟가락, 다진 마늘 0.5숟가락, 2배식초 3숟가락, 설탕 1숟가락을 골고루 섞어서 무친 다음 깨 1숟가락을 뿌려 골고루 섞어주세요.

135

냉국

# 오이미역냉국

- 15분
- 냉장 5일

**주재료**
- 오이 1/2개
- 마른 미역 1줌

**부재료**
- 양파 1/4개
- 홍고추 1/2개
- 청양고추 1개
- 생수 600ml
- 설탕 4숟가락(깎아서)
- 소금 1숟가락(깎아서)
- 2배식초 4숟가락
- 다진 마늘 0.5숟가락
- 깨 1숟가락

# 오이냉국

- 10분
- 냉장 5일

**주재료**
- 오이 1개

**부재료**
- 양파 1/2개(작은 크기)
- 청양고추 1개
- 홍고추 1/2개
- 생수 600ml
- 소금 1숟가락(깎아서)
- 설탕 4숟가락
- 식초 8숟가락
- 다진 마늘 0.25숟가락
- 깨 1숟가락

1. 물 200ml에 마른 미역 1줌을 넣고 불린 후 깨끗이 씻어서 끓는 물에 30초간 데치고 찬물에 헹궈 물기를 짜주세요.

2. 생수 600ml, 설탕 4숟가락(깎아서), 소금 1숟가락(깎아서), 2배식초 4숟가락, 다진 마늘 0.5숟가락을 골고루 섞어 냉국을 만들고 냉장고에 넣어 차갑게 해주세요.

3. 오이 1/2개는 어슷썰기한 후 가늘게 채 썰고, 양파 1/4개는 얇게 채 썰어주세요. 홍고추 1/2개, 청양고추 1개는 어슷썰기를 해주세요.

• tip •
오이미역냉국은 먹을 만큼 덜고 먹기 직전에 얼음을 넣으면 더욱 시원합니다.

4. 냉국에 불린 미역, 채 썬 오이, 양파, 어슷 썬 홍고추, 청양고추, 깨 1숟가락을 넣어주세요.

1. 오이 1개는 양쪽 끝을 잘라내고 어슷썰기한 다음 얇게 채 썰어주세요.

2. 양파 1/2개는 얇게 채 썰고, 청양고추 1개, 홍고추 1/2개는 어슷썰기를 해주세요.

3. 생수 600ml, 소금 1숟가락(깎아서), 설탕 4숟가락(깎아서), 식초 8숟가락, 다진 마늘 0.25숟가락을 섞어서 냉국을 만들고 냉장고에 넣어 차갑게 해주세요.

4. 냉국에 채 썬 오이, 양파, 어슷 썬 청양고추, 홍고추, 깨 1숟가락을 넣어주세요.

💬 먹을 만큼 덜어서 얼음을 넣어주세요.

**볶음**

# 오이소고기볶음

- 15분
- 냉장 5일

**주재료**
- 오이 1개
- 다진 소고기 100g

**부재료**
- 홍고추 1개
- 대파 15cm
- 소금 0.5숟가락
- 진간장 1숟가락
- 설탕 0.5숟가락+2꼬집
- 다진 마늘 0.6숟가락
- 후춧가루 조금
- 식용유 2숟가락

1. 오이 1개는 0.2cm 두께로 동그랗게 썰고, 홍고추 1개는 어슷썰기, 대파 15cm는 다져주세요.

2. 동그랗게 썬 오이에 소금 0.5숟가락을 골고루 버무려 10분간 절인 후 찬물에 헹구고 물기를 꽉 짜주세요.

3. 다진 소고기 100g에 진간장 1숟가락, 설탕 0.5숟가락, 다진 마늘 0.3숟가락을 골고루 버무린 후 팬에 식용유 1숟가락을 두르고 볶아서 따로 덜어둡니다.

4. 팬에 식용유 1숟가락을 두르고 중불에 오이를 2분간 볶은 후 다진 마늘 0.3숟가락, 설탕 2꼬집, 후춧가루 조금, 소고기, 홍고추, 대파를 넣고 한 번 더 볶아주세요.

## 캔참치

| | |
|---|---|
| 제철시기 | 연중 |
| 장보기 노하우 | 캔이 찌그러지지 않았는지, 녹슨 부위가 없는지 살펴봅니다. |
| 보관법 | 개봉하지 않은 캔참치는 실온 보관하고, 요리하고 남은 것은 밀폐통에 담아 냉장 보관합니다. |
| 손질법 | 캔참치 속의 기름은 식용유이므로 샐러드, 전류를 만들 때는 기름기를 짜냅니다. |

전

## 참치고추장전

- ⏱ 20분
- ❄ 냉장 2일

**주재료**
- 캔참치 150g

**부재료**
- 양파 1/4개
- 대파 10cm(중간 부분)
- 부침가루 30ml
- 물 40ml
- 고추장 1숟가락
- 소금 1꼬집
- 식용유 3숟가락

## 참치깻잎전

- ⏱ 25분
- ❄ 냉장 2일

**주재료**
- 캔참치 150g
- 깻잎 15장

**부재료**
- 양파 1/4개
- 당근 1/4개
- 대파 10cm(중간 부분)
- 홍고추 1개
- 두부 100g
- 달걀 2개
- 부침가루 적당량
- 식용유 3숟가락

**1.** 참치 150g은 기름기를 꽉 짜내고 으깨주세요.

**2.** 양파 1/4개, 대파 10cm는 잘게 다져주세요.

**3.** 부침가루 30ml, 물 40ml, 고추장 1순가락을 골고루 섞어주세요.

  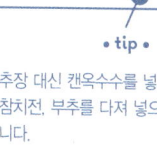

**4.** 으깬 참치에 다진 양파, 대파, 소금 1꼬집을 넣고 골고루 섞어주세요.

**5.** 팬에 식용유 3순가락을 두르고 예열 후 약불에 1순가락씩 동그랗게 올려 부친 후 뒤집어서 부쳐주세요.

• tip •
고추장 대신 캔옥수수를 넣으면 담백한 옥수수참치전, 부추를 다져 넣으면 참치부추전이 됩니다.

**1.** 깻잎 15장은 깨끗이 씻은 후 물기를 털어냅니다. 양파 1/4개, 당근 1/4개, 대파 10cm는 잘게 다지고, 홍고추 1개는 얇게 어슷썰기를 해주세요.

**2.** 캔참치 150g은 기름기를 꽉 짜내고, 두부 100g은 키친타월에 싸서 물기를 제거하고 칼등으로 잘게 으깨주세요.

**3.** 으깬 참치, 두부, 다진 양파, 당근, 대파, 달걀 1개를 골고루 섞어주세요.

💬 달걀 크기에 따라 반죽이 묽다면 밀가루 또는 부침가루를 조금 넣어줍니다.

**4.** 깻잎 앞뒤로 부침가루를 묻힌 후 털어내고, 뒷면에 반죽을 0.5~1순가락 올린 후 접어주세요.

💬 깻잎 양쪽 끝부분을 꼭 쪽으로 올려 접어서 삼각형으로 만들어도 됩니다.

**5.** 달걀 1개를 풀어서 4의 깻잎에 묻혀주세요.

💬 달걀 노른자를 더 넣고 아주 약한 불에 천천히 부쳐야 노릇노릇 예쁜 전이 완성됩니다.

**6.** 예열된 팬에 식용유 3순가락을 두르고 약불에 깻잎참치전을 천천히 부치고 뒤집기 전에 어슷 썬 홍고추 1개와 달걀물을 조금 보충해서 뒤집어 부쳐줍니다.

*한 그릇 요리 & 조림*

# 참치두부 두루치기

- 20분
- 냉장 3일

**주재료**
- 캔참치 200g
- 두부 250g

**부재료**
- 양파 1/2개
- 대파 15cm(중간 부분)
- 청양고추 1개
- 물 100ml
- 다진 마늘 0.5숟가락
- 진간장 4숟가락
- 멸치액젓 1숟가락
- 고춧가루 2숟가락
- 설탕 0.5숟가락

# 참치무조림

- 25분
- 냉장 5일

**주재료**
- 캔참치 250g
- 무 150g

**부재료**
- 양파 1/2개
- 대파 15cm(중간 부분)
- 청양고추 1개
- 홍고추 1개
- 물 350ml
- 국물용 멸치 10마리
- 진간장 5숟가락
- 물엿(또는 설탕) 1.5숟가락
- 다진 마늘 0.5숟가락

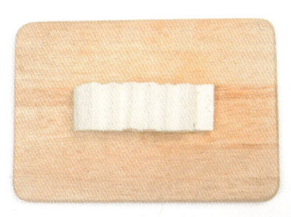

**1.** 두부 250g은 2등분해서 1cm 두께로 썰어주세요.

**2.** 양파 1/2개는 0.5cm 두께로 채썰기, 대파 15cm, 청양고추 1개는 송송 썰어주세요.

**3.** 물 100ml, 다진 마늘 0.5숟가락, 진간장 4숟가락, 멸치액젓 1숟가락, 고춧가루 2숟가락, 설탕 0.5숟가락을 골고루 섞어 양념장을 만들어주세요.

**4.** 전골냄비 또는 뚜껑 있는 팬에 채 썬 양파, 송송 썬 청양고추, 대파 절반-양념장-두부-양념장 순서로 올려주세요.

**5.** 두부 가운데 참치 200g을 올리고 뚜껑을 덮어서 끓여주세요.

**6.** 양념이 끓으면 뚜껑을 열고 양념장을 골고루 뿌려가며 끓인 후 남은 대파를 넣고 끓여주세요.

**1.** 무 150g은 부채꼴로 4등분하고, 양파 1/2개는 1cm 두께로 썰어주세요. 대파 15cm, 청양고추 1개, 홍고추 1개는 어슷 썰기를 해주세요.

**2.** 냄비에 무, 양파, 물 350ml, 국물용 멸치 10마리, 진간장 5숟가락, 물엿(또는 설탕) 1.5숟가락을 넣고 10~15분간 무가 익을 정도로 조려주세요.

국물용 멸치가 없다면 멸치액젓 1숟가락을 넣고 끓여주세요.

**3.** 멸치를 건져내고 다진 마늘 0.5숟가락을 넣고 섞은 후 어슷 썬 청양고추, 참치 250g이 으스러지지 않도록 숟가락으로 떠서 넣고 양념을 골고루 뿌린 후 뚜껑을 덮고 약불에 3분간 끓여주세요.

**4.** 어슷 썬 대파, 홍고추를 넣고 1분간 뚜껑을 열고 끓여주세요.

> 샐러드

# 참치샐러드

- ⏱ 10분
- ❄ 냉장 5일

**주재료**
- 캔참치 250g

**부재료**
- 양파 1/4개
- 당근 1/5개
- 대파 5cm(푸른 부분)
- 캔옥수수 150g
- 소금 1꼬집
- 후춧가루 조금
- 마요네즈 5~6숟가락(듬뿍)

1. 양파 1/4개, 당근 1/5개, 대파 5cm는 잘게 다져주세요.

2. 참치 250g은 기름기를 꽉 짜내고, 캔옥수수 150g은 물기를 빼주세요.

3. 참치를 으깨서 캔옥수수, 다진 양파, 당근, 대파, 소금 1꼬집, 후춧가루 조금 넣고 섞어주세요.

4. 마요네즈 5~6숟가락(듬뿍)을 넣고 골고루 섞어주세요.

   💬 물기가 생기지 않도록 먹을 만큼 깨끗한 숟가락으로 덜어주세요.

# Bean sprouts
## 콩나물

| | |
|---|---|
| **제철시기** | 연중 |
| **장보기 노하우** | 포장 용기에 수분이 생기지 않고 콩나물 대가리에 검은 점이 없고, 줄기 색깔이 변하지 않은 것을 구입합니다. 무침, 국, 볶음용에 따라 굵기와 길이를 선택합니다. 콩의 원산지에 따라 가격이 다릅니다. |
| **보관법** | 남은 콩나물은 수분이 생기지 않도록 밀봉해서 보관합니다. |
| **손질법** | 마트에서 구입한 콩나물은 흐르는 물에 여러 번 세척합니다. 시장에서 구입한 콩나물은 껍질과 잔뿌리 등을 다듬어주는데 아스파라긴산이 많이 함유된 뿌리는 완전히 제거하지 않습니다. |

> 무침

# 매운콩나물무침

- ⏱ 10분
- ❄ 냉장 5일

**주재료**
- 콩나물 1봉지(250~300g)

**부재료**
- 대파 1/2대
- 꽃소금 0.5+0.3숟가락
- 고춧가루 0.5~1숟가락
- 다진 마늘 0.3숟가락
- 참기름 1숟가락
- 깨 1숟가락

# 콩나물무침

- ⏱ 10분
- ❄ 냉장 5일

**주재료**
- 콩나물 1봉지(250~300g)

**부재료**
- 대파 1/2대
- 꽃소금 0.5+0.3숟가락
- 다진 마늘 0.3숟가락
- 참기름 1숟가락
- 깨 1숟가락

# 콩나물미나리무침

- ⏱ 15분
- ❄ 냉장 3일

**주재료**
- 콩나물 1봉지(250~300g)
- 미나리 1줌(약 20줄)

**부재료**
- 꽃소금 1숟가락
- 홍고추 1개
- 소금 0.5숟가락
- 고춧가루 0.5~1숟가락
- 참기름 2숟가락
- 다진 마늘 0.5숟가락
- 매실청 1숟가락
- 깨 1숟가락

1. 콩나물 1봉지(250~300g)가 2/3가량 잠길 만큼 물을 붓고, 꽃소금 0.5숟가락을 넣어 뚜껑을 덮고 삶아주세요. 물이 끓고 1분 후 건져내서 찬물에 헹구고 물기를 빼주세요.

2. 삶은 콩나물에 대파 1/2대를 송송 썰어 넣고, 고춧가루 0.5~1숟가락, 꽃소금 0.3숟가락, 다진 마늘 0.3숟가락, 참기름 1숟가락을 넣고 버무려주세요.

💬 마지막에 깨 1숟가락을 섞어주세요.

• tip
콩나물 삶을 때는 뚜껑을 처음부터 닫거나 연 상태를 계속 유지해야 합니다. 뚜껑을 닫으면 더 빨리 삶을 수 있어요.
마지막에 깨 1숟가락을 섞어주세요.

1. 콩나물은 위의 1단계 과정으로 삶아주세요.

2. 삶은 콩나물에 대파 1/2대를 송송 썰어 넣고, 꽃소금 0.3숟가락, 다진 마늘 0.3숟가락, 참기름 1숟가락을 넣고 버무려주세요.

💬 조미료를 살짝 넣으면 더욱 감칠맛이 납니다.

1. 콩나물은 위의 1단계 과정으로 삶아주세요.

2. 미나리 1줌(약 20줄)은 이파리를 다듬은 후 흐르는 물에 여러 번 씻어서 3등분하고, 홍고추 1개는 어슷썰기를 해주세요.

3. 끓는 물에 소금 0.5숟가락을 넣고 미나리를 30초간 데친 후 찬물에 헹구고 물기를 짜주세요.

4. 삶은 콩나물과 데친 미나리에 고춧가루 0.5~1숟가락, 꽃소금 0.5숟가락, 참기름 2숟가락, 다진 마늘 0.5숟가락, 매실청 1숟가락을 넣고 버무려주세요.

5. 어슷 썬 홍고추 1개와 깨 1숟가락을 넣고 골고루 버무려주세요.

○ 볶음

# 콩나물볶음

- 🕐 10분
- ❄ 냉장 5일

**주재료**
- 콩나물 1봉지(250~300g)

**부재료**
- 양파 1/2개
- 당근 1/4개
- 대파 1/2대(푸른 부분)
- 청양고추 1개
- 식용유 2~3숟가락
- 소금 0.5숟가락
- 다진 마늘 0.5숟가락
- 고춧가루 1~2숟가락
- 깨 1숟가락

# 콩나물제육볶음

- 🕐 25분
- ❄ 냉장 3일

**주재료**
- 콩나물 1봉지(250~300g)
- 불고기용 돼지고기 400g(앞다리살, 뒷다리살)

**부재료**
- 양파 1/2개
- 당근 1/2개
- 대파 1대
- 청양고추 2개
- 홍고추 1개
- 진간장 3숟가락
- 참기름 1숟가락
- 다진 마늘 0.5숟가락
- 올리고당 1~1.5숟가락
- 고추장 1숟가락
- 고춧가루 1숟가락
- 식용유 1숟가락

1. 콩나물 1봉지(250~300g)는 깨끗이 씻어서 물기를 빼주세요.

2. 양파 1/2개, 당근 1/4개는 채썰기, 대파 1/2대(푸른 부분), 청양고추 1개는 어슷썰기를 해주세요.

3. 팬에 식용유 2~3숟가락을 두르고 채썬 양파, 당근, 콩나물을 중불에 볶아주세요.

💬 약불에 뚜껑 덮어 놓으면 빨리 익어요.

4. 콩나물 숨이 죽으면 소금 0.5숟가락, 다진 마늘 0.5숟가락, 고춧가루 1~2숟가락을 넣고 중불에 볶아주세요.

5. 어슷 썬 대파를 넣고 골고루 볶은 후 불을 끄고 깨 1숟가락을 골고루 섞어주세요.

1. 콩나물 1봉지(250~300g)는 깨끗이 씻어서 물기를 빼주세요.

2. 양파 1/2개, 당근 1/2개는 채썰기, 대파 1대(푸른 부분), 청양고추 2개, 홍고추 1개는 어슷썰기를 해주세요.

3. 불고기용 돼지고기 400g은 3×5cm 크기로 먹기 편하게 썰어서 진간장 3숟가락, 참기름 1숟가락, 다진 마늘 0.5숟가락, 올리고당 1~1.5숟가락, 고추장 1숟가락, 고춧가루 1숟가락을 골고루 버무려주세요.

4. 팬에 식용유 1숟가락을 두르고 콩나물과 채 썬 양파를 먼저 깔고 그 위에 채 썬 당근, 양념한 돼지고기를 올려서 뚜껑을 덮고 중불에 5분 정도 익혀주세요.

5. 뚜껑을 열고 센 불에 골고루 볶은 후 어슷 썬 대파, 청양고추, 홍고추를 넣고 한 번 더 볶아주세요.

*볶음*

# 콩나물잡채

- 15분
- 냉장 3일

**주재료**
- 콩나물 1봉지(250~300g)

**부재료**
- 느타리버섯 100g
- 꽃소금 0.5숟가락
- 게맛살 2개
- 양파 1/4개
- 당근 1/3개
- 대파 1/3대
- 식용유 1숟가락
- 다진 마늘 0.3숟가락
- 소금 0.5숟가락
- 참기름 1숟가락
- 깨 1숟가락

1. 콩나물이 2/3가량 잠길 만큼 물을 붓고, 꽃소금 0.5숟가락을 넣어 뚜껑을 덮고 삶아주세요. 물이 끓고 1분 후 건져내서 찬물에 헹구고 물기를 빼주세요.

2. 느타리버섯 100g은 가늘게 찢고, 게맛살 2개도 반으로 잘라서 가늘게 찢어주세요. 양파 1/4개, 당근 1/3개는 채썰기, 대파 1/3대는 길게 4등분한 후 잘게 썰어주세요.

3. 팬에 식용유 1숟가락을 두르고, 다진 마늘 0.3숟가락, 채 썬 당근, 잘게 썬 대파를 센 불에 볶은 후 가늘게 찢은 느타리버섯, 게맛살, 채 썬 양파를 넣고 볶아주세요.

4. 삶은 콩나물, 소금 0.5숟가락, 참기름 1숟가락을 넣고 골고루 섞어가며 볶은 다음 깨 1숟가락을 뿌려주세요.

# Ham

## 햄류

| | |
|---|---|
| 제철시기 | 연중 |
| 장보기 노하우 | 요리 종류에 따라 맛, 식감, 모양이 달라집니다. 고기 함량과 다른 재료의 함량 비율에 따라 맛과 가격이 다릅니다. 기호에 따라 선택하세요. |
| 보관법 | 요리하고 남은 햄은 밀봉하여 냉장 보관하고 개봉하지 않은 통조림은 실온 보관합니다. 유통기한이 임박하거나 오래 보관하려면 소분하여 밀봉해서 냉동 보관합니다. |
| 손질법 | 뜨거운 물에 살짝 헹궈 키친타월로 물기를 닦아내면 햄 겉면에 묻은 보존 성분을 제거할 수 있습니다. |

볶음 & 조림

# 소시지야채볶음

- 20분
- 냉장 5일

**주재료**
- 비엔나소시지 25개

**부재료**
- 양파 1/2개(작은 크기)
- 빨강 파프리카 1/4개
- 노랑 파프리카 1/4개
- 피망 1/2개
- 당근 1/4개
- 식용유 2숟가락
- 다진 마늘 0.5숟가락
- 설탕 0.5숟가락
- 케첩 3숟가락
- 굴소스 0.5숟가락
- 올리고당 2숟가락
- 깨 1숟가락

# 소시지감자조림

- 20분
- 냉장 7일

**주재료**
- 비엔나소시지 15~20개
- 감자 3개(작은 크기)

**부재료**
- 양파 1개
- 물 300ml
- 진간장 5숟가락
- 설탕 1숟가락
- 다진 마늘 0.5숟가락
- 올리고당 1숟가락
- 깨 1숟가락

**1.** 양파, 빨강·노랑 파프리카, 피망은 2.5 ×2.5cm 크기로 썰어주세요. 당근은 0.3cm 두께로 반달썰기, 소시지는 칼집을 내주세요.

**2.** 팬에 식용유 2숟가락을 두르고 다진 마늘 0.5숟가락, 반달썰기한 당근을 먼저 볶아주세요.

**3.** 비엔나소시지를 넣고 볶아주세요.

**4.** 소시지 칼집 부위가 살짝 벌어지면 양파를 넣고 볶다가 설탕 0.5숟가락, 케첩 3숟가락, 굴소스 0.5숟가락을 넣고 골고루 볶아주세요.

**5.** 빨강·노랑 파프리카와 피망을 넣고 소스가 섞이도록 골고루 볶아주세요.

**6.** 불을 끄고 올리고당 2숟가락, 깨 1숟가락을 넣고 골고루 섞어주세요.

**1.** 껍질을 벗긴 감자 3개, 양파 1개는 1.5~2cm 크기로 깍둑썰기를 해주세요.

**2.** 비엔나소시지 15~20개는 칼집을 넣어주세요.

💬 비엔나소시지를 반으로 자른 단면에 +로 칼집을 넣거나 칼집을 생략해도 됩니다.

**3.** 물 300ml, 진간장 5숟가락, 설탕 1숟가락, 다진 마늘 0.5숟가락, 깍둑썰기한 감자를 넣고 끓여주세요.

**4.** 양념이 끓으면 비엔나소시지와 깍둑썰기한 양파를 넣고 끓여주세요.

**5.** 감자가 익으면 불을 꺼주세요.(젓가락으로 감자를 콕 찔러 들어가는 정도면 됩니다.)

**6.** 올리고당 1숟가락, 깨 1숟가락을 골고루 뿌려주세요.

( 구이 )

## 소떡소떡

- ⏱ 15분
- ❄ 당일

**주재료**
- □ 비엔나소시지 6개
- □ 떡볶이떡 6개

**부재료**
- □ 고추장 0.5숟가락
- □ 케첩 3숟가락
- □ 굴소스 0.5숟가락
- □ 올리고당 3숟가락
- □ 맛술 1숟가락
- □ 식용유 2.5숟가락

## 분홍소시지구이

- ⏱ 10분
- ❄ 냉장 3일

**주재료**
- □ 분홍소시지 250g

**부재료**
- □ 쪽파 2줄
- □ 달걀 1개
- □ 식용유 2숟가락

소떡소떡

1. 고추장 0.5숟가락, 케첩 3숟가락, 굴소스 0.5숟가락, 올리고당 3숟가락, 맛술 1숟가락을 골고루 섞어 양념장을 만들어주세요.

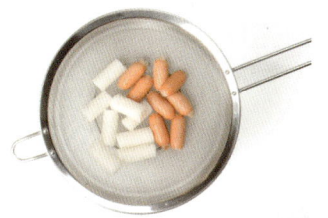

2. 비엔나소시지와 떡볶이떡은 말랑하게 삶아서 찬물에 헹구고 물기를 빼주세요.

💬 비엔나소시지와 떡볶이떡은 크기가 비슷한 걸로 준비하세요.

3. 물기 뺀 떡볶이떡에 식용유 0.5숟가락을 골고루 버무려주세요.

💬 식용유를 바르면 떡끼리 달라붙지 않아요.

4. 꽂이에 소시지와 떡볶이떡을 순서대로 끼워주세요.

5. 팬에 식용유 2숟가락을 두르고 약불에 꼬치를 앞뒤로 구워주세요.

6. 소떡소떡에 양념장을 골고루 발라 한 번 더 약불에 앞뒤로 살짝 구워주세요.

분홍소시지구이

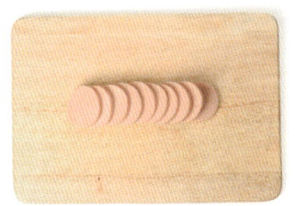

1. 분홍소시지는 0.5cm 두께로 썰어주세요.

💬 물결무늬가 있는 묵칼로 자르면 모양이 더 예뻐요.

2. 쪽파 2줄은 송송 썰어주세요.

💬 쪽파 대신 대파 푸른 부분을 잘게 썰어도 됩니다.

3. 달걀 1개를 풀고 분홍소시지를 담가 달걀물을 묻혀주세요.

💬 분홍소시지에는 전분이 많이 함유되어 있어 밀가루를 따로 묻히지 않아도 달걀물이 잘 붙어요.

4. 예열한 팬에 식용유 2숟가락을 두르고 약불에 달걀물 묻힌 소시지를 올려주세요.

5. 분홍소시지 위에 달걀물을 더 붓고 다진 쪽파를 조금 올려주세요.

6. 분홍소시지를 뒤집어서 구워주세요.

구이 & 조림

# 스팸두부구이

- 15분
- 냉장 3일

**주재료**
- 스팸 200g
- 두부 1모

**부재료**
- 소금 0.5숟가락
- 식용유 2숟가락

# 스팸두부조림

- 20분
- 냉장 5일

**주재료**
- 스팸 200g
- 두부 1모

**부재료**
- 대파 1/3대
- 청양고추 1개
- 홍고추 1개
- 물 50ml
- 진간장 4숟가락
- 다진 마늘 0.5숟가락
- 물엿 2숟가락
- 식용유 2숟가락
- 올리고당 1숟가락
- 깨 조금

 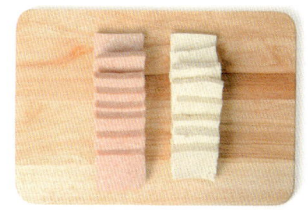 

1. 스팸 200g에 뜨거운 물을 부어 불순물을 제거하고, 두부 1모는 끓는 물에 소금 0.5숟가락을 넣고 1분간 데친 후 물기를 닦아주세요.

2. 스팸 두께와 같은 크기로 두부를 자른 후 스팸과 두부를 모두 0.5cm 두께로 잘라주세요.

3. 모양틀로 스팸과 두부 중앙을 찍어낸 다음 스팸과 두부를 바꿔 끼워주세요.

4. 팬에 식용유 2숟가락을 두르고 약불에 스팸두부를 천천히 앞뒤로 구워주세요.

1. 스팸 200g, 두부 1모는 1×1cm 크기로 깍둑썰기하고, 대파 1/3대, 청양고추 1개, 홍고추 1개는 1cm 두께로 송송 썰어주세요.

2. 물 50ml, 진간장 4숟가락, 다진 마늘 0.5숟가락, 물엿 2숟가락을 섞어 양념장을 만들어주세요.

3. 기름 없이 달군 팬에 깍둑썰기한 스팸을 올리고 중불에 앞뒤로 구워주세요.

4. 두부는 물기를 닦고 밀가루를 묻혀 팬에 식용유 2숟가락을 두르고 구워주세요.

5. 구운 스팸, 두부, 송송 썬 대파, 청양고추, 홍고추, 양념장을 모두 넣고 볶아주세요. 양념이 끓으면 중불에 볶아가며 조려주세요.

6. 올리고당 1숟가락, 깨 조금 섞고 불을 꺼주세요.

튀김 & 샐러드

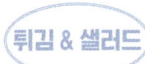

# 햄카츠

15분

당일

**주재료**

- 사각햄(또는 스팸) 200~250g

**부재료**

- 달걀 2개
- 밀가루 적당량
- 빵가루 적당량
- 식용유 적당량
- 케첩 또는 돈가스 소스 조금

# 멕시칸샐러드

15분

냉장 2일

**주재료**

- 사각햄 100g

**부재료**

- 양배추 50g
- 당근 1/4개
- 사과 1/4개
- 크래미 2개
- 소금 0.2숟가락
- 삶은 달걀 2개
- 설탕 1숟가락
- 통후춧가루 조금
- 허니머스터드 1숟가락
- 마요네즈 3숟가락

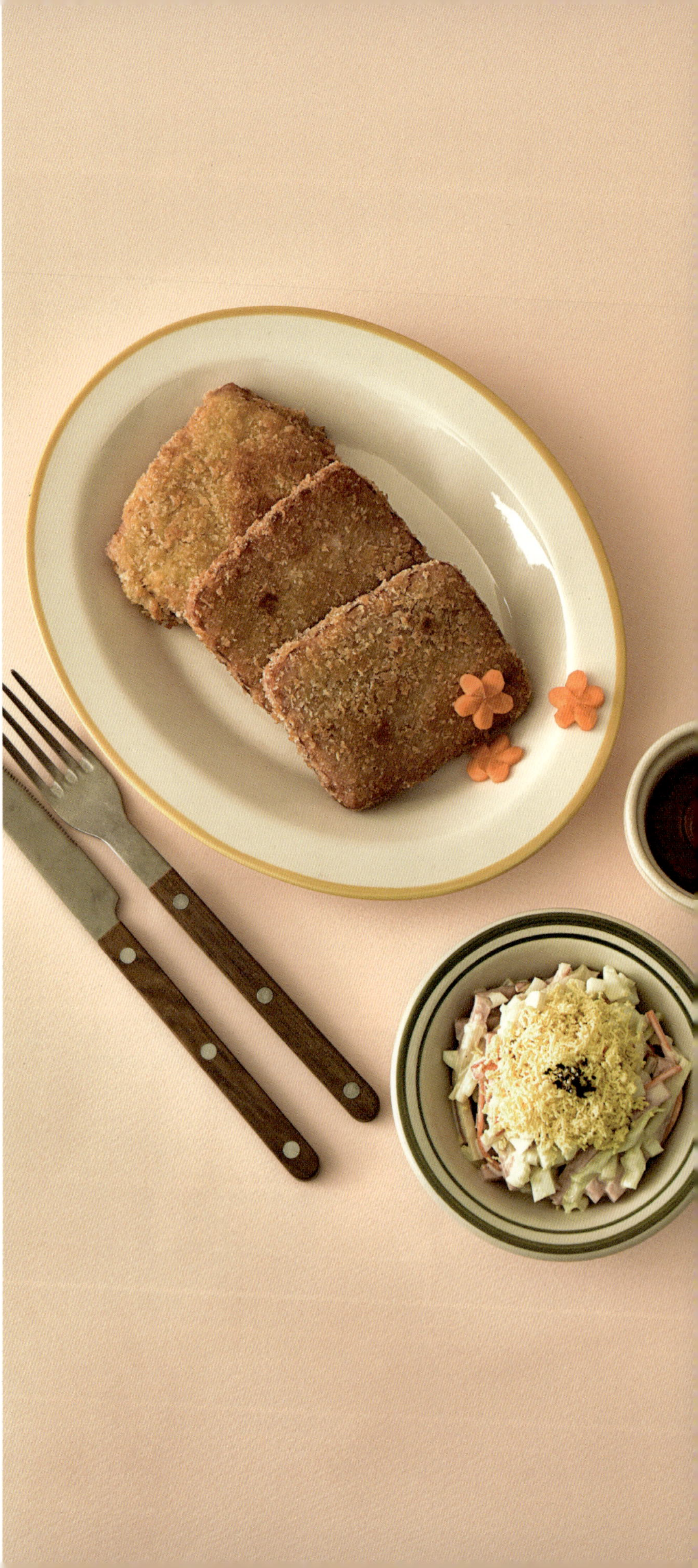

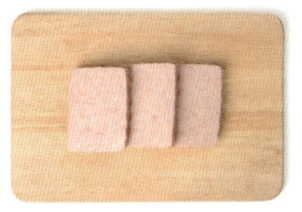

1. 사각햄(또는 스팸)을 끓는 물에 헹군 후 물기를 닦아주세요.
2. 사각햄을 1cm 두께로 넓적하게 썰어주세요.
3. 달걀 2개를 풀어주세요.

4. 사각햄에 밀가루를 얇게 묻힌 후 달걀과 빵가루를 순서대로 묻혀주세요.
5. 예열한 팬에 식용유를 두르고 빵가루 묻힌 햄을 올려 중약불에 튀긴 후 키친타월에 올려 기름기를 빼주세요.
   💬 불이 세면 온도가 계속 올라가 빵가루가 탈 수 있어요.
6. 접시에 햄카츠를 담고 케첩 또는 돈가스 소스를 뿌려주세요.
   💬 바로 먹어야 바삭바삭 맛있어요.

1. 사각햄, 양배추, 당근, 사과는 0.3cm 두께로 채 썰고, 크래미는 가늘게 찢어주세요.
   💬 사과는 껍질을 벗기지 않고 사용합니다.
2. 채 썬 양배추와 당근은 각각 소금 0.1숟가락씩 넣고 골고루 버무려 절였다가 찬물에 헹구고 물기를 닦아주세요.
3. 삶은 달걀 2개는 흰자와 노른자를 분리하고 흰자는 굵게 다져주세요.

4. 절인 양배추와 당근, 채 썬 사과, 사각햄, 크래미에 설탕 1숟가락, 통후춧가루 조금, 허니머스터드 1숟가락, 마요네즈 3숟가락을 넣고 골고루 섞어주세요.
5. 굵게 다진 흰자를 섞어서 접시에 담아주세요.
6. 삶은 노른자를 체에 문질러서 가루를 샐러드 위에 뿌려주세요.

# PART 2
## 특별한 날 생각나는
## 별미 반찬

# Eggplant

## 가지

| | |
|---|---|
| 제철시기 | 4~8월 |
| 장보기 노하우 | 색이 선명하고 곧은 가지를 고릅니다. 꼭지가 마르지 않고 상처가 없는지 확인합니다. |
| 보관법 | 신문지 또는 키친타월로 감싸 냉장고 채소칸에 보관합니다. 보관 기간이 길지 않으니 바로 사용하는 것이 좋습니다. |
| 손질법 | 꼭지 잎 부분을 제거한 후 깨끗이 씻어줍니다. 잎 부분이 뾰족해 찔릴 수도 있으니 다치지 않게 칼로 밀어올려서 잘라주세요. |

 볶음

## 가지제육볶음

- ⏱ 20분
- ❄ 냉장 3일

**주재료**
- 가지 1개
- 불고기용 돼지고기(앞다리살, 뒷다리살) 400g

**부재료**
- 양파 1/2개
- 대파 1/2대
- 청양고추 1개
- 진간장 5숟가락
- 설탕 1숟가락
- 참기름 1숟가락
- 다진 마늘 1숟가락
- 고춧가루 2숟가락
- 식용유 1숟가락
- 올리고당 1숟가락

## 굴소스가지볶음

- ⏱ 10분
- ❄ 냉장 2일

**주재료**
- 가지 1개

**부재료**
- 양파 1/2개
- 대파 15cm
- 청양고추 1개
- 홍고추 1개
- 식용유 1숟가락
- 다진 마늘 0.3숟가락
- 진간장 1숟가락
- 굴소스 1숟가락
- 깨 1숟가락

1. 가지 1개는 꼭지를 잘라내고 4등분한 다음 길게 4~9등분해주세요. 양파 1/2개는 0.3cm 두께로 채썰기, 대파 1/2대, 청양고추 1개는 어슷썰기를 해주세요.

2. 불고기용 돼지고기(앞다리살, 뒷다리살) 400g은 먹기 편하게 절반 또는 4등분 해주세요.

3. 돼지고기에 채 썬 양파, 진간장 5숟가락, 설탕 1숟가락, 참기름 1숟가락, 다진 마늘 1숟가락, 고춧가루 2숟가락을 넣고 골고루 버무려주세요.

4. 팬에 식용유 1숟가락을 두르고 양념한 돼지고기를 볶다가 뚜껑을 덮고 중불에 익혀주세요. 고기가 2/3 정도 익으면 손질한 가지를 넣고 뚜껑을 덮어 2분간 익혀주세요.

5. 어슷 썬 대파와 청양고추를 넣고 골고루 섞어가며 볶은 다음 올리고당 1숟가락을 넣고 섞어주세요.

● 올리고당은 윤기를 내서 더욱 맛있어 보이는 효과를 줍니다.

1. 가지 1개는 꼭지를 잘라내고 길게 반으로 잘라 0.5cm 두께로 어슷썰기, 양파 1/2개는 채썰기, 대파 15cm, 청양고추 1개, 홍고추 1개는 어슷썰기를 해주세요.

2. 팬에 식용유 1숟가락을 두르고 가지를 볶다가 채 썬 양파를 넣고 볶아주세요.

3. 다진 마늘 0.3숟가락, 진간장 1숟가락, 굴소스 1숟가락을 넣고 골고루 볶아주세요.

● 액상조미료 0.5숟가락을 넣으면 더욱 감칠맛이 납니다.

4. 양념이 섞이면 어슷 썬 대파, 홍고추, 청양고추를 넣고 볶은 후 깨 1숟가락을 뿌려주세요.

## 가지된장구이

- ⏱ 15분
- ❄ 당일

**주재료**
- 가지 1개

**부재료**
- 청고추 1개
- 홍고추 1개
- 된장 1숟가락
- 다진 마늘 0.5숟가락
- 진간장 0.5숟가락
- 참기름 0.5숟가락
- 올리고당 1숟가락
- 식용유 1숟가락

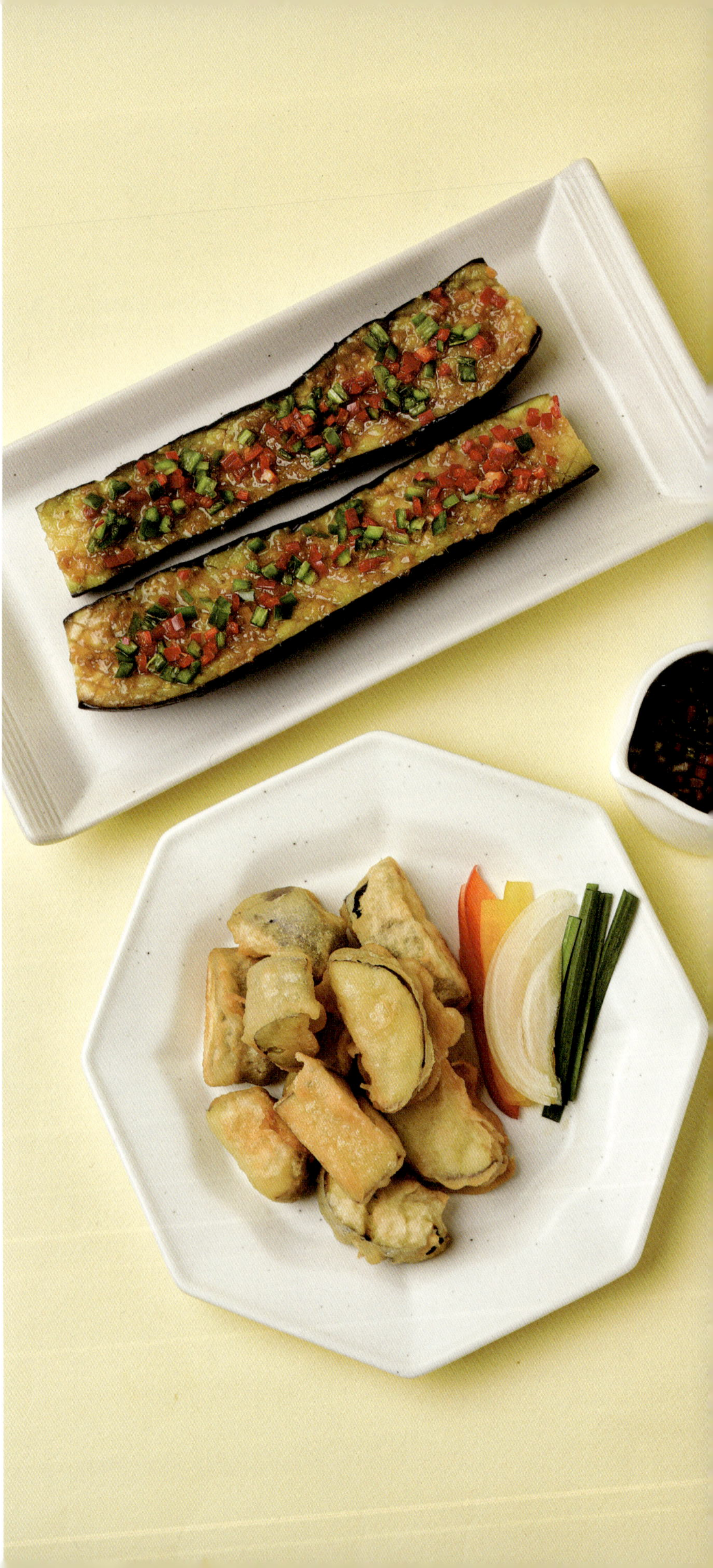

## 가지튀김

- ⏱ 15분
- ❄ 당일

**주재료**
- 가지 2개

**부재료**
- 청양고추 1개
- 홍고추 1개
- 양파 1/4개
- 진간장 2숟가락
- 식초 3숟가락
- 올리고당 1숟가락
- 튀김가루 45ml
- 물 30ml

1. 청고추 1개, 홍고추 1개는 다져주세요.

2. 된장 1숟가락, 다진 마늘 0.5숟가락, 진간장 0.5숟가락, 참기름 0.5숟가락, 올리고당 1숟가락을 골고루 섞어 된장 소스를 만들어주세요.

3. 가지 1개는 양끝을 살짝 잘라내고 길게 반으로 잘라 벌집 모양으로 칼집을 내주세요.
   • 젓가락 사이에 가지를 놓고 칼집을 넣으면 바닥까지 잘리지 않아요.

4. 팬에 식용유 1숟가락을 두르고 예열해서 중불에 가지를 안쪽부터 노릇하게 굽고 뒤집어서 껍질 쪽을 구워주세요.

5. 칼집 넣은 구운 가지 위에 된장 소스를 골고루 발라 뚜껑을 덮고 1분간 익혀주세요.

6. 다진 청고추, 홍고추를 올려주세요.

1. 가지 2개는 꼭지를 잘라내고 길게 반으로 잘라 2.5cm 두께로 반달썰기, 청양고추 1개, 홍고추 1개, 양파 1/4개는 다져주세요.

2. 다진 청양고추, 홍고추, 양파에 진간장 2숟가락, 식초 3숟가락, 올리고당 1숟가락을 골고루 섞어 소스를 만들어주세요.

3. 튀김가루 45ml, 물 30ml를 섞어 튀김반죽을 만들어주세요.
   • 전분가루를 묻히면 더 바삭합니다.

4. 튀김반죽에 반달썰기한 가지를 넣고 골고루 묻혀주세요.
   • 가지 겉면에 튀김가루를 묻히고 반죽을 입히면 튀김옷이 흘러내리지 않아요.

5. 폭이 좁은 냄비에 식용유를 넉넉히 붓고 예열해서 약불에 반죽 입힌 가지를 튀겨주세요.

조림 & 구이

## 가지만두조림

- 20분
- 당일

**주재료**
- 가지 2개

**부재료**
- 양파 1/4개
- 홍고추 1개
- 청고추 1개
- 부추 20줄
- 진간장 2숟가락
- 매실액 1숟가락
- 굴소스 0.5숟가락
- 올리고당 1숟가락
- 물 100ml
- 다진 돼지고기 100g
- 다진 마늘 0.3숟가락
- 소금 2꼬집
- 후춧가루 조금
- 튀김가루 1숟가락
- 감자전분 1숟가락

## 가지두부말이

- 20분
- 냉장 2일

**주재료**
- 가지 1개
- 두부 250g

**부재료**
- 빨강 파프리카 1/2개
- 노랑 파프리카 1/2개
- 새송이버섯 1개
- 식용유 1숟가락
- 물 30ml
- 진간장 1숟가락
- 굴소스 0.5숟가락
- 올리고당 1숟가락

1. 가지 2개는 꼭지를 잘라내고 3~4cm 두께로 동그랗게 썰어서 가로로 2/3 정도 칼집을 넣어주세요(조개처럼). 양파, 홍고추, 청고추, 부추는 다져주세요.

2. 물 50ml, 진간장 2숟가락, 매실액 1숟가락, 굴소스 0.5숟가락, 올리고당 1숟가락을 골고루 섞어 소스를 만들어주세요.

3. 다진 돼지고기 100g에 다진 야채, 다진 마늘 0.3숟가락, 소금 2꼬집, 후춧가루 조금, 튀김가루 1숟가락을 골고루 섞어 만두소를 만들어 가지 칼집 속에 넣어주세요.

4. 팬에 식용유를 넉넉히 붓고 예열해서 약불에 가지 겉면에 튀김가루를 골고루 묻힌 후 튀겨주세요.

💬 튀김가루 대신 감자전분을 묻히면 더 바삭하고 맛있습니다.

5. 팬에 소스를 붓고 약불에 끓이다 튀긴 가지를 넣고 소스를 골고루 뿌려가며 조려주세요.

6. 물 50ml, 감자전분 1숟가락을 섞은 전분물을 넣어 걸쭉하게 만들어주세요.

1. 가지 1개는 꼭지를 잘라내고 감자 필러로 얇고 길게 슬라이스하고, 두부 250g은 1cm 두께로 납작하게 썰어주세요.

2. 빨강·노랑 파프리가 각 1/2개는 씨를 제거한 후 0.5cm 두께로 썰고, 새송이버섯 1개도 같은 크기로 썰어주세요.

3. 팬에 식용유 1숟가락을 두르고 중불에 가지, 두부, 새송이버섯, 파프리카 순서로 구워주세요.

4. 구운 두부는 파프리카와 같은 크기로 잘라주세요.

5. 구운 가지 위에 두부, 파프리카, 새송이버섯을 올리고 돌돌 말아주세요.

6. 물 30ml, 진간장 1숟가락, 굴소스 0.5숟가락, 올리고당 1숟가락을 골고루 섞어서 끓인 후 가지두부말이에 골고루 뿌려주세요.

## 가지장아찌

- 15분
- 냉장 10일

**주재료**
- 가지 2개

**부재료**
- 양파 1개(작은 크기)
- 청고추 2개
- 홍고추 1개
- 물 100ml
- 진간장 100ml
- 양조식초 100ml
- 설탕 50ml

## 가지소박이

- 15분
- 냉장 5일

**주재료**
- 가지 3개

**부재료**
- 부추 1줌(25줄)
- 양파 1/2개
- 홍고추 2개
- 소금 1숟가락
- 고춧가루 3숟가락
- 멸치액젓 1숟가락
- 새우젓 1숟가락
- 매실액 1숟가락
- 다진 마늘 1숟가락

## 가지장아찌

1. 가지 2개는 꼭지를 잘라내고 가로로 4등분한 후 길게 4~9등분해주세요.
2. 양파 1개는 깍둑썰기, 청고추 2개와 홍고추 1개는 1cm 두께로 어슷썰기를 해주세요.
3. 팬에 식용유를 두르지 않고 예열해서 중불에 가지를 수분을 날리며 쫀득하게 볶아주세요.

4. 물 100ml, 진간장 100ml, 양조식초 100ml, 설탕 50ml를 섞어서 끓여 소스를 만들어주세요.

   💬 물 : 진간장 : 양조식초 : 설탕 = 1 : 1 : 1 : 0.5 비율로 맞춥니다.
5. 강화유리 반찬통에 구운 가지, 깍둑 썬 양파, 어슷 썬 청고추, 홍고추를 담아주세요.
6. 소스를 부어 한 김 식힌 후 뚜껑을 덮고 하루 동안 실온에 두었다가 냉장 보관하세요.

## 가지소박이

1. 가지 3개는 꼭지를 잘라내고 가로로 4등분한 후 자른 단면에 + 모양의 칼집을 넣어주세요.
2. 부추 1숨(25줄)은 2cm 길이로 자르고, 양파 1/2개, 홍고추 2개도 2cm 길이로 가늘게 채 썰어주세요.
3. 끓는 물에 소금 1숟가락을 넣고 칼집 넣은 가지를 20초 데친 후 찬물에 헹구고 살짝 짜주세요.

4. 고춧가루 3숟가락, 멸치액젓 1숟가락, 새우젓 1숟가락, 매실액 1숟가락, 다진 마늘 1숟가락을 골고루 섞어주세요.
5. 부추, 채 썬 양파, 홍고추를 넣고 골고루 섞어 양념 소를 만들어주세요.
6. 데친 가지를 양념에 골고루 무친 후 칼집 속에 소를 채워주세요.

**냉국 & 무침**

# 가지냉국

- ⏱ 10분
- ❄ 냉장 3일

**주재료**
- 가지 1개

**부재료**
- 생수 300ml
- 소금 0.5숟가락
- 설탕 2숟가락
- 식초 3숟가락
- 청양고추 1개
- 홍고추 2개
- 진간장 1숟가락
- 매실액 2숟가락
- 다진 마늘 0.3숟가락
- 깨 1숟가락

# 가지무침

- ⏱ 15분
- ❄ 냉장 3일

**주재료**
- 가지 2개

**부재료**
- 대파 1/3대
- 청양고추 1개
- 홍고추 1개
- 국간장 2숟가락
- 멸치액젓 0.5숟가락
- 다진 마늘 0.3숟가락
- 올리고당 1숟가락
- 참기름 1숟가락
- 후춧가루 조금

## 가지냉국

1. 생수 300ml, 소금 0.5숟가락, 설탕 2숟가락, 식초 3숟가락을 섞어서 냉장 보관해주세요.
2. 가지 1개는 꼭지를 잘라내고 가로로 4등분한 후 길게 4~9등분하고, 청양고추 1개, 홍고추 2개는 0.3cm 두께로 송송 썰어주세요.
3. 가지는 찜기에 3분간 찌거나, 전자레인지 용기에 가지와 물 2숟가락을 넣고 1분간 돌린 후 식혀주세요.

4. 진간장 1숟가락, 매실액 2숟가락, 다진 마늘 0.3숟가락, 깨 1숟가락을 섞어 양념장을 만들어주세요.
5. 찐 가지에 양념장을 넣고 조물조물 버무려주세요.
6. 양념한 가지에 1의 냉국과 송송 썬 청양고추, 홍고추를 넣어주세요.

## 가지무침

1. 가지 2개는 꼭지를 잘라내고 가로로 4등분한 후 길게 4~9등분해주세요. 대파 1/3대, 청양고추 1개, 홍고추 1개는 길게 반으로 자른 다음 잘게 썰어주세요.
2. 가지는 찜기에 3분간 찌거나 전자레인지 용기에 가지와 물 2숟가락을 넣고 1분간 돌려주세요.
3. 국간장 2숟가락, 멸치액젓 0.5숟가락, 다진 마늘 0.3숟가락, 올리고당 1숟가락, 참기름 1숟가락을 골고루 섞어서 양념장을 만들어주세요.

4. 찐 가지를 한 김 식힌 후 양념장을 넣고 조물조물 무쳐주세요.
5. 잘게 썬 대파, 청양고추, 홍고추, 후춧가루 조금 넣고 한 번 더 무쳐주세요.

● 모자란 간은 소금으로 맞춰주세요.

# Chili

## 고추

| | |
|---|---|
| 제철시기 | 6~11월 |
| 장보기 노하우 | 꼭지가 상하지 않고 무르지 않은 고추를 고릅니다. 매운 청양고추 외에 풋고추, 오이고추 등 다양한 종류가 있습니다. |
| 보관법 | 꼭지를 떼어내고 밀봉하여 냉장 보관합니다. 키친타월로 감싸거나 세워두면 더 싱싱하게 보관할 수 있습니다. 오래 두고 먹으려면 밀봉하여 냉동 보관합니다. |
| 손질법 | 꼭지를 떼어내고, 매운맛을 내는 고추씨는 털어내고 사용하는 것이 요리가 깔끔합니다. |

전

# 고추전

- 25분
- 냉장 2일

**주재료**
- 풋고추(또는 오이고추) 10개

**부재료**
- 소금 0.6숟가락
- 대파 10cm
- 당근 1/5개
- 두부 100g
- 다진 돼지고기 150g
- 부침가루(또는 밀가루) 적당량
- 달걀 2개
- 식용유 2숟가락

**tip**
달걀 1개는 노른자만 넣으면 노릇노릇 예쁜 색깔을 낼 수 있어요.
뚜껑을 덮으면 고기가 빨리 익어요.

1. 풋고추 10개는 꼭지를 떼어내고 길게 반으로 잘라 씨를 제거하고 깨끗이 씻어주세요.

2. 끓는 물에 소금 0.5숟가락을 넣고 담갔다 꺼내는 정도로 살짝 데쳐주세요.

3. 대파, 당근은 잘게 다지고, 두부는 키친타월로 꼭 눌러 물기를 제거한 후 칼등으로 잘게 으깨주세요. 다진 돼지고기는 한 번 더 잘게 다져주세요.

4. 으깬 두부, 다진 돼지고기, 대파, 당근, 소금 0.1숟가락을 골고루 섞어서 여러 번 치대주세요.

5. 데친 풋고추 안쪽에 부침가루(또는 밀가루)를 골고루 바르고 털어낸 후 4의 반죽을 꾹꾹 눌러 넣고 반죽 위에 밀가루를 묻혀주세요.

💬 고추 높이보다 많이 올라오지 않게 합니다.

6. 달걀 2개를 소금 조금 넣고 풀어서 반죽 쪽에만 달걀을 묻힌 후 팬에 식용유 2숟가락을 두르고 반죽 부분부터 올려서 부쳐주세요.

무침 & 김치

# 오이고추 된장무침

- ⏱ 10분
- ❄ 냉장 5일

**주재료**
- 오이고추 10개

**부재료**
- 된장 1.5숟가락
- 다진 마늘 0.5숟가락
- 매실청 1숟가락
- 참기름 2숟가락
- 올리고당 1숟가락
- 깨 1숟가락

# 오이고추 소박이

- ⏱ 30분
- ❄ 냉장 14일

**주재료**
- 오이고추 30개

**부재료**
- 소금 2숟가락
- 물 200ml
- 찹쌀가루(또는 밀가루) 2숟가락(듬뿍)
- 무 150g
- 양파 1개
- 당근 1/2개
- 부추 100g
- 대파 1/2대
- 멸치액젓 1.5숟가락
- 매실청 2숟가락
- 다진 마늘 1숟가락
- 고춧가루 3숟가락

## 오이고추된장무침

1. 오이고추 10개는 1.5~2cm 두께로 썰어 주세요.
2. 된장 1.5숟가락, 다진 마늘 0.5숟가락, 매실청 1숟가락, 참기름 2숟가락, 올리고당 1숟가락을 섞어서 양념장을 만들어주세요.
3. 오이고추에 양념장을 넣고 골고루 섞어주세요.

4. 깨 1숟가락을 뿌려 골고루 섞어주세요.

## 오이고추소박이

1. 오이고추 30개는 꼭지를 떼어내고 길게 한쪽만 칼집을 넣어 씨를 빼주세요.
2. 오이고추를 깨끗이 씻어서 물기를 털어내고 소금 1.5숟가락을 뿌려 골고루 버무린 후 물 2컵을 붓고 10분간 절인 다음 물기를 빼주세요.
3. 물 200ml에 찹쌀가루(또는 밀가루) 2숟가락(듬뿍) 넣어 섞어가며 끓이고 식혀서 찹쌀풀을 만들어주세요.

4. 무 150g, 양파 1개, 당근 1/2개는 2cm 길이로 채썰기, 부추 100g은 2cm 길이로 잘라주세요. 대파 1/2대는 길게 4등분해서 잘게 썰어주세요.
5. 식은 찹쌀풀 1컵에 멸치액젓 1.5숟가락, 소금 0.5숟가락, 매실청 2숟가락, 다진 마늘 1숟가락, 고춧가루 3숟가락, 채 썬 양파, 무, 당근, 부추, 대파를 넣고 골고루 섞어주세요.
6. 절인 오이고추 속에 양념 소를 채워 넣고 바깥쪽도 양념을 묻힌 후 통에 차곡차곡 담아서 반나절 실온에 두었다가 냉장 보관하세요.

조림 & 찜

# 꽈리고추 감자조림

- ⏱ 20분
- ❄ 냉장 4일

**주재료**
- 꽈리고추 15개
- 감자 2개

**부재료**
- 양파 1개(작은 것)
- 당근 1/2개
- 물 250ml
- 진간장 7숟가락
- 다진 마늘 1숟가락
- 매실액 1숟가락
- 올리고당 2숟가락

# 꽈리고추찜

- ⏱ 20분
- ❄ 냉장 4일

**주재료**
- 꽈리고추 20~25개

**부재료**
- 찹쌀가루(또는 밀가루) 적당량
- 대파 15cm
- 진간장 4숟가락
- 올리고당 3숟가락
- 고춧가루 0.5숟가락
- 다진 마늘 0.5숟가락
- 참기름 1숟가락
- 깨 1숟가락

1. 꽈리고추 15개는 꼭지를 떼어낸 후 반으로 자르고, 감자 2개, 양파 1개, 당근 1/2개는 2cm 크기로 깍둑썰기, 감자는 찬물에 10분간 담가 전분을 빼주세요.

2. 냄비에 깍둑 썬 감자와 당근, 물 250ml, 진간장 7숟가락, 다진 마늘 1숟가락, 매실액 1숟가락을 넣고 골고루 섞은 후 끓여주세요.

3. 감자가 익으면 깍둑 썬 양파를 넣고 끓여주세요.

4. 양파가 투명해지면 꽈리고추를 넣고 양념장을 골고루 뿌려가며 30초간 끓여주세요.

꽈리고추를 오래 끓이면 색깔이 까맣게 변합니다.

5. 올리고당 2숟가락을 넣고 골고루 섞어주세요.

1. 꽈리고추 20~25개는 꼭시를 떼이니고 깨끗이 씻은 후 양념이 잘 스며들도록 포크로 찍어서 구멍을 내주세요.

2. 꽈리고추에 찹쌀가루(또는 밀가루)를 골고루 묻혀주세요.

3. 찜기의 물이 끓으면 찹쌀가루 묻힌 꽈리고추를 올리고 10분간 쪄서 한 김 식혀주세요.

4. 대파 15cm는 세로로 4등분해서 잘게 다져주세요.

5. 다진 대파, 진간장 4숟가락, 올리고당 3숟가락, 고춧가루 0.5숟가락, 다진 마늘 0.5숟가락, 참기름 1숟가락을 골고루 섞어서 양념장을 만들어주세요.

6. 한 김 식힌 꽈리고추에 양념장을 넣고 골고루 섞은 후 깨 1숟가락을 뿌려서 섞어주세요.

절임 & 조림

## 고추장아찌

- 15분
- 냉장 한 달 이상

**주재료**
- 청양고추(또는 작은 풋고추) 30개

**부재료**
- 양조간장 100ml
- 물 100ml
- 설탕 50ml
- 양조식초 100ml

## 고추멸치다짐

- 20분
- 냉장 14일

**주재료**
- 청양고추 20~25개
- 볶음용 멸치 100g(중멸치 이상)

**부재료**
- 홍고추 5개
- 물 200ml
- 국간장 3숟가락
- 멸치액젓 1숟가락
- 매실청 2숟가락
- 다진 마늘 1숟가락
- 참기름 2숟가락

1. 청양고추(또는 작은 풋고추) 30개는 꼭지를 0.5~1cm 남기고 잘라서 씻은 후 물기를 닦아주세요.

2. 양념이 스며들도록 포크로 청양고추 옆면에 구멍을 내주세요.

3. 냄비에 양조간장 100ml, 물 100ml, 설탕 50ml, 양조식초 100ml를 붓고 섞어서 끓어오르면 불을 끕니다.

• tip •

많은 양을 만들어 오래 두고 먹을 거라면 하루가 지나서 국물을 따라낸 후 한 번 더 끓여서 붓고 다시 하루 동안 실온에 두었다가 냉장 보관합니다. 5일 이상 삭혀야 맛있어요.

4. 열탕 소독한 강화유리통에 청양고추를 담고 끓인 간장 양념장을 부어주세요.

2. 뜨거운 김이 빠지면 고추가 양념 위로 뜨지 않게 접시로 누르고 뚜껑을 덮어서 하루 동안 실온에 두었다가 냉장 보관해주세요.

🌸 양파, 마늘, 깻잎 등을 함께 넣어도 됩니다.

1. 볶음용 멸치 100g은 체에 걸러 부스러기를 털어내고 마른 팬에 덖어주세요.

🌸 큰 멸치는 내장을 제거하고 덖어주세요.

2. 청양고추 20~25개, 홍고추 5개는 꼭지를 떼어내고 깨끗이 씻어서 물기를 빼주세요.

3. 블렌더 또는 다지기를 이용해 청양고추, 홍고추, 멸치를 각가 다져주세요.

🌸 작은 멸치는 다지지 않고, 큰 멸치는 반으로 잘리도록 살짝 다집니다.

• tip •

청양고추만 사용하면 너무 매울 수 있으니 풋고추를 섞어줍니다.
고추는 칼로 다지면 더 맛있지만 손이 매울 수 있으니 위생장갑을 끼고 다져주세요.

4. 물 200ml, 국간장 3숟가락, 멸치액젓 1숟가락, 매실청 2숟가락, 다진 마늘 1숟가락을 골고루 섞어 양념장을 만들어주세요.

5. 냄비에 다진 청양고추, 홍고추, 멸치, 양념장을 넣고 끓으면 중약불에 5분 이상 조린 후 올리고당 2~3숟가락을 넣고 골고루 섞은 다음 불을 꺼주세요.

🌸 참기름 2숟가락을 골고루 섞어주세요.

# Perilla leaf
## 깻잎

| | |
|---|---|
| **제철시기** | 연중 |
| **장보기 노하우** | 색이 진하고 무르거나 검게 변하지 않은 깻잎을 고릅니다. 꼭지가 마르지 않고 잔털이 있는 깻잎이 신선합니다. |
| **보관법** | 깻잎이 마르지 않도록 위생팩에 넣고 밀봉하여 채소칸에 보관합니다. 수분이 생기지 않도록 키친타월에 감싸 위생팩에 넣으면 좀 더 오래갑니다. |
| **손질법** | 이물질 또는 농약이 남아 있을 수 있으니 찬물에 담가두었다 한 장씩 흐르는 물에 앞뒤로 씻어줍니다. |

튀김

# 깻잎튀김

⏱ 20분
❄ 당일

**주재료**
- 깻잎 20장

**부재료**
- 튀김가루 2숟가락(듬뿍)
- 찬물 3숟가락
- 식용유 넉넉히

**1.** 깻잎 20장을 깨끗이 씻어서 물기를 털어주세요.

**2.** 튀김가루 1숟가락 듬뿍, 찬물 3숟가락을 골고루 섞어 반죽을 만들어주세요.

💬 물 대신 얼음물이나 탄산수를 넣으면 더 바삭하게 튀겨져요.

**3.** 접시에 튀김가루 1숟가락을 펼쳐서 깻잎에 앞뒤로 얇게 묻혀 살살 떨어주세요.

**4.** 작은 냄비에 깻잎이 잠길 정도로 식용유를 넉넉히 붓고 예열해서 약불로 줄여주세요.

**5.** 깻잎에 반죽을 골고루 묻히고 살살 털어주세요.

**6.** 반죽 입힌 깻잎을 기름에 넣고 반죽이 익으면 바로 꺼냅니다.

💬 진간장 2숟가락, 식초 1숟가락을 섞은 소스에 찍어 먹으면 더 맛있어요.

무침

# 깻잎순 된장무침

- 🕐 10분
- ❄ 냉장 3일

**주재료**
- 깻잎순 150g

**부재료**
- 소금 0.5숟가락
- 대파 1/5대(흰 부분)
- 다진 마늘 0.3숟가락
- 된장 1숟가락
- 들기름 1숟가락
- 매실청 1숟가락
- 깨 1숟가락

# 깻잎순나물

- 🕐 10분
- ❄ 냉장 3일

**주재료**
- 깻잎순 150g

**부재료**
- 소금 0.5숟가락
- 대파 1/5대(흰 부분)
- 다진 마늘 0.3숟가락
- 국간장 2숟가락
- 들기름 3숟가락
- 깨 1숟가락

## 깻잎순된장무침

1. 깻잎순 150g은 찬물에 3회 이상 깨끗이 씻어주세요.
2. 끓는 물에 소금 0.5숟가락을 넣고 깻잎순을 1분간 데친 후 찬물에 헹궈 물기를 짜주세요.
3. 대파 1/5대(흰 부분)를 길게 4등분한 후 다져주세요.

4. 다진 마늘 0.3숟가락, 된장 1숟가락, 들기름 1숟가락, 매실청 1숟가락을 섞어 양념장을 만들어주세요.
5. 데친 깻잎순에 양념장과 다진 대파를 넣고 골고루 버무려주세요.
6. 깨 1숟가락을 넣고 골고루 섞어주세요.

## 깻잎순나물

1. 깻잎순 150g은 찬물에 3회 이상 깨끗이 씻어주세요.
2. 끓는 물에 소금 0.5숟가락을 넣고 깻잎순을 1분간 데친 후 찬물에 헹궈 물기를 짜주세요.
3. 대파 1/5대(흰 부분)를 길게 4등분한 후 다져주세요.

4. 데친 깻잎을 흩어서 풀고 다진 마늘 0.3숟가락, 국간장 2숟가락, 들기름 1숟가락을 넣고 조물조물 무쳐주세요.
5. 팬에 들기름 2숟가락을 두르고 센 불에 양념한 깻잎순나물을 30초간 볶은 후 불을 끄고 잔열로 한 번 더 볶아주세요.
6. 다진 대파, 깨 1숟가락을 넣고 골고루 섞어주세요.

찜

# 깻잎찜

- ⏱ 10분
- ❄ 냉장 10일

**주재료**
- 깻잎 50장

**부재료**
- 양파 1/2개
- 홍고추 1개
- 물 100ml
- 진간장 7숟가락
- 다진 마늘 0.3숟가락
- 올리고당 1숟가락
- 고춧가루 0.5~1숟가락

# 된장소스 깻잎찜

- ⏱ 10분
- ❄ 냉장 7일

**주재료**
- 깻잎 50장

**부재료**
- 양파 1/4개
- 홍고추 1개
- 대파 10cm
- 된장 1.5숟가락
- 맛술 1숟가락
- 진간장 1숟가락
- 참기름 2숟가락
- 매실청 1숟가락
- 다진 마늘 0.5숟가락
- 물 2숟가락

1. 깻잎 50장은 꼭지를 0.5~1cm 남기고 잘라낸 후 깨끗이 씻어서 물기를 빼주세요.

2. 양파 1/2개는 얇게 채 썰고, 홍고추 1개는 길게 반으로 잘라서 잘게 썰어주세요.

3. 물 100ml, 진간장 7숟가락, 다진 마늘 0.3숟가락, 올리고당 1숟가락, 고춧가루 0.5~1숟가락을 골고루 섞어 양념장을 만들어주세요.

4. 양념장에 채 썬 양파, 잘게 썬 홍고추를 넣어 골고루 섞어주세요.

5. 전자레인지 사용이 가능한 반찬통에 양념장 1숟가락을 넣고 깻잎 3~4장을 올린 후 양념장 1~2숟가락을 뿌리기를 반복해서 겹겹이 쌓아주세요.

6. 전자레인지용 뚜껑 또는 랩을 씌워서 1분 30초 돌려주세요.

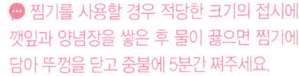
● 찜기를 사용할 경우 적당한 크기의 접시에 깻잎과 양념장을 쌓은 후 물이 끓으면 찜기에 담아 뚜껑을 닫고 중불에 5분간 쪄주세요.

 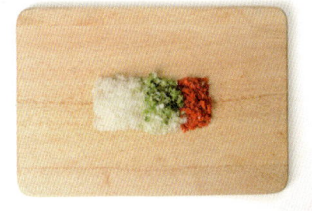 

1. 깻잎 50장은 꼭지를 0.5~1cm 남기고 잘라낸 후 깨끗이 씻어서 물기를 빼주세요.

2. 양파 1/4개, 홍고추 1개, 대파 10cm를 다져주세요.

3. 된장 1.5숟가락, 맛술 1숟가락, 진간장 1숟가락, 참기름 2숟가락, 매실청 1숟가락, 다진 마늘 0.5숟가락, 물 2숟가락을 골고루 섞어 된장 소스를 만들어주세요.

4. 다진 양파, 홍고추, 대파를 된장 소스에 넣고 골고루 섞어주세요.

5. 깻잎 2장씩 된장 소스를 앞뒤로 발라서 전자레인지 사용이 가능한 반찬통에 담아주세요.

6. 전자레인지용 뚜껑 또는 랩을 씌워서 2분간 돌려주세요.

김치

# 깻잎김치

⏱ 15분
❄ 냉장 10일

**주재료**
- 깻잎 50장

**부재료**
- 양파 1/2개
- 당근 1/4개
- 대파 15cm
- 홍고추 1개
- 진간장 5숟가락
- 멸치액젓 2숟가락
- 다진 마늘 0.5숟가락
- 매실액 1숟가락
- 고춧가루 1~1.5숟가락

# 생깻잎지

⏱ 15분
❄ 냉장 10일

**주재료**
- 깻잎 30장

**부재료**
- 대파 10cm
- 홍고추 1개
- 청양고추 1개
- 물 80ml
- 진간장 6숟가락
- 다진 마늘 0.3숟가락
- 올리고당 1숟가락

**깻잎김치**

1. 깻잎 50장은 꼭지를 0.5~1cm 남기고 잘라낸 후 깨끗이 씻어서 물기를 빼주세요.
2. 양파 1/2개, 당근 1/4개는 채 썰고, 대파 15cm, 홍고추 1개는 어슷썰기해주세요.
3. 진간장 5숟가락, 멸치액젓 2숟가락, 다진 마늘 0.5숟가락, 매실액 1숟가락, 고춧가루 1~1.5숟가락을 골고루 섞어서 양념장을 만들어주세요.

4. 채 썬 양파, 당근, 어슷 썬 대파, 홍고추를 양념장에 넣고 골고루 섞어주세요.
5. 깻잎 3장씩 양념장을 앞뒤로 바르고 반찬통에 차곡차곡 쌓아주세요.

● 반나절 동안 실온에 두었다 냉장 보관합니다.

**생깻잎김치**

1. 깻잎 30장은 꼭지를 0.5~1cm 남기고 잘라낸 후 깨끗이 씻어서 물기를 빼주세요.
2. 대파 10cm, 홍고추 1개, 청양고추 1개를 길게 4등분한 후 다져주세요.
3. 물 80ml, 진간장 6숟가락, 다진 마늘 0.3숟가락, 올리고당 1숟가락을 섞어서 양념장을 만들어주세요.

4. 다진 대파, 홍고추, 청양고추를 양념장에 넣고 섞어주세요.
5. 반찬통에 양념장 1숟가락을 먼저 넣고 깻잎 3장을 올린 다음 양념장 2숟가락에 깻잎 3장씩 겹겹이 쌓아주세요.

● 실온에 1시간 정도 두었다 깻잎이 가라앉으면 양념장을 골고루 뿌려서 냉장 보관하세요.

## 튀김

# 깻잎맛살말이 튀김

⏱ 20분
❄ 당일

**주재료**
- 깻잎 20장
- 맛살 5줄

**부재료**
- 튀김가루 적당량
- 달걀 1개
- 식용유 3~4숟가락

1. 맛살 5줄은 길게 3등분하고, 깻잎 20장은 꼭지를 떼어낸 후 깨끗이 씻어 물기를 빼주세요.

2. 깻잎을 길게 반으로 잘라주세요.

3. 깻잎 가운데 맛살을 놓고 말아주세요.

4. 깻잎맛살말이에 튀김가루를 얇게 골고루 묻히고 달걀 1개를 풀어서 묻혀주세요.

5. 팬에 식용유 3~4숟가락을 넉넉히 두르고 예열 후 깻잎 끝부분을 바닥에 놓고 약불에 튀기듯이 부쳐주세요.

6. 아래쪽 달걀이 익으면 뒤집어서 부쳐주세요.

# Radish

## 무

| | |
|---|---|
| **제철시기** | 10~12월 |
| **장보기 노하우** | - 표면이 매끈하고 윤기가 있는 무, 상처 없고 깨지지 않은 단단한 무를 고릅니다.<br>- 모양이 휘지 않고 곧은 무를 고릅니다. |
| **보관법** | - 흙이 묻은 상태로 신문지 또는 키친타월에 싸서 서늘한 곳 또는 냉장고 채소칸에 보관하세요.<br>- 요리하고 남은 무는 공기가 닿지 않도록 위생팩 또는 랩으로 감싸 보관합니다. |
| **손질법** | - 깨끗한 수세미 또는 행주로 껍질을 깨끗이 씻어내고 뿌리와 잔털을 제거합니다.<br>- 비타민이 풍부하여 껍질째 먹는 것이 좋지만 껍질을 벗겨내도 됩니다. |

### 김치

## 보쌈무

- ⏱ 15분 + 1시간 절이기
- ❄ 냉장 7일 이상

**주재료**
- 무 1/2개

**부재료**
- 대파 1/2대
- 꽃소금 1숟가락
- 물엿 200ml
- 고춧가루 5숟가락
- 다진 마늘 1숟가락
- 멸치액젓 1숟가락
- 진간장 3숟가락
- 올리고당 2숟가락
- 깨 1숟가락

## 무생채

- ⏱ 35분
- ❄ 냉장 15일

**주재료**
- 무 1/2개

**부재료**
- 대파 1/2대
- 꽃소금 1숟가락
- 다진 마늘 1숟가락
- 고춧가루 1.5~2숟가락
- 설탕 1숟가락
- 멸치액젓 1숟가락
- 깨 1숟가락
- 참기름 0.5~1숟가락

**1.** 무 1/2개는 5×1cm 크기로 썰고, 대파 1/2대는 송송 썰어주세요.

**2.** 무에 꽃소금 1숟가락, 물엿 200ml를 골고루 버무려서 1시간 정도 절여주세요.

💬 물엿으로 절이면 더 꼬들꼬들해요.

**3.** 절인 무는 물에 헹궈서 물기를 꽉 짜고 고춧가루 2숟가락을 버무려 골고루 색깔을 입혀주세요.

**4.** 고춧가루 3숟가락, 다진 마늘 1숟가락, 멸치액젓 1숟가락, 진간장 3숟가락, 올리고당 2숟가락을 섞어서 양념장을 만들어주세요.

**5.** 절인 무에 양념장을 골고루 버무려주세요.

💬 간 맞추기는 멸치액젓 또는 꽃소금을 조금 넣어 조절합니다.

**6.** 송송 썬 대파와 깨 1숟가락을 넣고 골고루 버무려주세요.

**1.** 무 1/2개는 0.3cm 두께로 얇게 채썰기, 대파 1/2대는 어슷썰기를 해주세요.

**2.** 무채에 꽃소금 1숟가락을 골고루 버무려서 30분간 절였다가 물에 헹구고 물기를 빼주세요.

**3.** 절인 무채에 다진 마늘 1숟가락, 고춧가루 1.5~2숟가락, 설탕 1숟가락, 멸치액젓 1숟가락을 넣고 골고루 버무려주세요.

• tip •

무를 7cm 길이로 자른 후 수직 방향으로 잘라 채 썰면 물기도 덜 생기고 더 아삭한 무생채를 만들 수 있어요.

**4.** 어슷 썬 대파, 깨 1숟가락을 골고루 섞어주세요.

💬 참기름은 시간이 지나면 고소한 향이 날아가니 먹을 때 무채를 접시에 담고 0.5~1숟가락 뿌려줍니다.

( 무침 )

# 무말랭이무침

- ⏱ 10분+불리는 시간 1시간
- ❄ 냉장 7일

**주재료**
- ☐ 무말랭이 70g

**부재료**
- ☐ 건고춧잎 20g
- ☐ 진간장 3숟가락
- ☐ 멸치액젓 1.5숟가락
- ☐ 다진 마늘 0.5숟가락
- ☐ 올리고당 3숟가락
- ☐ 매실액 1숟가락
- ☐ 고춧가루 3숟가락
- ☐ 참기름 2숟가락
- ☐ 깨 1숟가락

# 단무지무침

- ⏱ 10분
- ❄ 냉장 7일

**주재료**
- ☐ 롱단무지 250g

**부재료**
- ☐ 대파 1/3대(푸른 부분이 섞인 중간 부분)
- ☐ 고춧가루 0.5숟가락
- ☐ 다진 마늘 0.3숟가락
- ☐ 올리고당 1숟가락
- ☐ 참기름 1숟가락
- ☐ 깨 1숟가락

1. 무말랭이 70g, 건고춧잎 20g은 미지근한 물에 1시간 이상 불렸다가 여러 번 씻어서 물기를 꽉 짜주세요.

2. 진간장 3숟가락, 멸치액젓 1.5숟가락, 다진 마늘 0.5숟가락, 올리고당 3숟가락, 매실액 1숟가락, 고춧가루 3숟가락을 섞어 양념장을 만들어주세요.

3. 물기 짠 무말랭이, 고춧잎에 양념장을 넣고 골고루 무쳐주세요.

   💬 고춧잎은 뭉친 채로 4~6등분해서 넣어주세요.

4. 참기름 2숟가락, 깨 1숟가락을 넣고 골고루 무쳐주세요.

1. 통단무지 250g은 4등분한 후 0.2cm 두께로 썰고, 대파 1/3대는 길게 반으로 잘라서 송송 썰어주세요.

   💬 치자 단무지를 사용하면 더 맛있어요.

2. 자른 단무지를 키친타월에 감싸 물기를 꽉 짜주세요.

   💬 물기 짜는 과정은 생략 가능합니다. 하지만 물기를 짜내면 꼬들꼬들하고 더 맛있어요.

3. 물기 짠 단무지에 고춧가루 0.5숟가락, 다진 마늘 0.3숟가락, 올리고당 1숟가락, 참기름 1숟가락을 넣고 골고루 섞어주세요.

4. 송송 썬 대파와 깨 1숟가락을 넣고 버무려주세요.

볶음

# 무나물

⏱ 20분
❄ 냉장 3~5일

**주재료**
- 무 1/4개

**부재료**
- 대파 1/2대(흰 부분)
- 들기름 2숟가락
- 꽃소금 0.5숟가락
- 물 50ml
- 다진 마늘 0.5숟가락
- 멸치액젓 1숟가락
- 깨 1숟가락

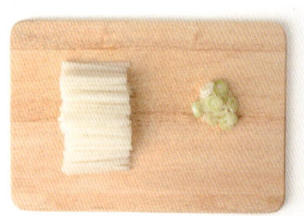

**1.** 무 1/4개는 5~7cm 길이로 잘라서 0.2cm 두께로 얇게 채 썰고, 대파 1/2대는 송송 썰어주세요.

**2.** 팬에 무채, 들기름 2숟가락, 꽃소금 0.5숟가락을 넣고 2분간 중불에 볶아주세요.

**3.** 약불로 줄이고 물 50ml, 다진 마늘 0.5숟가락, 멸치액젓 1숟가락을 넣어 볶은 후 송송 썬 대파 흰 부분을 넣고 뚜껑을 덮어 10분간 끓여주세요.

**4.** 뚜껑을 열고 대파 푸른 부분을 넣어 수분을 날리듯이 볶아주세요.

😀 마지막에 깨 1숟가락을 골고루 뿌려주세요.

**• tip •**
무는 가로로 먼저 자른 후 세로로 채 썰면 더 맛있어요.

조림

# 무조림

⏱ 35분
❄ 냉장 3~5일

**주재료**
- 무 1/4개

**부재료**
- 양파 1/2개
- 대파 1/2대
- 홍고추 1개
- 청양고추 1개
- 물 200ml
- 진간장 30ml
- 멸치액젓 10ml
- 다진 마늘 0.5숟가락
- 설탕 0.5숟가락
- 캔참치 150~200g

1. 무 1/4개는 1cm 두께로 반달썰기, 양파 1/2개는 0.5cm 두께로 채썰기, 대파 1/2대, 홍고추 1개, 청양고추 1개는 어슷썰기를 해주세요.

2. 물 200ml, 진간장 30ml, 멸치액젓 10ml, 다진 마늘 0.5숟가락, 설탕 0.5숟가락을 골고루 섞어 양념장을 만들어주세요.

3. 냄비에 자른 무를 차곡차곡 펼치고 채 썬 양파를 올린 후 양념장을 부어서 센 불에 육수가 끓으면 약불로 줄인 후 어슷 썬 청양고추를 넣고 15분간 졸여주세요.

4. 캔참치 150~200g을 으깨지지 않게 넣고, 어슷 썬 홍고추, 대파를 넣어 뚜껑을 덮고 2~3분간 끓여주세요.

● 참치는 생략해도 됩니다.

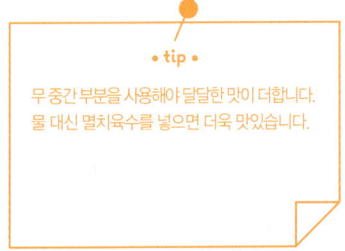

• tip •
무 중간 부분을 사용해야 달달한 맛이 더합니다.
물 대신 멸치육수를 넣으면 더욱 맛있습니다.

## Sea mustard

# 미역

| | |
|---|---|
| 제철시기 | 연중 |
| 장보기 노하우 | 미역 두께와 크기에 따라 불리는 시간을 감안합니다. 바로 데쳐 먹을 수 있는 생미역, 물에 불려 먹는 건미역, 단시간에 불리는 자른 미역, 산모용으로 굵고 식감이 좋은 돌각미역(기장미역)이 있습니다. 필요에 따라 선택하세요. |
| 보관법 | 서늘하고 건조한 곳에 밀봉하여 보관하거나 냉동 보관합니다. |
| 손질법 | - 염장한 생미역은 물에 여러 번 헹군 후 물에 충분히 담가두고 염분을 제거해서 또다시 여러 번 씻어내고 데칩니다.<br>- 건미역은 물에 불리면 3~5배 정도 불어난다는 것을 염두에 두고 분량을 조절합니다. |

## 볶음

# 미역줄기볶음

- ⏱ 20분
- ❄ 냉장 5일

**주재료**
- 미역줄기 300g

**부재료**
- 양파 1/2개(작은 것)
- 당근 1/2개
- 대파 10cm(흰 부분)
- 청양고추 1개
- 홍고추 1개
- 식용유 1숟가락
- 다진 마늘 0.5숟가락
- 참기름 2숟가락
- 소금 조금

**1.** 미역줄기 300g은 빨래하듯 박박 문질러 3~4회 씻은 후 10분 정도 물에 담가 남아 있는 소금기를 빼주세요.

**2.** 미역줄기를 2~3회 헹구고 물기를 꽉 짠 후 5cm 길이로 잘라주세요.

**3.** 양파 1/2개, 당근 1/2개는 0.2cm 두께로 채썰기, 대파 10cm는 길게 4등분해서 얇게 썰고, 청양고추 1개, 홍고추 1개는 어슷썰기를 해주세요.

**4.** 팬에 식용유 1숟가락을 두르고 채 썬 양파와 당근을 볶아주세요.

**5.** 양파가 투명해지면 미역줄기, 참기름 2숟가락을 넣고 볶아주세요.

**6.** 다진 마늘 0.5숟가락, 잘게 썬 대파, 어슷 썬 청양고추, 홍고추를 넣고 볶은 후 소금으로 간을 맞춰주세요.

무침

## 미역오이 초무침

- 15분
- 냉장 3일

**주재료**
- 마른 미역 1컵
- 오이 1개

**부재료**
- 소금 1숟가락
- 양파 1/4개
- 당근 1/3개
- 청양고추 1개
- 대파 10cm(흰 부분)
- 다진 마늘 0.3숟가락
- 설탕 1숟가락
- 국간장 1숟가락
- 식초 3숟가락
- 매실청 1숟가락
- 깨 1숟가락

## 쇠미역무침

- 15분
- 냉장 3일

**주재료**
- 쇠미역 150g

**부재료**
- 소금 0.5숟가락
- 양파 1/4개(작은 것)
- 당근 1/3개
- 대파 10cm(흰 부분)
- 고추장 1숟가락
- 고춧가루 0.5숟가락
- 식초 3숟가락
- 설탕 1숟가락
- 다진 마늘 0.5숟가락
- 참기름 1숟가락
- 깨 1숟가락

1. 마른 미역 1컵을 물에 불린 후 깨끗이 씻어서 끓는 물에 소금 0.5숟가락을 넣고 살짝 데친 후 찬물에 헹궈 물기를 빼고 4~5cm 길이로 잘라주세요.

2. 오이 1개는 길게 반으로 잘라 어슷썰기를 하고, 양파 1/4개, 당근 1/3개는 채썰기를 해주세요. 청양고추 1개, 대파 10cm는 송송 썰어주세요.

3. 어슷 썬 오이, 채 썬 양파, 당근에 소금 0.5숟가락을 골고루 버무려 절인 후 물기를 짜주세요.

4. 다진 마늘 0.3숟가락, 설탕 1숟가락, 국간장 1숟가락, 식초 3숟가락, 매실청 1숟가락을 골고루 섞어 양념장을 만들어주세요.

5. 데친 미역, 절인 오이, 양파, 당근, 대파, 청양고추에 양념을 골고루 버무려주세요.

6. 깨 1숟가락을 넣고 골고루 섞어주세요.

1. 쇠미역 150g은 깨끗이 씻은 후 끓는 물에 소금 0.5숟가락을 넣고 10초간 데쳐주세요.

2. 데친 쇠미역은 찬물에 헹군 후 물기를 짜고 5cm 길이로 잘라주세요.

3. 양파 1/4개, 당근 1/3개는 가늘게 채썰기, 대파 10cm는 송송 썰어주세요.

• tip •

갈색 미역이 초록색으로 변할 정도로 살짝 데칩니다.

4. 고추장 1숟가락, 고춧가루 0.5숟가락, 식초 3숟가락, 설탕 1숟가락, 다진 마늘 0.5숟가락, 참기름 1숟가락을 골고루 섞어 양념장을 만들어주세요.

5. 데친 쇠미역, 채 썬 양파, 당근, 송송 썬 대파에 양념장을 골고루 버무린 후 깨 1숟가락을 뿌려서 버무려주세요.

## 쇠미역말이

- 15분
- 냉장 2일

**주재료**
- 쇠미역 150g

**부재료**
- 소금 0.5숟가락
- 빨강 파프리카 1개
- 노랑 파프리카 1개
- 오이 1개
- 맛살 5줄
- 고추장 1숟가락
- 설탕 1숟가락
- 식초 3숟가락
- 다진 마늘 0.3숟가락
- 깨 0.5숟가락

**1.** 쇠미역 150g은 3~4회 문질러 씻은 후 찬물에 10분 정도 담가 소금기를 빼고 2~3회 깨끗이 씻어주세요.

**2.** 끓는 물에 소금 0.5숟가락을 넣고 쇠미역을 살짝 데친 후 찬물에 헹궈 물기를 짜주세요.

**3.** 빨강·노랑 파프리카 각 1개는 씨를 제거한 후 0.3cm 두께로 채썰기, 오이 1개도 4등분하고 돌려 깎아서 0.3cm 두께로 채썰기, 맛살 5줄은 3등분해서 길게 반으로 잘라주세요.

● 채소와 맛살은 쇠미역보다 조금 길게 썰어주세요.

**4.** 쇠미역을 펼치고 채 썬 파프리카, 오이, 맛살을 올려 돌돌 말아주세요.

**5.** 고추장 1숟가락, 설탕 1숟가락, 식초 3숟가락, 다진 마늘 0.3숟가락, 깨 0.5숟가락을 골고루 섞어 초고추장을 만들어주세요.

## Napa cabbage
# 배추

| | |
|---|---|
| **제철시기** | 11~12월 |
| **장보기 노하우** | - 겉잎의 초록색이 진하고 상처 나거나 검은 점이 없는 배추를 고릅니다.<br>- 뿌리 부분이 단단하고 무르지 않은 배추를 고릅니다. |
| **보관법** | - 신문지 또는 키친타월로 감싸 서늘한 곳에 세워서 보관합니다. 냉장고에 오래 눕혀놓으면 바닥 쪽이 무를 수 있으니 통째로 오래 보관하지 않습니다.<br>- 겉잎과 속을 따로 떼어서 보관할 때는 물기를 제거하고 위생팩에 넣어 냉장고 채소칸에 보관합니다. |
| **손질법** | 밑동을 잘라서 2등분으로 10cm 정도 칼집을 낸 후 손으로 쪼개주세요. |

> 김치

# 칼국숫집 겉절이

- 30분+절이기 4시간
- 냉장 10일 이상

**주재료**
- 배추 1포기

**부재료**
- 꽃소금 6숟가락+100ml
- 물 1L
- 무 1/3개
- 쪽파 10~15줄기
- 양파 1개
- 멸치액젓 6숟가락
- 밀가루 또는 찹쌀풀 5숟가락
- 다진 마늘 2숟가락(듬뿍)
- 다진 생강 1숟가락
- 고춧가루 6숟가락
- 설탕 1숟가락

# 배추겉절이

- 20분+절이기 1시간
- 냉장 30일

**주재료**
- 배추 1포기(중간 크기)

**부재료**
- 꽃소금 5숟가락
- 양파 1개
- 대파 1대
- 청양고추 2개
- 찹쌀풀 또는 밀가루풀 200ml
- 고춧가루 5~6숟가락
- 멸치액젓 2숟가락
- 다진 마늘 2숟가락
- 참기름 1숟가락

## 칼국수전골겉절이

1. 배추는 세로로 4등분한 후 꽃소금 6숟가락을 골고루 뿌려서 섞은 후 물 1L에 꽃소금 100ml를 녹여서 부어 4시간 절여주세요. 중간중간 배추를 뒤집어주세요.

2. 절인 배추는 찬물에 3~4회 헹구고 1시간 정도 물기를 빼주세요.

3. 무 1/3개는 0.2cm 두께로 채 썰고, 쪽파 10~15줄기는 3cm 길이로 자르고, 양파 1개는 4~8등분으로 큼직하게 썰어주세요.

4. 양파 1개, 멸치액젓 6숟가락, 밀가루 또는 찹쌀풀 5숟가락을 믹서에 갈아서 다진 마늘 2숟가락 듬뿍, 다진 생강 1숟가락, 고춧가루 6숟가락, 설탕 1숟가락, 무채, 쪽파를 넣고 골고루 섞어 양념장을 만들어주세요.

5. 물기 뺀 배추에 양념장을 비비듯이 골고루 묻힌 후 하루 동안 실온에 두었다 냉장 보관해주세요.

## 배추겉절이

1. 배추 1포기는 지저분한 겉잎을 떼어내고 뿌리를 잘라내 잎을 하나씩 떼어냅니다. 큰 배춧잎은 길게 반으로 잘라서 사선으로 4등분하고 속은 2~3등분합니다.

2. 배추에 꽃소금 5숟가락을 골고루 뿌려 섞어서 15분 간격으로 뒤적여가며 1시간 정도 절여주세요.

3. 절인 배추는 찬물에 2~3회 씻어서 체에 받쳐 물기를 빼주세요.

4. 양파 1개는 반으로 잘라 0.3cm 두께로 채썰기, 대파 1대, 청양고추 2개는 어슷썰기를 해주세요.

5. 찹쌀풀 또는 밀가루풀 200ml, 고춧가루 5~6숟가락, 멸치액젓 2숟가락, 다진 마늘 2숟가락을 골고루 섞어 양념장을 만들어주세요.

6. 절인 배추, 채 썬 양파, 어슷 썬 청양고추, 대파에 양념장을 넣고 골고루 버무려주세요.

💬 먹기 전에 참기름 1숟가락을 골고루 뿌려서 섞어주세요.

찜 & 조림

## 배추삼겹살찜

- ⏱ 30분
- ❄ 당일

**주재료**
- 알배춧잎 7~10장
- 얇은 삼겹살 150g

**부재료**
- 통마늘 2개
- 홍고추 1개
- 청양고추 1개
- 소주 또는 화이트와인 30ml
- 맛술 30ml
- 진간장 2숟가락
- 식초 1숟가락
- 고추냉이(와사비) 적당량

## 배추된장지짐

- ⏱ 25분
- ❄ 냉장 5일

**주재료**
- 배추 푸른 겉잎 10장

**부재료**
- 양파 1개(중간 크기)
- 청양고추 3개
- 물 1L
- 멸치육수팩 1개
- 된장 2숟가락
- 다진 마늘 0.5숟가락
- 매실액 1숟가락
- 참기름 2숟가락
- 멸치액젓 1숟가락

배추삼겹살찜

**1.** 알배추 7~10장은 3등분하고 통마늘 2개, 홍고추 4/5개, 청양고추 4/5개는 어슷썰기, 홍고추 1/5개, 청양고추 1/5개는 다져주세요.

**2.** 얇은 삼겹살 150g은 5cm 길이로 잘라 주세요.

**3.** 냄비에 알배추 1겹과 삼겹살 1겹을 번갈아 올려서 겹겹이 쌓아주세요.

**4.** 어슷썰기한 통마늘, 홍고추, 청양고추를 골고루 올리고, 소주 또는 화이트와인 30ml, 맛술 30ml를 골고루 뿌린 후 뚜껑을 덮고 중약불에 15분간 익혀주세요.

**5.** 진간장 2숟가락, 식초 1숟가락, 고추냉이(와사비) 적당량, 다진 홍고추, 청양고추를 섞어서 찍어 먹을 양념장을 만들어주세요.

💬 얇은 대패삼겹살, 우삼겹살, 샤브샤브용 소고기 등을 사용하면 다양한 고기 맛의 배추찜을 먹을 수 있어요

배추된장지짐

**1.** 배추 푸른 겉잎 10장은 길쭉하게 자르고, 양파 1개는 반으로 잘라 0.2cm 두께로 채썰기, 청양고추 3개는 이슷썰기를 해주세요.

**2.** 물 1L에 멸치육수팩 1개를 넣고 배추를 10분간 삶아서 찬물에 헹구고 물기를 짜주세요.

💬 멸치육수는 된장국 또는 찌개에 사용하면 시원한 국물맛을 낼 수 있어요.

**3.** 삶은 배추에 된장 2숟가락, 다진 마늘 0.5숟가락, 매실액 1숟가락, 참기름 2숟가락을 넣고 버무려주세요.

**4.** 2의 육수 200ml, 멸치액젓 1숟가락, 채썬 양파, 어슷 썬 청양고추를 넣고 끓여주세요. 국물이 끓으면 중불로 줄이고 자박해질 때까지 졸여주세요.

전 & 김치

# 배추전

- 15분
- 당일

**주재료**
- 배추 속잎 적당량

**부재료**
- 홍고추 1개
- 부침가루 5숟가락
- 전분 0.5숟가락
- 물 5~6숟가락
- 식용유 3숟가락

# 배추생채

- 10분
- 냉장 5일

**주재료**
- 알배춧잎 6~7장

**부재료**
- 고춧가루 1숟가락
- 다진 마늘 0.5숟가락
- 멸치액젓 1.5숟가락
- 설탕 0.5숟가락
- 대파 1/2대
- 당근 1/3개
- 참기름 1숟가락
- 깨 1숟가락

1. 배추 속잎은 뿌리를 잘라내고 두꺼운 부분을 살살 두드려 연하게 만든 후 씻어서 물기를 털어주세요.

2. 홍고추 1개는 어슷썰기해주세요.

3. 부침가루 5숟가락, 전분 0.5숟가락을 섞어서 넓은 접시에 펼친 후 물기 묻은 배춧잎에 앞뒤로 얇게 묻혀주세요.

4. 남은 부침가루와 전분에 물 5~6숟가락을 섞어 반죽을 만들어주세요.

5. 배춧잎에 반죽을 얇게 묻혀주세요.

6. 예열한 팬에 식용유 3숟가락을 두르고 배춧잎을 올려 약불에 부쳐주세요. 가운데 어슷 썬 홍고추를 올리고 뒤집어서 부쳐주세요.

1. 고춧가루 1숟가락, 다진 마늘 0.5숟가락, 멸치액젓 1.5숟가락, 설탕 0.5숟가락을 골고루 섞어서 양념장을 만들어주세요.

2. 알배춧잎 6~7장은 가로로 0.5cm 두께로 채썰기, 대파 1/2대는 어슷썰기, 당근 1/3개는 얇게 채썰기를 해주세요.

3. 채 썬 배추, 당근에 양념장을 골고루 버무려주세요.

4. 어슷 썬 대파, 참기름 1숟가락, 깨 1숟가락을 넣고 골고루 섞어주세요.

*볶음*

# 소고기배추 볶음

- ⏱ 10분
- ❄ 냉장 3일

**주재료**
- 배춧잎 6장
- 불고기용 소고기 100g

**부재료**
- 새송이버섯 1개
- 오이맛고추 2개
- 양파 1/2개
- 당근 1/4개
- 대파 1/2대
- 홍고추 1개
- 식용유 2숟가락
- 진간장 0.5숟가락
- 굴소스 0.5숟가락
- 후춧가루 조금
- 참기름 1숟가락

1. 배춧잎 6장은 가로로 1cm 두께로 채 썰어주세요.

2. 새송이버섯 1개, 오이맛고추 2개, 양파 1/2개, 당근 1/4개는 채썰기, 대파 1/2대는 송송 썰기, 홍고추 1개는 어슷썰기를 해주세요.

3. 불고기용 소고기 100g은 3cm 두께로 잘라주세요.

4. 팬에 식용유 2숟가락을 두르고 송송 썬 대파를 볶다가 채 썬 배추와 당근을 넣고 볶아주세요.

5. 소고기, 채 썬 양파, 진간장 0.5숟가락, 굴소스 0.5숟가락을 넣고 한 번 더 볶아주세요.

6. 채 썬 새송이버섯, 오이맛고추, 어슷 썬 홍고추, 후춧가루 조금 넣고 한 번 더 살짝 볶은 후 참기름 1숟가락을 섞어주세요.

# Chives

## 부추

| | |
|---|---|
| 제철시기 | 3~9월 |
| 장보기 노하우 | 뿌리에 흙이 적당히 묻어 있고 초록잎이 선명하며, 가늘고 부드러운 부추를 고릅니다. 잎이 무르지 않았는지 상한 잎이 많지 않은지 확인합니다. |
| 보관법 | 수분이 닿지 않도록 신문지 또는 키친타월로 감싸 위생팩에 넣어 냉장 보관합니다. 부추는 쉽게 물러 보관 시간이 짧으니 빠른 시간 안에 요리합니다. |
| 손질법 | 흐르는 물에 손으로 문질러 뿌리의 흙을 제거하고, 찬물에 담가 잎을 흔들어 세척하고 다시 깨끗한 물로 갈아서 흔들어 세척하기를 반복한 후 흐르는 물에 헹궈 줍니다. |

절임 & 김치

## 부추양파절임

- ⏱ 10분
- ❄ 냉장 2일

**주재료**
- ☐ 부추 1줌(15~20줄)
- ☐ 양파 1/2개

**부재료**
- ☐ 물 2숟가락
- ☐ 식초 2숟가락
- ☐ 진간장 2숟가락
- ☐ 올리고당 1숟가락
- ☐ 연겨자 0.5숟가락

## 부추겉절이

- ⏱ 10분
- ❄ 냉장 2일

**주재료**
- ☐ 부추 1줌(15~20줄)

**부재료**
- ☐ 양파 1/2개
- ☐ 멸치액젓 3숟가락
- ☐ 고춧가루 2숟가락
- ☐ 설탕 1/2숟가락
- ☐ 다진 마늘 0.5숟가락
- ☐ 매실액 1숟가락
- ☐ 깨 1숟가락

## 부추양파절임

1. 양파 1/2개는 끝을 잘라내고 최대한 얇게 채 썰고, 부추 1줌(15~20줄)은 양파 길이에 맞춰 잘라주세요.

2. 물 2숟가락, 식초 2숟가락, 진간장 2숟가락, 올리고당 1숟가락, 연겨자 0.5숟가락을 겨자가 풀어지도록 섞어서 소스를 만들어주세요.

3. 접시에 채 썬 양파와 부추를 담고 먹기 직전에 겨자 소스를 부어주세요.

● 먹기 직전에 소스를 부어야 부추의 숨이 죽지 않아요.

## 부추절이

1. 양파 1/2개는 끝을 잘라내고 최대한 얇게 채 썰고, 부추 1줌(15~20줄)은 양파 길이에 맞춰 잘라주세요.

2. 멸치액젓 3숟가락, 고춧가루 2숟가락, 설탕 0.5숟가락, 다진 마늘 0.5숟가락, 매실액 1숟가락을 섞어서 양념장을 만들어주세요.

3. 부추와 채 썬 양파에 양념장을 넣고 살살 버무린 후 깨 1숟가락을 뿌려서 섞어주세요.

 볶음 & 전

## 부추표고버섯 볶음

- ⏱ 10분
- ❄ 냉장 2일

**주재료**
- 부추 1줌(15~20줄)

**부재료**
- 표고버섯 2~3개
- 양파 1/2개
- 대파 1/3대
- 홍고추 1개
- 식용유 1숟가락
- 소금 2꼬집
- 진간장 1숟가락
- 다진 마늘 0.5숟가락
- 참기름 1숟가락
- 깨 1숟가락

## 부추전

- ⏱ 15분
- ❄ 냉장 2일

**주재료**
- 부추 2줌(30~40줄)

**부재료**
- 양파 1/4개
- 청양고추 1개
- 홍고추 1개
- 부침가루 5숟가락
- 감자전분 1숟가락
- 물 10숟가락
- 소금 2꼬집
- 식용유 3숟가락

## 부추표고버섯볶음

1. 표고버섯은 갓과 대를 분리한 후 0.3cm 두께로 편 썰어주세요. 부추는 5cm 길이로 자르고, 양파는 채썰기, 대파 1/3대, 홍고추 1개는 송송 썰어주세요.

2. 팬에 식용유 1숟가락을 두르고 송송 썬 대파를 먼저 볶다가 편 썬 표고버섯, 채 썬 양파, 소금 2꼬집을 넣고 볶아주세요.

3. 진간장 1숟가락, 다진 마늘 0.5숟가락, 참기름 1숟가락을 넣고 양념이 골고루 섞이도록 볶아주세요.

4. 부추와 송송 썬 홍고추를 넣고 볶은 후 깨 1숟가락을 뿌려주세요.

**tip** 표고버섯은 키친타월로 톡톡 두드려 닦아줍니다.

## 부추전

1. 부추 2줌(30~40줄)은 5cm 길이로 잘라주세요. 양파 1/4개는 가늘게 채 썰고, 청양고추 1개, 홍고추 1개는 얇게 어슷썰기를 해주세요.

2. 부침가루 5숟가락, 감자전분 1숟가락, 물 10숟가락을 골고루 섞어서 반죽을 만들어주세요.

   💬 감자전분이 없다면 부침가루 1숟가락을 더 넣어주세요.

3. 반죽에 부추, 채 썬 양파, 어슷 썬 청양고추, 홍고추, 소금 2꼬집을 넣고 골고루 섞어주세요.

4. 팬에 식용유 3숟가락을 두르고 예열한 후 반죽을 한 국자 올려 넓게 펼치고 약불로 구워주세요.

   💬 부추전 크기는 취향껏 조절하세요.

213

샐러드 & 부침

# 부추해물 샐러드

- 15분
- 당일

**주재료**
- 부추 1줌(15~20줄)
- 해물모둠 100g
- 자숙새우 6마리

**부재료**
- 양파 1/4개
- 방울토마토 4개
- 식초 2숟가락
- 진간장 1숟가락
- 설탕 0.5숟가락
- 소금 1꼬집
- 후춧가루 조금
- 통깨 1숟가락

# 부추오믈렛

- 10분
- 당일

**주재료**
- 부추 1줌(15~20줄)
- 달걀 2개

**부재료**
- 방울토마토 3~4개
- 양파 1/4개
- 당근 1/4개
- 우유 2숟가락
- 소금 0.5숟가락
- 식용유 1숟가락
- 체다치즈 1장

## 부추해물샐러드

1. 해물모둠 100g, 자숙새우 6마리를 끓는 물에 데쳐 물기를 빼주세요.
2. 부추 1줌(15~20줄)은 3cm 길이로 자르고, 양파 1/4개는 가늘게 채 썰고, 방울토마토 4개는 반으로 잘라주세요.
3. 식초 2숟가락, 진간장 1숟가락, 설탕 0.5숟가락, 소금 1꼬집, 후춧가루 조금 섞어서 소스를 만들어주세요.

4. 볼에 부추, 채 썬 양파, 방울토마토, 데친 해물모둠, 새우를 담고 소스를 뿌려 골고루 섞은 후 통깨 1숟가락을 뿌려주세요.

## 부추오믈렛

1. 부추 1줌(15~20줄)은 1cm 길이로 썰고, 방울토마토 3~4개는 4등분해주세요.
2. 양파 1/4개, 당근 1/4개는 다져주세요.
3. 달걀 2개, 우유 2숟가락에 소금 0.5숟가락을 넣고 풀어주세요.

4. 달걀물에 부추, 방울토마토, 다진 양파, 당근을 넣고 섞어주세요.
5. 팬에 식용유 1숟가락을 두르고 약불에 예열한 후 달걀물을 부어 저어가면서 구워주세요.
6. 달걀이 1/3 정도 익으면 한쪽으로 밀어 오믈렛 모양을 잡아가며 구운 다음 체다치즈 1장을 올려주세요.

# Broccoli
## 브로콜리

| | |
|---|---|
| **제철시기** | 10~12월 |
| **장보기 노하우** | 송이의 녹색빛이 균일하고 단단한 것, 중앙이 볼록하게 올라온 브로콜리를 고릅니다. |
| **보관법** | 위생팩에 넣어 냉장 보관합니다. |
| **손질법** | 식초 1술가락을 섞은 물에 거꾸로 담가 송이를 흔들어 이물질을 빼줍니다. 송이와 대를 잘라서 끓는 물에 소금을 조금 섞어 데친 후 찬물에 헹굽니다. |

**절임**

# 브로콜리 파프리카피클

- 15분
- 냉장 7일 이상

**주재료**
- 브로콜리 1송이
- 빨강 파프리카 1/2개
- 노랑 파프리카 1/2개

**부재료**
- 물 1컵
- 양조식초 0.5컵
- 설탕 0.5컵
- 소금 0.5숟가락
- 월계수잎 2장
- 피클링스파이스 1숟가락

**1.** 브로콜리 1송이는 송이를 하나씩 떼어내 큰 송이는 2~4등분하고, 대는 3×4cm 크기로 썰어주세요. 빨간·노랑 파프리카는 3×4cm 크기로 썰어주세요.

**2.** 브로콜리는 끓는 물에 소금 0.5숟가락을 넣고 30초간 데친 후 찬물에 헹궈 물기를 빼주세요.

**3.** 물 1컵, 양조식초 0.5컵, 설탕 0.5컵, 소금 0.5숟가락, 월계수잎 2장, 피클링스파이스 1숟가락을 섞어서 끓인 후 한 김 식혀주세요.

**4.** 열탕 소독한 강화유리통에 브로콜리, 빨강·노랑 파프리카를 번갈아 담은 후 식힌 양념물을 부어주세요.

💬 뚜껑을 닫고 하루 동안 실온에 두었다가 냉장 보관해주세요.

무침 & 샐러드

# 브로콜리 들깨마요무침

- 15분
- 냉장 3일

**주재료**
- 브로콜리 1송이

**부재료**
- 소금 1.3숟가락
- 마요네즈 1.5숟가락
- 올리고당 1숟가락
- 들깻가루 1숟가락

# 브로콜리 두부샐러드

- 15분
- 냉장 3일

**주재료**
- 브로콜리 1/2송이
- 두부 1모

**부재료**
- 소금 1.1숟가락
- 빨강 파프리카 1/2개
- 노랑 파프리카 1/2개
- 들기름 1숟가락
- 다진 마늘 0.3숟가락
- 깨 1숟가락

**1.** 브로콜리 1송이는 송이를 하나씩 떼어내 큰 송이는 2~4등분하고, 대는 3×4cm 크기로 잘라주세요.

**2.** 브로콜리를 끓는 물에 소금 1숟가락을 넣고 1분간 데친 후 찬물에 헹궈 물기를 빼주세요.

**3.** 마요네즈 1.5숟가락, 소금 0.3숟가락, 올리고당 1숟가락, 들깻가루 1숟가락을 골고루 섞어 소스를 만들어주세요.

**4.** 데친 브로콜리에 들깨마요 소스를 골고루 버무려주세요.

• tip •

참기름 2숟가락, 다진 마늘 0.3숟가락, (검은)깨 1숟가락, 매실청 1숟가락, 소금 0.1숟가락을 골고루 섞어 참깨 소스를 만들어 무치면 브로콜리참깨무침이 됩니다.

**1.** 두부 1모는 끓는 물에 소금 1숟가락을 넣고 2분간 데친 후 건져서 키친타월에 올려 물기를 빼주세요.(두부의 수분을 빼는 과정이에요.)

**2.** 브로콜리 1/2송이는 송이와 대를 잘라서 끓는 물에 2분간 데친 후 찬물에 헹구고 물기를 빼주세요.

**3.** 빨강·노랑 파프리카 각 1/2개는 씨를 제거하고 1.5×1.5cm 크기로 썰어주세요.

**4.** 데친 두부를 잘게 으깬 후 소금 0.1숟가락, 들기름 1숟가락, 다진 마늘 0.3숟가락을 넣고 골고루 섞어주세요.

**5.** 4의 두부에 데친 브로콜리, 빨강·노랑 파프리카를 넣고 골고루 섞은 후 깨 1숟가락을 뿌려주세요. 깨를 으깨서 뿌리면 더욱 고소해요.

• tip •

데친 브로콜리는 소금 1숟가락, 고추장 1숟가락, 설탕 1숟가락, 식초 2숟가락, 다진 마늘 0.3숟가락, 깨 0.5숟가락을 섞어 만든 초고추장에 찍어 먹어도 맛있어요.

볶음 & 구이

# 브로콜리 새우볶음

- ⏱ 20분
- ❄ 냉장 3일

**주재료**
- 브로콜리 1송이
- 작은 새우 적당량

**부재료**
- 당근 1/5개
- 소금 1.1숟가락
- 식용유 1숟가락
- 참기름 1숟가락
- 깨 1숟가락

# 브로콜리 치즈구이(전)

- ⏱ 30분
- ❄ 당일

**주재료**
- 브로콜리 1/2송이
- 체다치즈 적당량

**부재료**
- 소금 1숟가락+1꼬집
- 양파 1/4개
- 홍고추 1개
- 부침가루 3숟가락
- 달걀 1개
- 식용유 2숟가락

1. 브로콜리 1송이는 송이를 하나씩 떼어내 큰 송이는 2~4등분하고, 대는 3×4cm 크기로 잘라주세요. 당근 1/5개는 3×4×0.3cm 크기로 편 썰어주세요.

2. 브로콜리를 끓는 물에 소금 1숟가락을 넣고 1분간 데친 후 찬물에 헹구고 물기를 빼주세요.

3. 작은 새우는 내장을 제거하고 끓는 물에 데친 후 물기를 빼주세요.

4. 팬에 식용유 1숟가락을 두르고 예열 후 편 썬 당근을 살짝 볶아주세요.

5. 데친 브로콜리, 소금 0.1숟가락을 넣고 함께 볶아주세요.

6. 데친 새우를 넣고 볶은 후 참기름 1숟가락, 깨 1숟가락을 골고루 섞어주세요.

1. 브로콜리 1/2송이는 송이를 떼어내서 끓는 물에 소금 1숟가락을 넣고 1분간 데친 후 찬물에 헹구고 물기를 빼주세요.

2. 데친 브로콜리, 양파 1/4개, 홍고추 1개는 잘게 썰어주세요.

💬 0.3cm 크기로 다지면 됩니다.

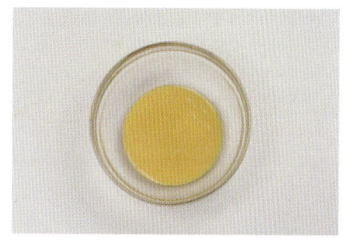

3. 부침가루 3숟가락, 달걀 1개, 소금 1꼬집을 골고루 섞어 반죽을 만들어주세요.

4. 잘게 썬 브로콜리, 양파, 홍고추를 반죽에 넣고 골고루 섞어주세요.

5. 팬에 식용유 2숟가락을 두르고 예열 후 약불에 반죽을 1숟가락씩 동그랗게 올려 천천히 앞뒤로 부쳐주세요.

6. 체다치즈를 4등분해서 뒤집어놓은 브로콜리전 위에 올리고 뚜껑을 덮어 녹여주세요.

💬 체다치즈 1장이 부침개 4개 분량입니다. 브로콜리전 개수에 맞춰 준비해주세요.

*Green bean sprouts*

## 숙주

| | |
|---|---|
| **제철시기** | 연중 |
| **장보기 노하우** | 줄기가 굵고 포장지 속에 수분이 생기지 않은 숙주를 고릅니다. |
| **보관법** | 숙주는 빨리 상하니 가능한 모두 요리하고, 남은 것은 밀봉해서 냉장 보관합니다. |
| **손질법** | 흐르는 물에 여러 번 씻고, 깔끔하게 조리하려면 꼬리 또는 대가리와 꼬리 모두 떼어냅니다. |

찜

# 숙주채소찜

- ⏱ 20분
- ❄ 당일

**주재료**
- 숙주 150g

**부재료**
- 애호박 1/2개
- 당근 1/3개
- 미니 단호박 1/2개
- 느타리버섯 50g
- 방울토마토 4개
- 알배추 작은 잎 5장
- 청경채 2대
- 물 500ml
- 멸치액젓 1숟가락
- 진간장 1숟가락
- 올리고당 1숟가락
- 연겨자 0.5숟가락

1. 애호박 1/2개, 당근 1/3개는 0.3cm 두께로 반달썰기, 껍질을 깨끗이 씻은 미니 단호박 1/2개는 속을 파낸 후 반달썰기를 해주세요.

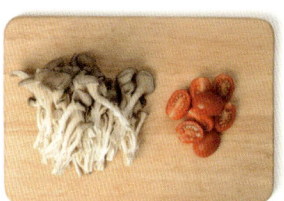

2. 느타리버섯 50g은 길게 반으로 찢고, 방울토마토 4개는 반으로 잘라주세요.

3. 알배추 작은 잎 5장, 청경채 2대는 밑동을 잘라냅니다.

4. 찜기에 숙주 150g을 펼치고, 손질한 알배추, 애호박, 느타리버섯, 당근, 단호박, 방울토마토를 올립니다. 찜냄비에 물 500ml를 붓고 멸치액젓 1숟가락을 넣어 끓으면 찜기를 올려 10분간 쪄주세요.

5. 진간장 1숟가락, 올리고당 1숟가락, 연겨자 0.5숟가락을 섞어 소스를 만들고 채소찜을 찍어 먹어요.

무침

# 닭고기숙주 겨자무침

- 20분
- 냉장 3일

**주재료**
- 숙주 150g

**부재료**
- 소금 0.7숟가락
- 닭안심 또는 닭가슴살 100g
- 대파 15cm
- 당근 1/4개
- 연겨자 0.5숟가락
- 식초 3숟가락
- 설탕 1숟가락
- 다진 마늘 0.3숟가락
- 깨 1숟가락

# 숙주무침

- 10분
- 냉장 3일

**주재료**
- 숙주 150g

**부재료**
- 소금 0.7숟가락
- 대파 10cm
- 다진 마늘 0.3숟가락
- 참기름 1.5숟가락
- 깨 1숟가락

## 닭고기숙주겨자무침

1. 끓는 물에 소금 0.5숟가락을 넣고 숙주 150g을 뚜껑을 덮어서 1분간 데친 후 찬물에 헹구고 물기를 빼주세요.
2. 닭안심 또는 닭가슴살 100g을 삶아서 가늘게 찢어주세요.
3. 대파 15cm는 길게 4등분해서 잘게 다지고, 당근 1/4개는 얇게 채 썰어주세요.

4. 연겨자 0.5숟가락, 식초 3숟가락, 설탕 1숟가락, 다진 마늘 0.3숟가락, 소금 0.2숟가락을 겨자가 풀어지도록 섞어서 겨자 소스를 만들어주세요.
5. 볼에 잘게 찢은 닭고기, 채 썬 당근, 다진 대파를 담고 겨자 소스를 뿌려서 골고루 무쳐주세요.
6. 깨 1숟가락을 뿌려주세요.

## 숙주무침

1. 끓는 물에 소금 0.5숟가락을 넣고 숙주 150g을 뚜껑을 덮어서 1분간 데친 후 찬물에 헹구고 물기를 빼주세요.
2. 대파 10cm는 길게 4등분해서 잘게 다져주세요.
3. 데친 숙주에 다진 마늘 0.3숟가락, 소금 0.2숟가락, 참기름 1.5숟가락을 넣고 버무려주세요.

4. 다진 대파와 깨 1숟가락을 넣고 골고루 무쳐주세요.

**볶음**

# 숙주베이컨 볶음

- 15분
- 당일

**주재료**
- 숙주 150g

**부재료**
- 베이컨 5장
- 대파 1/3대
- 청양고추 1개
- 홍고추 1개
- 식용유 1숟가락
- 다진 마늘 0.5숟가락
- 소금 2꼬집
- 굴소스 0.5숟가락
- 깨 0.5숟가락

# 숙주소고기 볶음

- 15분
- 냉장 2일

**주재료**
- 숙주 150g

**부재료**
- 대파 1/3대
- 불고기용 소고기 150g
- 식용유 1숟가락
- 소금 2꼬집
- 다진 마늘 0.5숟가락
- 굴소스 0.5숟가락
- 후춧가루 조금
- 깨 0.5숟가락

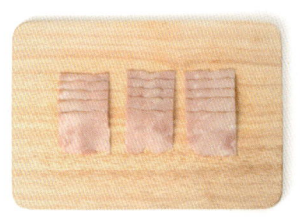  

**1.** 베이컨 5장을 5cm 크기로 썰어주세요.
💬 짧은 베이컨은 7~8장을 사용합니다.

**2.** 대파 1/3대, 청양고추 1개, 홍고추 1개를 송송 썰어주세요.

**3.** 팬에 식용유 1숟가락을 두르고 다진 마늘 0.5숟가락, 송송 썬 대파를 먼저 볶아주세요.

**4.** 씻어서 물기를 뺀 숙주 150g, 베이컨, 소금 2꼬집을 넣고 중불에 골고루 볶아주세요.

**5.** 숙주 숨이 살짝 죽으면 굴소스 0.5숟가락을 넣고 골고루 볶아주세요.

**6.** 송송 썬 청양고추, 홍고추를 넣고 살짝 볶은 후 깨 0.5숟가락을 뿌려주세요.

**1.** 숙주 150g을 깨끗이 씻어서 물기를 빼주세요.

**2.** 대파 1/3대는 송송 썰고, 불고기용 소고기 150g은 3cm 크기로 썰어주세요.

**3.** 팬에 식용유 1숟가락을 두르고 소고기를 소금 2꼬집을 뿌려서 골고루 볶아주세요.

**4.** 숙주를 넣고 골고루 볶은 후 뚜껑을 덮고 2분간 익혀주세요.

**5.** 다진 마늘 0.5숟가락, 굴소스 0.5숟가락, 후춧가루 조금 넣고 골고루 볶아주세요.

**6.** 송송 썬 대파를 넣고 골고루 볶은 후 깨 0.5숟가락을 뿌려주세요.

*볶음*

# 숙주잡채

- 15분
- 냉장 2일

**주재료**
- 숙주 150g

**부재료**
- 불고기용 소고기 150g
- 진간장 1숟가락
- 설탕 0.5숟가락
- 다진 마늘 0.5숟가락
- 후춧가루 조금
- 당근 1/3개
- 새송이버섯 1개
- 피망 1/2개
- 양파 1/4개
- 대파 1/2대
- 식용유 1숟가락
- 소금 1꼬집
- 후춧가루 조금
- 참기름 1숟가락
- 깨 1숟가락

**1.** 소고기를 5cm 길이로 썰고, 진간장 1숟가락, 설탕 0.5숟가락, 다진 마늘 0.5숟가락, 후춧가루를 넣고 버무려주세요.

**2.** 당근 1/3개, 새송이버섯 1개, 피망 1/2개, 양파 1/4개는 채썰기, 대파 1/2대는 송송 썰어주세요.

**3.** 팬에 식용유 1숟가락을 두르고 송송 썬 대파, 채 썬 당근, 양파를 먼저 볶아주세요.

**4.** 양념한 소고기와 채 썬 새송이버섯을 넣고 골고루 볶아주세요.

**5.** 숙주 150g, 채 썬 피망, 소금 1꼬집, 후춧가루 조금 넣어 골고루 볶아주세요.

**6.** 참기름 1숟가락을 골고루 섞은 후 불을 끄고 깨 1숟가락을 뿌려주세요.

# Spinach

# 시금치

| | |
|---|---|
| 제철시기 | 섬초 7~10월, 남해초·포항초 11~3월 |
| 장보기 노하우 | 잎이 두껍고 줄기가 단단한 시금치를 고릅니다. 뿌리 부분이 붉은색을 띈 시금치가 달고 맛있습니다. |
| 보관법 | 신문지 또는 키친타월로 감싸 위생팩에 넣어 냉장 보관합니다. 오래 보관할 때는 끓는 물에 데쳐 물기를 짠 후 냉동 보관합니다. |
| 손질법 | 상한 잎은 떼어내고 뿌리는 끝부분만 살짝 자릅니다. 줄기 끝의 붉은 부분에 비타민이 많으므로 잘라내지 않고 칼집을 넣어 사용합니다. |

무침

# 시금치무침

- 10분
- 냉장 3일

**주재료**
- 시금치 200g

**부재료**
- 대파 10cm(흰 부분)
- 소금 0.5숟가락
- 참기름 1숟가락
- 다진 마늘 0.3숟가락
- 꽃소금 2~3꼬집
- 깨 1숟가락

# 시금치된장무침

- 10분
- 냉장 3일

**주재료**
- 시금치 200g

**부재료**
- 대파 10cm(흰 부분)
- 소금 0.5숟가락
- 다진 마늘 0.5숟가락
- 된장 1숟가락
- 고추장 0.5숟가락
- 참기름 1숟가락
- 깨 2숟가락

## 시금치무침

1. 시금치 200g은 뿌리를 잘라내고 물에 3~4회 깨끗이 씻어주세요.
2. 대파 10cm(흰 부분)는 길게 4등분한 후 다져주세요.
3. 끓는 물에 소금 0.5숟가락을 넣고 시금치를 30초간 데쳐주세요.
   💬 긴 시금치는 반으로 자른 후 데쳐주세요.

4. 데친 시금치를 찬물에 헹구고 물기를 꽉 짜주세요.
5. 데친 시금치에 참기름 1숟가락, 다진 마늘 0.3숟가락, 꽃소금 2~3꼬집, 다진 대파를 넣고 골고루 버무린 후 깨 1숟가락을 뿌려 섞어주세요.

## 시금치된장무침

1. 시금치 200g은 뿌리를 잘라내고 물에 3~4회 깨끗이 씻어주세요.
2. 대파 10cm(흰 부분)는 길게 4등분한 후 다져주세요.
3. 끓는 물에 소금 0.5숟가락을 넣고 시금치를 30초간 데쳐주세요.

4. 데친 시금치를 찬물에 헹구고 물기를 꽉 짜주세요.
5. 다진 대파, 다진 마늘 0.5숟가락, 된장 1숟가락, 고추장 0.5숟가락, 참기름 1숟가락, 깨 1숟가락을 섞어 양념장을 만들어주세요.
6. 데친 시금치에 양념장을 골고루 무친 후 깨 1숟가락을 뿌려 섞어주세요.

231

볶음 & 샐러드

## 시금치해물볶음

- 15분
- 당일

**주재료**
- 시금치 100g(2줌)
- 냉동 모둠해물 200g(1컵)

**부재료**
- 양파 1/4개
- 방울토마토 4개
- 달걀 2개
- 소금 3꼬집
- 식용유 1.5숟가락
- 다진 마늘 0.3숟가락
- 진간장 1숟가락
- 굴소스 0.5숟가락
- 후춧가루 조금

## 시금치샐러드

- 15분
- 당일

**주재료**
- 시금치 100g(2줌)

**부재료**
- 삶은 달걀 2개
- 사과 1/4개
- 방울토마토 5개
- 베이컨 3줄
- 체다치즈 1장
- 올리브오일 1숟가락
- 식초 1숟가락
- 올리고당 1숟가락
- 진간장 1숟가락

## 시금치해물볶음

1. 시금치는 뿌리를 잘라내고 깨끗이 씻어서 반으로 잘라주세요. 양파는 채 썰고, 방울토마토는 반으로 자릅니다. 모둠해물은 끓는 물에 데치고 물기를 빼주세요.

2. 볼에 달걀 2개를 풀고 소금 1꼬집을 섞어주세요.

3. 팬에 식용유 1숟가락을 두르고 중불에 다진 마늘 0.3숟가락, 채 썬 양파, 데친 모둠해물을 볶다가 진간장 1숟가락, 굴소스 0.5숟가락을 넣고 볶아주세요.

4. 시금치와 방울토마토, 소금 2꼬집, 후춧가루 조금 뿌려 한 번 더 볶아주세요.

5. 약불로 줄여서 볶은 재료를 팬 가장자리로 밀어낸 후 가운데 식용유 0.5숟가락을 두르고 달걀물을 부어서 저어가며 익힌 후 섞어주세요.

## 시금치샐러드

1. 삶은 달걀은 4등분, 사과는 깍둑썰기, 방울토마토는 2등분해주세요. 시금치는 3cm 길이로 자르고, 베이컨은 3cm 두께로 썰어서 볶은 후 기름기를 빼주세요.

2. 접시에 시금치, 삶은 달걀, 깍둑 썬 사과, 방울토마토, 볶은 베이컨을 골고루 올려주세요.

3. 체다치즈를 반으로 자른 후 0.5cm 두께로 길게 잘라 골고루 올려주세요.

 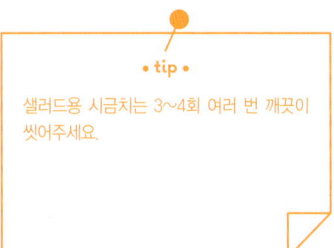

4. 올리브오일 1숟가락, 식초 1숟가락, 올리고당 1숟가락, 진간장 1숟가락을 섞어 드레싱을 만들어 샐러드에 뿌려 먹어요.

● 시판 드레싱을 사용해도 됩니다.

• tip •
샐러드용 시금치는 3~4회 여러 번 깨끗이 씻어주세요.

### 한 그릇 요리

# 시금치프리타타

⏱ 15분
❄ 당일

**주재료**
- 시금치 100g(2줌)

**부재료**
- 냉동 모둠해물 100g(1/2컵)
- 방울토마토 5개
- 양파 1/4개
- 식용유 1숟가락
- 소금 2꼬집
- 달걀 2개
- 체다치즈 1장

**1.** 모둠해물은 끓는 물에 데친 후 물기를 빼주세요. 시금치와 방울토마토는 반으로 자르고, 양파는 가늘게 채 썰어주세요.

**2.** 팬에 식용유 1숟가락을 두르고 중불에 채 썬 양파, 모둠해물, 방울토마토, 시금치를 볶다가 소금 2꼬집을 뿌려서 골고루 섞어주세요.

• tip •
모둠해물 대신 베이컨 2~3줄 또는 소시지를 잘라서 볶아도 됩니다.

**3.** 전자레인지 용기에 볶은 재료를 모두 담고 달걀 2개를 풀어서 부어주세요.

**4.** 전자레인지용 뚜껑 또는 랩을 덮고 3분 간 돌린 후 체다치즈 1장을 0.5cm 두께로 길게 잘라 올려서 10초간 더 돌려주세요.

# Burdock

## 우엉

| | |
|---|---|
| **제철시기** | 1~3월 |
| **장보기 노하우** | 너무 얇지 않고 일정한 굵기의 우엉을 고릅니다. 껍질이 얇고 상처가 나지 않고 잘린 단면이 깔끔한 것이 좋습니다. |
| **보관법** | 보관할 공간에 맞춰 자른 후 신문지 또는 키친타월로 감싸 위생팩에 넣어 냉장고 채소칸에 보관합니다. |
| **손질법** | 흐르는 물에 흙을 닦아내고 칼등 또는 필러로 껍질을 벗겨냅니다. 갈변되지 않도록 식초 섞은 물에 담갔다 요리합니다. 연근과 마찬가지로 손이 끈적거릴 수 있으니 위생장갑을 끼고 손질합니다. |

> 조림 & 볶음

# 우엉조림

- 15분
- 냉장 7일

**주재료**
- 우엉 300g

**부재료**
- 식초 1숟가락
- 식용유 2숟가락
- 물 150ml
- 다진 마늘 0.5숟가락
- 진간장 7숟가락
- 흑설탕 2숟가락
- 물엿 2숟가락
- 올리고당 1숟가락
- 깨 1숟가락

# 우엉잡채

- 20분
- 냉장 2일

**주재료**
- 우엉 200g

**부재료**
- 식초 1숟가락
- 빨강 파프리카 1/2개
- 노랑 파프리카 1/2개
- 오이고추 3개
- 표고버섯 4개
- 식용유 1숟가락
- 물 150ml
- 진간장 3숟가락
- 흑설탕(또는 설탕) 1숟가락
- 다진 마늘 0.5숟가락
- 깨 1숟가락

**우엉조림**

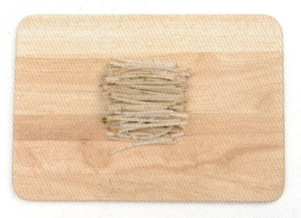
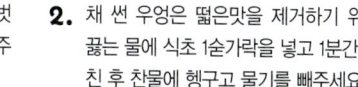

1. 우엉 300g은 위생장갑을 끼고 껍질을 벗긴 후 7.5~10cm 길이로 채썰기를 해주세요.

   💬 어슷썰기 후 채를 썰면 빠르고 편리합니다.

2. 채 썬 우엉은 떫은맛을 제거하기 위해 끓는 물에 식초 1숟가락을 넣고 1분간 데친 후 찬물에 헹구고 물기를 빼주세요.

3. 팬에 식용유 2숟가락을 두르고 물기 뺀 우엉을 1분간 볶아주세요.

4. 물 150ml, 다진 마늘 0.5숟가락, 진간장 7숟가락, 흑설탕 2숟가락, 물엿 2숟가락을 넣고 센 불에 끓여주세요.

   💬 흑설탕을 넣으면 먹음직스러운 색을 내고, 물엿을 넣으면 조리는 시간이 단축됩니다.

5. 양념이 졸여지면 불을 끄고 올리고당 1숟가락, 깨 1숟가락을 골고루 섞어주세요.

**우엉잡채**

1. 우엉 200g은 위생장갑을 끼고 껍질을 벗긴 후 10~12cm 길이로 채썰기를 해주세요.

   💬 손질된 우엉채를 사면 요리하기 편해요.

2. 채 썬 우엉은 떫은맛을 제거하기 위해 끓는 물에 식초 1숟가락을 넣고 1분간 데친 후 찬물에 헹구고 물기를 빼주세요.

3. 빨강·노랑 파프리카 각 1/2개, 오이고추 3개, 표고버섯 4개는 채썰기를 해주세요.

4. 팬에 식용유 1숟가락을 두르고 데친 우엉채를 1분간 볶다가 물 150ml, 진간장 3숟가락, 흑설탕(또는 설탕) 1숟가락, 다진 마늘 0.5숟가락을 넣고 양념이 끓으면 중불에 조려주세요.

5. 채 썬 표고버섯, 파프리카, 오이고추를 소금 1꼬집을 넣고 각각 따로 볶아주세요.

6. 조린 우엉을 넣고 함께 볶은 후 깨 1숟가락을 뿌려주세요.

무침

## 우엉고추장 무침

- 15분
- 냉장 7일

**주재료**
- 우엉 2대

**부재료**
- 식초 1숟가락
- 소금 0.5숟가락
- 고추장 1숟가락
- 고춧가루 0.5숟가락
- 다진 마늘 0.5숟가락
- 식초 2숟가락
- 올리고당 2숟가락
- 깨 1숟가락

## 우엉깨소스 무침

- 15분
- 냉장 5일

**주재료**
- 우엉 2대

**부재료**
- 식초 1숟가락
- 소금 0.5숟가락
- 플레인요거트 2숟가락
- 들깻가루 2숟가락
- 올리고당 2숟가락
- 소금 1꼬집
- 검은깨 1숟가락

## 우엉고추장무침

1. 우엉 2대는 껍질을 제거하고 어슷썰기를 한 후 채 썰어서 식초 1숟가락을 섞은 찬물에 담가주세요.

2. 채 썬 우엉은 끓는 물에 소금 0.5숟가락을 넣고 1분간 데친 후 키친타월에 올려 물기를 빼주세요.

3. 고추장 1숟가락, 고춧가루 0.5숟가락, 다진 마늘 0.5숟가락, 식초 2숟가락, 올리고당 2숟가락을 골고루 섞어 고추장 양념을 만들어주세요.

4. 우엉채에 고추장 양념을 골고루 버무린 후 깨 1숟가락을 골고루 섞어주세요.

## 우엉깨소스무침

1. 우엉 2대는 길게 반으로 잘라 0.3cm 두께로 어슷썰기를 한 후 식초 1숟가락을 섞은 찬물에 담가주세요.

2. 어슷 썬 우엉을 끓는 물에 소금 0.5숟가락을 넣고 2분간 데친 후 물기를 빼주세요.

3. 플레인요거트 2숟가락, 들깻가루 2숟가락, 올리고당 2숟가락, 소금 1꼬집을 골고루 섞어서 들깨 소스를 만들어주세요.

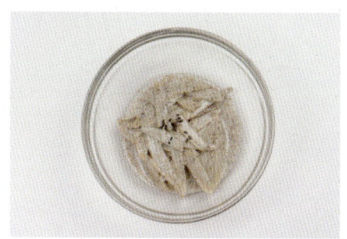

4. 우엉에 들깨 소스를 골고루 버무린 후 검은깨 1숟가락을 골고루 섞어주세요.

튀김 & 구이

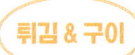

# 우엉튀김

15분
당일

**주재료**
- 우엉 100g

**부재료**
- 식초 1숟가락
- 튀김가루 2숟가락
- 소금 2꼬집

# 우엉찹쌀구이

20분
당일

**주재료**
- 우엉 2대

**부재료**
- 식초 1숟가락
- 소금 0.5숟가락+1꼬집
- 찹쌀가루 3숟가락
- 물 5숟가락
- 식용유 1숟가락
- 검은깨 조금

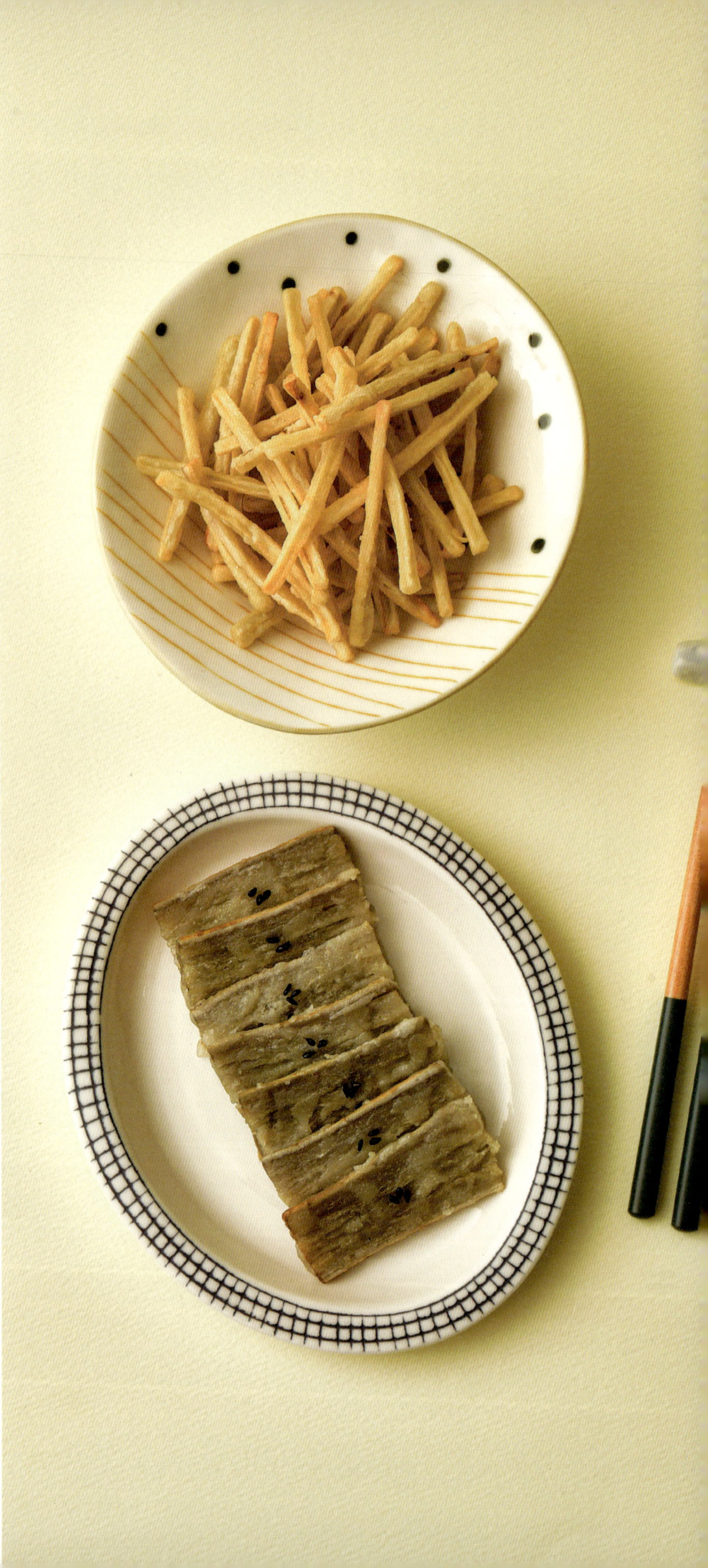

1. 우엉 100g은 위생장갑을 끼고 껍질을 벗긴 후 7~10cm 길이로 두껍게 채썰기를 해주세요.

2. 채 썬 우엉을 식초 1숟가락을 섞은 물에 10분간 담가 떫은맛을 제거한 후 찬물에 헹구고 물기를 털어주세요.
   💬 물기를 조금만 남겨주세요.

3. 튀김가루 2숟가락, 소금 2꼬집을 섞어서 우엉에 골고루 묻혀주세요.
   💬 위생팩에 한꺼번에 넣고 풍선처럼 부풀려서 흔들어주면 빠르고 편리합니다.

4. 170~180도로 예열된 기름에 우엉채를 튀겨주세요. 가스레인지를 사용할 경우 온도가 계속 올라가니 불 세기를 조절하며 튀깁니다.

5. 우엉튀김을 한 김 식힌 후 한 번 더 튀겨서 기름기를 빼주세요.
   💬 소금을 살짝 뿌려주세요.

1. 우엉 2대는 껍질을 제거하고 길게 반으로 잘라 5cm 길이로 자른 후 식초 1숟가락을 섞은 찬물에 담가주세요.

2. 우엉을 끓는 물에 소금 0.5숟가락을 넣어서 2분간 데친 후 찬물에 헹궈주세요.

3. 데친 우엉은 밀대로 밀어서 납작하게 펴주세요.

4. 찹쌀가루 3숟가락, 소금 1꼬집, 물 5숟가락을 골고루 섞어 납작하게 펼친 우엉에 골고루 묻혀주세요.

5. 팬에 식용유 1숟가락을 두르고 예열 후 약불에 우엉을 앞뒤로 노릇하게 구워주세요.

6. 우엉찹쌀구이 위에 검은깨를 뿌려주세요.

튀김

# 우엉강정

⏱ 20분
❄ 냉장 3일

**주재료**
- 우엉 2대

**부재료**
- 식초 1숟가락
- 소금 0.5숟가락
- 전분 1숟가락
- 진간장 2숟가락
- 물엿 2숟가락
- 물 50ml
- 깨 1숟가락

1. 우엉 2대는 껍질을 벗겨서 0.3cm 두께로 어슷썰기를 하고 끓는 물에 소금 0.5숟가락을 넣고 1분간 데친 후 물기를 제거해주세요.

2. 위생팩에 우엉, 전분 1숟가락을 넣고 흔들어 골고루 묻혀주세요.

3. 팬에 식용유를 넉넉하게 붓고 170도로 예열 후 우엉을 튀기고 키친타월에 올려 기름기를 빼주세요.

4. 팬에 진간장 2숟가락, 물엿 2숟가락, 물 50ml를 넣어 약불에 양념이 끓으면 튀긴 우엉을 넣고 조려주세요.

5. 깨 1숟가락을 뿌려주세요.

• tip •
우엉을 데치기 전에 식초 1숟가락을 섞은 물에 담가두면 떫은맛이 제거됩니다.

## 연근

*Lotus root*

| | |
|---|---|
| **제철시기** | 10~3월 |
| **장보기 노하우** | 굵기가 일정하고 상처가 나지 않은 연근을 고릅니다. 껍질을 벗긴 연근은 갈변을 막기 위해 약품 처리되었을 수 있으니 주의합니다. |
| **보관법** | 겉면에 묻은 흙을 털어내고 위생팩에 넣어 냉장 보관합니다. |
| **손질법** | 연근의 뮤신 성분으로 손이 끈적할 수 있으니 위생장갑을 끼고 껍질을 벗겨냅니다. 갈변 방지와 떫은맛 제거를 위해 식초 섞은 물에 담가두었다 조리합니다. |

조림

# 연근조림

- 15~25분
- 냉장 7일

**주재료**
- 연근 200g

**부재료**
- 물 80ml
- 식초 1숟가락
- 진간장 6숟가락
- 설탕 2숟가락(또는 물엿 7숟가락)
- 올리고당 2숟가락
- 깨 1숟가락

# 연근버섯조림

- 20분
- 냉장 5일

**주재료**
- 연근 200g
- 표고버섯 4개

**부재료**
- 당근 1/4개
- 식초 1숟가락
- 물 80ml
- 진간장 40ml
- 물엿 50ml
- 맛술 2숟가락
- 다진 마늘 0.5숟가락
- 검은깨 1숟가락

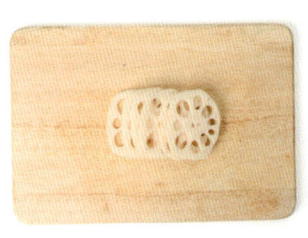  

1. 연근 200g은 껍질을 벗겨내고 0.3cm 두께로 동그랗게 썰어주세요.

2. 끓는 물에 식초 1숟가락(떫은맛 제거)을 넣어 연근을 1분간 데친 후 찬물에 헹구고 물기를 빼주세요.

3. 팬에 물 80ml, 진간장 6숟가락, 설탕 2숟가락(또는 물엿 7숟가락), 데친 연근을 넣고 끓여주세요.

설탕 대신 물엿을 사용하면 조리는 시간이 줄어듭니다.

4. 양념이 끓으면 중불로 줄이고 양념이 자작해질 때까지 졸이다 불을 끄고 올리고당 2숟가락, 깨 1숟가락을 골고루 섞어주세요.

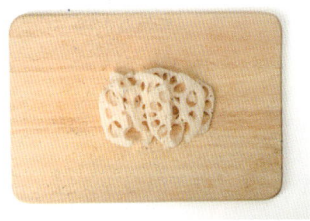  

1. 연근 200g은 껍질을 벗겨내고 0.3cm 두께로 반달썰기를 해주세요.

2. 표고버섯 4개, 당근 1/4개는 2cm 크기로 깍둑썰기를 해주세요.

3. 끓는 물에 식초 1숟가락(떫은맛 제거)을 넣어 연근을 1분간 데친 후 물에 헹구고 물기를 빼주세요.

4. 팬에 물 80ml, 진간장 40ml, 물엿 50ml, 맛술 2숟가락, 데친 연근을 넣고 끓여주세요. 양념이 끓으면 약불로 줄여서 10분간 졸여주세요.

5. 깍둑썰기한 표고버섯, 당근, 다진 마늘 0.5숟가락을 넣고 센 불에 3분간 골고루 섞어가며 조리고 검은깨 1숟가락을 넣어주세요.

245

전

## 연근카레전

- ⏱ 15분
- ❄ 냉장 3일

**주재료**
- ☐ 연근 200g
- ☐ 카레 가루 2숟가락

**부재료**
- ☐ 식초 1숟가락
- ☐ 튀김가루 1숟가락
- ☐ 달걀 2개
- ☐ 식용유 3~4숟가락

## 연근전

- ⏱ 20분
- ❄ 냉장 3일

**주재료**
- ☐ 연근 200g

**부재료**
- ☐ 식초 1숟가락
- ☐ 양파 1/8개
- ☐ 대파 1/8대
- ☐ 당근 1/8개
- ☐ 두부 80g
- ☐ 다진 돼지고기 120g
- ☐ 다진 마늘 0.5숟가락
- ☐ 소금 0.3숟가락
- ☐ 달걀 1개
- ☐ 부침가루 조금
- ☐ 식용유 3~4숟가락

1. 연근 200g은 껍질을 벗겨내고 0.3cm 두께로 동그랗게 썰어주세요.

2. 식초 1숟가락(떫은맛 제거)을 섞은 물에 연근을 10분 이상 담갔다 헹구고 키친타월로 물기를 닦아주세요.

3. 튀김가루 1숟가락, 카레 가루 2숟가락을 섞어서 연근에 골고루 묻힌 후, 달걀 2개를 풀어서 연근을 담가 달걀물을 입혀주세요.

4. 팬에 식용유 3~4숟가락을 두르고 예열한 후 중불에 연근을 천천히 앞뒤로 구워주세요.

1. 연근 200g은 껍질을 벗겨내고 0.5cm 두께로 동그랗게 썰어서 끓는 물에 식초 1숟가락(떫은맛 제거)을 넣고 1분간 데친 후 물기를 빼주세요.

2. 양파 1/8개, 대파 1/8대, 당근 1/8개는 다져주세요.

3. 두부 80g은 으깨서 물기를 뺀 후 다진 돼지고기 120g, 다진 양파, 대파, 당근, 다진 마늘 0.5숟가락, 소금 0.3숟가락을 넣고 골고루 섞어주세요.

4. 데친 연근 구멍에 3의 돼지고기 반죽을 꾹꾹 눌러 채워주세요.

5. 돼지고기 반죽을 채운 연근에 부침가루를 얇게 묻히고, 달걀 1개를 풀어서 달걀물을 입혀주세요.

6. 팬에 식용유 3~4숟가락을 두르고 약불에 연근전을 앞뒤로 부쳐주세요.

● 약불에 천천히 구워야 노릇노릇 예쁘게 잘 구워집니다.

샐러드 & 절임

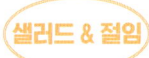

# 참깨소스 연근샐러드

15분

냉장 3일

**주재료**

- 연근 200g

**부재료**

- 식초 1숟가락
- 플레인요거트 1통(85g)
- 참깨 3숟가락
- 올리고당 2숟가락
- 식초 1숟가락
- 소금 1꼬집
- 검은깨 1숟가락

# 연근피클

25분

냉장 30일

**주재료**

- 연근 150g

**부재료**

- 식초 1숟가락
- 물 100ml
- 양조식초 50ml
- 설탕 50ml
- 소금 0.3숟가락
- 월계수잎 2장

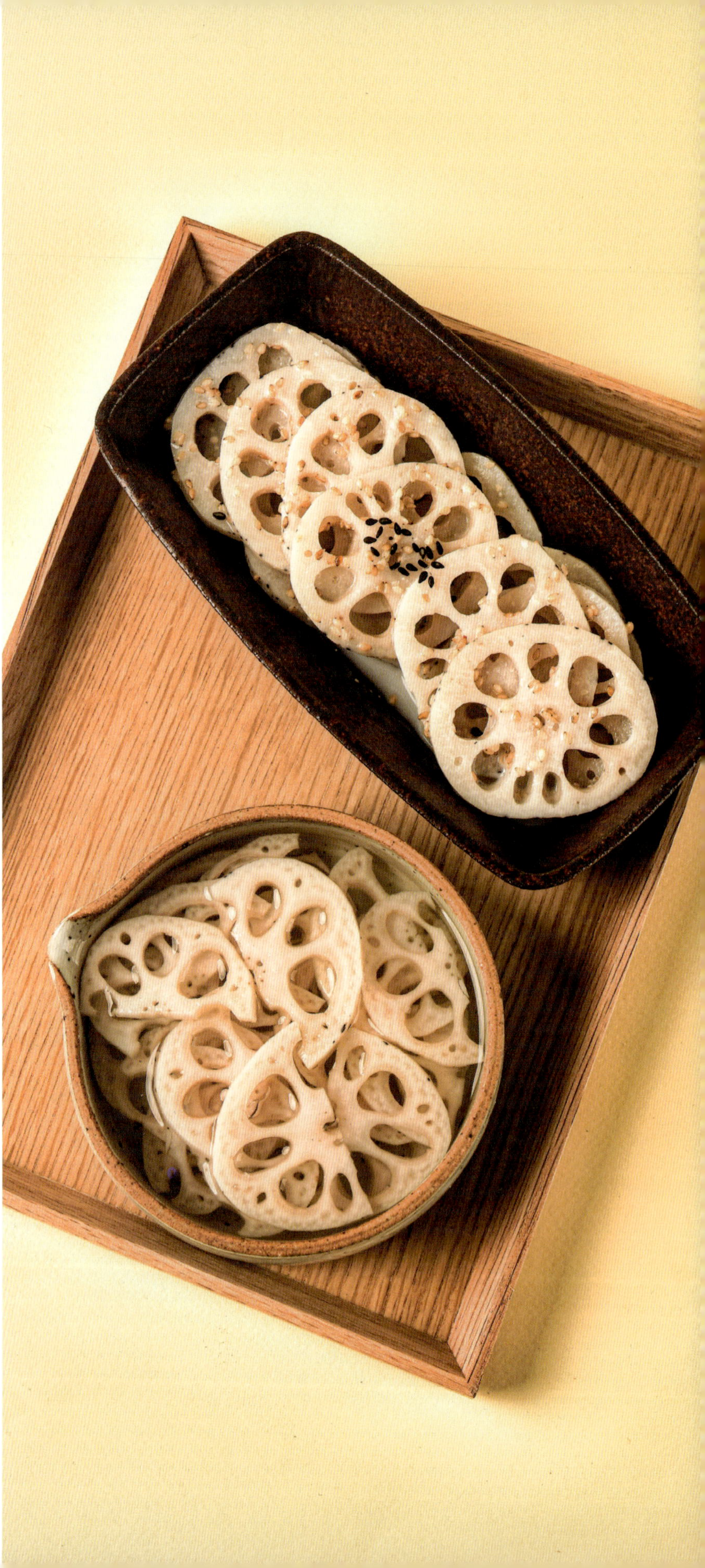

1. 연근 200g은 껍질을 벗겨내고 0.3cm 두께로 썰어주세요.

2. 끓는 물에 식초 1숟가락(떫은맛 제거)을 넣고 연근을 5분간 데친 후 찬물에 헹구고 물기를 빼주세요.

3. 플레인요거트 1통(85g), 참깨 3숟가락, 올리고당 2숟가락, 식초 1숟가락, 소금 1꼬집을 믹서에 갈아 참깨 소스를 만들어주세요.

💬 믹서가 없을 경우 참깨를 으깨서 섞으면 됩니다.

4. 물기 뺀 연근에 참깨 소스를 버무려주세요.

5. 검은깨 1숟가락을 뿌려주세요.

1. 연근 150g은 껍질을 벗겨내고 0.3cm 두께로 반달썰기를 해주세요.

2. 끓는 물에 식초 1숟가락(떫은맛 제거)을 넣고 연근을 5분간 데친 후 찬물에 헹구고 물기를 빼주세요.

3. 냄비에 물 100ml, 양조식초 50ml, 설탕 50ml, 소금 0.3숟가락, 월계수잎 2장을 넣고 끓여서 소스를 만들어주세요.

4. 열탕 소독한 강화유리통에 데친 연근을 담고 소스를 부어서 한 김 식힌 후 뚜껑을 덮어주세요.

💬 하루 동안 실온에 두었다 냉장 보관해주세요.

튀김

# 연근튀김

⏱ 20분
❄ 당일

**주재료**
- 연근 200g

**부재료**
- 식초 1숟가락
- 튀김가루 45ml
- 물 30ml

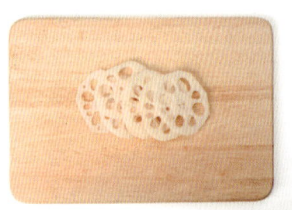

1. 연근 200g은 껍질을 벗겨내고 0.2cm 두께로 동그랗게 썰어주세요.

2. 식초 1숟가락(떫은맛 제거)을 섞은 물에 연근을 10분 이상 담갔다 헹구고 물기를 닦아주세요.

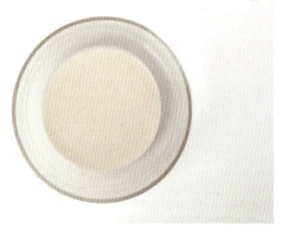

3. 튀김가루 45ml, 물 30ml를 섞어서 튀김 반죽을 만들어주세요.

4. 연근에 튀김가루를 얇게 묻히고 튀김반죽을 얇게 입혀주세요.

5. 예열한 식용유에 연근을 튀기고 체에 담아 기름기를 빼주세요.

💬 키친타월을 깔고 기름기를 빼면 튀김이 바삭하지 않고 눅눅해져요.

• tip •
튀김 온도는 170~180도가 적당합니다. 가스레인지를 이용할 경우 온도가 계속 올라가므로 타지 않게 불 세기를 조절해가며 튀겨야 합니다.

## 건어물

| | |
|---|---|
| **제철시기** | 연중 |
| **장보기 노하우** | 원산지, 상품 등급에 따라 가격이 다릅니다. 유통기한이 많이 남은 제품을 구입합니다. |
| **보관법** | 지퍼백 또는 위생팩에 소분하여 냉동 보관합니다. |
| **손질법** | 체에 걸러 부스러기를 털어냅니다. |

볶음

# 달콤멸치볶음

- 10분
- 냉장 7일

**주재료**
- 볶음용 멸치 2컵

**부재료**
- 식용유 3숟가락
- 다진 마늘 0.3숟가락
- 설탕 1숟가락
- 올리고당 2숟가락
- 깨 1숟가락

# 매콤멸치볶음

- 10분
- 냉장 10일

**주재료**
- 볶음용 잔멸치 1.5컵

**부재료**
- 청양고추 2개
- 고추장 1숟가락
- 진간장 1숟가락
- 다진 마늘 0.5숟가락
- 설탕 1숟가락
- 물 3숟가락
- 식용유 3숟가락
- 올리고당 1숟가락
- 깨 1숟가락

1. 볶음용 멸치 2컵은 체에 받쳐서 부스러기를 털어주세요.

2. 팬에 기름을 두르지 않고 예열해서 멸치를 중불에 1분간 덖어 비린내를 제거해주세요.

3. 덖은 멸치에 식용유 3숟가락을 두르고 다진 마늘 0.3숟가락을 중불에 볶아주세요.

4. 설탕 1숟가락을 넣고 골고루 섞어가며 녹을 정도로 볶아주세요.

5. 불을 끄고 올리고당 2숟가락, 깨 1숟가락을 골고루 섞어서 넓게 펼쳐 식혀주세요.

💬 멸치볶음이 식으면 반찬통에 담고 하루 동안 실온에 두었다 냉장 보관합니다.

**tip**
식히기 전에 반찬통에 담아 바로 냉장고에 넣으면 딱딱하게 굳어서 먹기 힘들어요. 넓게 펼쳐서 식힌 후 반찬통에 담아 하루 동안 실온에 두었다가 냉장 보관해야 딱딱하게 굳지 않아요.

1. 볶음용 잔멸치 1.5컵을 체에 받쳐서 부스러기를 털어주세요.

2. 청양고추 2개는 송송 썰어주세요.

💬 고추씨를 제거하지 않아야 더 매콤해요

3. 고추장 1숟가락, 진간장 1숟가락, 다진 마늘 0.5숟가락, 설탕 1숟가락, 물 3숟가락을 골고루 섞어주세요.

4. 팬에 식용유 3숟가락을 두르고 중불에 식용유가 골고루 섞이도록 멸치를 볶아주세요.

5. 약불로 줄이고 양념장을 부어 골고루 볶아주세요.

6. 송송 썬 청양고추를 넣고 볶은 후 불을 끄고 올리고당 1숟가락, 깨 1숟가락을 골고루 섞어주세요.

**볶음 & 조림**

# 견과류 멸치볶음

- 15분
- 냉장 10일

**주재료**
- 잔멸치 2컵
- 땅콩 또는 호두 1컵(견과류)

**부재료**
- 식용유 2숟가락
- 다진 마늘 0.3숟가락
- 올리고당 2숟가락
- 깨 1숟가락

# 꽈리고추 멸치조림

- 15분
- 냉장 7일

**주재료**
- 중멸치 2컵
- 꽈리고추 15개

**부재료**
- 물 100ml
- 다시마 2장(3×4cm)
- 맛술 1숟가락
- 진간장 4숟가락
- 다진 마늘 0.5숟가락
- 올리고당 1~2숟가락
- 깨 1숟가락

**1.** 잔멸치 2컵은 체에 받쳐서 부스러기를 털어주세요.

**2.** 땅콩 또는 호두(견과류)도 체에 받쳐서 부스러기를 털어주세요.

**3.** 팬에 기름을 두르지 않고 중불에 멸치를 1분간 바삭하게 볶아 비린내를 제거해주세요.

**4.** 식용유 2숟가락, 다진 마늘 0.3숟가락을 넣고 중불에 골고루 볶아주세요.

**5.** 땅콩 또는 호두(견과류)를 넣고 골고루 볶아주세요.

**6.** 불을 끄고 올리고당 2숟가락, 깨 1숟가락을 골고루 섞어주세요.

넓게 펼쳐서 식힌 후 반찬통에 담아 하루 동안 실온에 두었다가 냉장 보관해주세요.

**1.** 중멸치 2컵은 체에 받쳐서 부스러기를 털어주세요.

**2.** 꽈리고추 15개는 꼭지를 떼어내고 사선으로 길게 반으로 잘라주세요.

**3.** 팬에 기름을 두르지 않고 중불에 멸치를 1분간 볶아 비린내를 제거해주세요

**4.** 물 100ml에 다시마 2장, 맛술 1숟가락, 진간장 4숟가락, 다진 마늘 0.5숟가락, 멸치를 넣고 끓여주세요. 양념이 끓으면 다시마를 건져내고 약불에 10분간 더 조려주세요.

다시마와 맛술은 넣지 않아도 되고 맛술 대신 소주를 넣어도 됩니다.

**5.** 반으로 자른 꽈리고추를 넣고 골고루 섞어서 끓으면 불을 꺼주세요.

**6.** 올리고당 1~2숟가락, 깨 1숟가락을 골고루 섞어주세요.

볶음

## 고추장건새우 볶음

⏱ 10분
❄ 냉장 10일

**주재료**
- 건새우 1컵

**부재료**
- 꽈리고추 12개
- 고추장 1.5숟가락
- 다진 마늘 0.5숟가락
- 설탕 1숟가락
- 진간장 1숟가락
- 맛술 1숟가락
- 물엿 2숟가락
- 깨 1숟가락

## 마늘종건새우 볶음

⏱ 10분
❄ 냉장 10일

**주재료**
- 건새우 1컵
- 마늘종 150g

**부재료**
- 소금 0.5숟가락
- 식용유 2숟가락
- 다진 마늘 0.5숟가락
- 진간장 3숟가락
- 맛술 1숟가락
- 참기름 1숟가락
- 올리고당 2숟가락
- 깨 1숟가락

## 고추장건새우볶음

1. 건새우 1컵은 체에 받쳐서 부스러기를 털어내고, 꽈리고추 12개는 꼭지를 떼어내고 반으로 잘라주세요.

2. 팬에 기름을 두르지 않고 중불에 건새우 1컵을 1분간 볶아주세요.

3. 고추장 1.5숟가락, 다진 마늘 0.5숟가락, 설탕 1숟가락, 진간장 1숟가락, 맛술 1숟가락을 골고루 섞어 양념장을 만들어주세요.

4. 약불에 양념장을 끓여주세요.

5. 양념장이 끓으면 건새우와 꽈리고추를 넣고 약불에 골고루 양념이 섞이도록 볶아주세요.

6. 불을 끄고 물엿 2숟가락, 깨 1숟가락을 골고루 섞은 후 펼쳐서 식혀주세요.

💬 고추장건새우볶음은 올리고당보다 물엿 또는 조청을 넣어야 더 맛있어요.

## 마늘종건새우볶음

1. 건새우 1컵은 체에 받쳐서 부스러기를 털어내고, 마늘종 150g은 3~4cm 길이로 잘라주세요.

2. 끓는 물에 소금 0.5숟가락을 넣고 마늘종을 1분간 데친 후 찬물에 헹구고 물기를 빼주세요.

3. 팬에 기름을 두르지 않고 중불에 건새우를 1분간 볶은 후 덜어주세요.

4. 식용유 2숟가락을 두르고 마늘종과 건새우를 기름이 골고루 입혀지도록 볶아주세요.

5. 다진 마늘 0.5숟가락, 진간장 3숟가락, 맛술 1숟가락, 참기름 1숟가락을 넣고 골고루 볶아주세요.

💬 오래 볶지 않아야 마늘종의 초록색이 유지됩니다.

6. 불을 끄고 올리고당 2숟가락, 깨 1숟가락을 골고루 섞은 후 넓게 펼쳐서 식으면 반찬통에 담아주세요.

## 명엽채볶음

- ⏱ 10분
- ❄ 냉장 10일

**주재료**
- ☐ 명엽채 150g

**부재료**
- ☐ 진간장 1숟가락
- ☐ 맛술 1숟가락
- ☐ 물 2숟가락
- ☐ 다진 마늘 0.3숟가락
- ☐ 올리고당 2숟가락
- ☐ 깨 1숟가락
- ☐ 식용유 1숟가락

## 황태채무침

- ⏱ 10분
- ❄ 냉장 7일

**주재료**
- ☐ 황태채 80g

**부재료**
- ☐ 대파 1/2대
- ☐ 양파 1/2개
- ☐ 진간장 2숟가락
- ☐ 고춧가루 1.5숟가락
- ☐ 고추장 1숟가락
- ☐ 2배식초 3숟가락
- ☐ 올리고당 2숟가락
- ☐ 다진 마늘 0.5숟가락
- ☐ 참기름 1숟가락
- ☐ 깨 1숟가락

1. 명엽채 150g은 가위로 3~4cm 길이로 잘라주세요.
2. 팬에 식용유 1숟가락 둘러서 명엽채를 약불에 볶아주세요.
3. 진간장 1숟가락, 맛술 1숟가락, 물 2숟가락, 다진 마늘 0.3숟가락을 중불에 끓여주세요.

4. 끓인 양념장에 볶은 명엽채를 넣고 골고루 섞어가며 볶아주세요.
5. 불을 끄고 올리고당 2숟가락, 깨 1숟가락을 골고루 섞어주세요.

  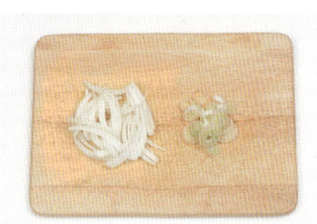

1. 황태채 80g을 찬물에 담가 흔들어 씻은 후 물기를 꽉 짜주세요.
2. 물기 짠 황태채를 먹기 좋은 길이(4~5cm)로 잘라주세요.
3. 대파 1/2대는 송송 썰고, 양파 1/2개는 0.3cm 두께로 채 썰어주세요.

4. 진간장 2숟가락, 고춧가루 1.5숟가락, 고추장 1숟가락, 2배식초 3숟가락, 올리고당 2숟가락, 다진 마늘 0.5숟가락, 참기름 1숟가락을 골고루 섞어 양념장을 만들어주세요.
5. 황태채에 채 썬 양파, 송송 썬 대파, 양념장을 넣고 골고루 무쳐주세요.
6. 깨 1숟가락을 골고루 뿌려주세요.

💬 무침류에는 2배 또는 3배 식초를 사용하면 물기가 덜 생겨요.

○ 조림

# 마른오징어 무조림

- ⏱ 20분
- ❄ 냉장 7일

### 주재료
- 마른 오징어 1마리
- 무 100g

### 부재료
- 청양고추 2개
- 대파 1/2대(흰 부분)
- 물 200ml
- 다시마 2장(3×4cm)
- 국물용 멸치 5마리
- 진간장 7숟가락
- 설탕 2숟가락
- 다진 마늘 0.5숟가락
- 맛술 2숟가락
- 올리고당 1숟가락
- 깨 1숟가락

# 문어조림

- ⏱ 20분
- ❄ 냉장 7일

### 주재료
- 삶은 냉동 문어 다리 300g

### 부재료
- 통마늘 2개
- 꽈리고추 15개
- 물 150ml
- 진간장 3숟가락
- 설탕 1숟가락
- 물엿 1숟가락
- 식용유 0.5숟가락
- 참기름 1숟가락
- 깨 1숟가락

## 마른오징어무조림

1. 마른 오징어 1마리는 몸통과 다리를 분리하고 미지근한 물에 6시간 담가 불려서 먹기 편한 길이로 잘라주세요.
2. 무 100g은 4등분해서 0.5cm 두께로 썰고, 청양고추 2개는 사선으로 2~3등분 해주세요. 대파 1/2대(흰 부분)는 5cm 길이로 썰어주세요.
3. 물 200ml에 다시마 2장, 국물용 멸치 5마리, 대파, 진간장 7숟가락을 넣고 끓여주세요.

4. 육수가 끓으면 다시마는 건져내고 설탕 2숟가락, 다진 마늘 0.5숟가락, 맛술 2숟가락, 무를 넣고 끓여주세요.
5. 무가 익으면 대파는 건져낸 후 자른 오징어와 청양고추를 넣고 골고루 섞어 3분간 중불에 조려주세요.
6. 불을 끄고 올리고당 1숟가락, 깨 1숟가락을 골고루 뿌려주세요.

## 문어조림

1. 삶은 냉동 문어 다리 300g은 해동 후 깨끗이 씻어 0.5cm 두께로 썰어주세요.
2. 통마늘 2개는 길게 반으로 자르고, 꽈리고추 15개는 꼭지를 떼어낸 후 깨끗이 씻어서 양념이 잘 배도록 포크로 찍어 구멍을 내주세요.
3. 팬에 물 150ml, 진간장 3숟가락, 설탕 1숟가락, 물엿 1숟가락, 식용유 0.5숟가락을 넣고 골고루 섞은 후 마늘을 넣고 끓여주세요.

4. 양념이 끓으면 문어 다리를 넣고 중불에 양념이 골고루 배도록 조려주세요.
5. 꽈리고추를 넣고 골고루 섞어가며 볶아주세요.
6. 불을 끄고 참기름 1숟가락, 깨 1숟가락을 골고루 섞어주세요.

## 진미채볶음

- ⏱ 15분
- ❄ 냉장 7일

**주재료**
- 진미채 200g

**부재료**
- 고추장 1.5숟가락
- 진간장 1숟가락
- 다진 마늘 0.5숟가락
- 설탕 1숟가락
- 식용유 2숟가락
- 마요네즈 1.5숟가락
- 참기름 1숟가락
- 깨 1숟가락

## 진미채무침

- ⏱ 10분
- ❄ 진미채무침

**주재료**
- 진미채 200g

**부재료**
- 진간장 1숟가락
- 다진 마늘 0.5숟가락
- 설탕 1숟가락
- 참기름 1숟가락
- 고추장 1숟가락(듬뿍)
- 생수 2~3숟가락
- 올리고당 2숟가락
- 깨 1숟가락

**1.** 진미채 200g은 깨끗이 씻어서 물기를 꽉 짜고 4~5cm 길이로 잘라주세요.

**2.** 고추장 1.5숟가락, 진간장 1숟가락, 다진 마늘 0.5숟가락, 설탕 1숟가락을 섞어서 양념장을 만들어주세요.

**3.** 팬에 식용유 2숟가락을 두르고 약불에 양념장을 볶아주세요.

**4.** 양념장이 끓으면 진미채, 마요네즈 1.5 숟가락을 넣고 약불에 볶아주세요.

**5.** 양념장이 골고루 섞이면 참기름 1숟가락을 넣고 한 번 더 골고루 섞은 후 불을 끄고 깨 1숟가락을 뿌려 골고루 섞어주세요.

**1.** 진미채 200g은 깨끗이 씻어서 물기를 꽉 짜주세요.

**2.** 물기 짠 진미채를 4~5cm 길이로 잘라주세요.

**3.** 진간장 1숟가락, 다진 마늘 0.5숟가락, 설탕 1숟가락, 참기름 1숟가락, 고추장 1숟가락(듬뿍)을 섞어서 양념장을 만들어주세요.

**4.** 진미채에 양념장과 생수 2~3숟가락을 넣고 무쳐주세요.

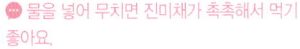
물을 넣어 무치면 진미채가 촉촉해서 먹기 좋아요.

**5.** 올리고당 2숟가락, 깨 1숟가락을 골고루 섞어주세요.

구이

# 진미채버터구이

⏱ 12분
❄ 실온 2일

**주재료**
☐ 진미채 150g

**부재료**
☐ 버터 15g
☐ 설탕 1숟가락

**1.** 진미채 150g은 깨끗이 씻어서 물기를 꽉 짜고 6cm 길이로 잘라주세요.

**2.** 버터 15g을 전자레인지에 30초 돌려 녹여주세요.

💬 전자레인지에 버터를 녹일 때는 튈 수 있으니 랩 또는 뚜껑을 씌워주세요.

**3.** 녹인 버터에 설탕 1숟가락을 골고루 섞어서 진미채에 골고루 버무려주세요.

**4.** 에어프라이어 바스켓에 종이 호일을 깔고 버터에 버무린 진미채를 넣어 160도에 5분간 구워주세요.

💬 오븐은 예열해서 굽고, 프라이팬을 사용할 경우 약불에 볶아주세요.

## Wild vegetables
# 나물류

| | |
|---|---|
| **제철시기** | 봄철에 주로 다양한 나물이 나고, 계절별로 제철 나물도 있습니다. |
| **장보기 노하우** | 잎이 상하지 않고 줄기가 신선한 나물을 고릅니다. 너무 자란 나물은 질길 수 있습니다. 말린 나물은 연중 먹을 수 있습니다. |
| **보관법** | - 신문지 또는 키친타월에 감싸 냉장 보관합니다. 깨끗이 씻은 나물은 물기를 제거하고 밀봉하여 냉장 보관합니다.<br>- 말린 나물은 밀봉하여 건조하고 서늘한 곳에 보관합니다. |
| **손질법** | - 질긴 끝부분은 살짝 제거하고 상한 잎은 떼어냅니다. 찬물에 담가 흔들어 잎 사이에 남아 있는 잔여물을 제거한 후 흐르는 물에 여러 번 씻어냅니다.<br>- 말린 나물은 미지근한 물에 오래 불려야 합니다. 취침 전 또는 6시간 이상 불리면 부드러워집니다. |

무침

# 참나물무침

- 10분
- 냉장 3일

**주재료**
- 참나물 200g

**부재료**
- 소금 1숟가락
- 양파 1/4개
- 당근 1/5개
- 다진 마늘 0.3숟가락
- 매실청 1숟가락
- 참기름 2숟가락
- 깨 1숟가락

# 고사리나물

- 25분
- 냉장 3일

**주재료**
- 삶은 고사리 280g

**부재료**
- 대파 1/4대(흰 부분)
- 다진 마늘 0.5숟가락
- 국간장 3숟가락
- 들기름 1숟가락
- 식용유 2숟가락
- 들기름 1숟가락
- 물 100ml
- 소금 조금
- 깨 1숟가락

 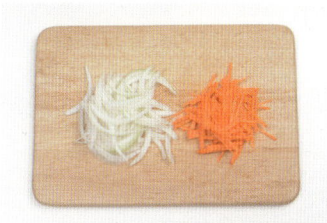 

1. 참나물 200g을 깨끗이 씻어서 소금 0.5숟가락을 넣은 물에 20초간 데친 후 찬물에 헹구고 물기를 짜낸 다음 3등분으로 잘라주세요.

2. 양파 1/4개, 당근 1/5개는 0.3cm 두께로 가늘게 채썰기를 해주세요.

3. 다진 마늘 0.3숟가락, 매실청 1숟가락, 소금 0.5숟가락, 참기름 2숟가락을 섞어 양념장을 만들어주세요.

4. 참나물, 채 썬 양파, 당근, 양념장, 깨 1숟가락을 골고루 버무려주세요.

1. 대파 1/4대는 길게 4등분한 후 잘게 다져주세요.

2. 삶은 고사리 280g은 깨끗이 씻어서 5cm 길이로 잘라주세요.

3. 삶은 고사리에 다진 대파, 다진 마늘 0.5숟가락, 국간장 3숟가락, 들기름 1숟가락을 넣고 골고루 버무려주세요.

4. 팬에 식용유 2숟가락, 들기름 1숟가락을 두르고 양념한 고사리를 2분간 볶은 후 물 100ml를 넣고 뚜껑을 덮어 중불에 3분간 끓여주세요.

5. 뚜껑을 열고 수분이 날아갈 정도로 볶아주세요.

6. 소금으로 간을 맞추고 깨 1숟가락을 뿌려주세요.

무침

# 곤드레나물

- 15분
- 냉장 3일

**주재료**
- 데친 곤드레 200g

**부재료**
- 대파 10cm(중간 부분)
- 들기름 3숟가락
- 국간장 2숟가락
- 다진 마늘 0.5숟가락
- 멸치육수 100ml
- 깨 1숟가락

# 미나리오이 무침

- 15분
- 냉장 3일

**주재료**
- 미나리 120g
- 오이 1개

**부재료**
- 양파 1/2개
- 소금 1.5숟가락
- 다진 마늘 0.3숟가락
- 고추장 1숟가락
- 매실청 1숟가락
- 식초 3숟가락
- 설탕 1숟가락
- 고춧가루 0.5숟가락
- 깨 1숟가락

1. 데친 곤드레 200g은 깨끗이 씻어 물기를 짜내고 4cm 길이로 잘라주세요.

   말린 곤드레는 따뜻한 물 1컵에 6시간 이상 불려 끓는 물에 넣고 중불에 30분간 삶아줍니다.

2. 대파 10cm는 길게 4등분해서 잘게 다져주세요.

3. 데친 곤드레에 들기름 1숟가락, 국간장 2숟가락, 다진 마늘 0.5숟가락을 넣고 골고루 버무려주세요.

4. 팬에 들기름 2숟가락을 두르고 양념한 곤드레, 다진 파를 넣고 중불에 볶아주세요.

5. 멸치육수 100ml를 넣고 중불에 끓여주세요.

   멸치육수가 없다면 물 100ml + 멸치액젓 1숟가락을 넣어줍니다.

6. 국물이 졸아들면 깨 1숟가락을 골고루 뿌려 섞어주세요.

1. 오이 1개는 길게 반으로 잘라 어슷썰기를 하고, 양파 1/2개는 채 썰어서 소금 0.5숟가락을 골고루 버무려 10분간 절인 후 물기를 짜주세요.

2. 소금 1숟가락을 넣은 물에 미나리 120g을 남가 흔들어 씻은 후 찬물에 3~4회 헹구고 5cm 길이로 잘라 물기를 빼주세요.

3. 다진 마늘 0.3숟가락, 고추장 1숟가락, 매실청 1숟가락, 식초 3숟가락, 설탕 1숟가락, 고춧가루 0.5숟가락을 골고루 섞어 양념장을 만들어주세요.

4. 미나리, 어슷 썬 오이, 채 썬 양파, 양념장, 깨 1숟가락을 골고루 버무려주세요.

> 무침

## 취나물고추장무침

- ⏱ 10분
- ❄ 냉장 3일

**주재료**
- 취나물 200g

**부재료**
- 소금 0.5숟가락
- 양파 1/4개
- 고추장 1~1.5숟가락
- 설탕 1숟가락
- 매실청 2숟가락
- 2배식초 3숟가락
- 다진 마늘 0.5숟가락
- 깨 1숟가락

## 취나물된장무침

- ⏱ 10분
- ❄ 냉장 3일

**주재료**
- 취나물 200g

**부재료**
- 소금 0.5숟가락
- 대파 10cm(뿌리 부분)
- 다진 마늘 0.3숟가락
- 된장 1숟가락
- 매실청 1숟가락
- 참기름 1숟가락
- 깨 1숟가락

1. 취나물 200g은 깨끗이 씻어서 소금 0.5순가락을 넣은 물에 20초간 데친 후 찬물에 헹구고 물기를 짜낸 다음 뭉쳐서 +로 4등분해주세요.

2. 양파 1/4개는 0.3cm 두께로 가늘게 채 썰기를 해주세요.

3. 고추장 1~1.5순가락, 설탕 1순가락, 매실청 2순가락, 2배식초 3순가락, 다진 마늘 0.5순가락을 골고루 섞어 고추장 양념을 만들어주세요.

• tip •

나물 맛에 따라 고추장 양을 조절하세요. 씁쓸한 나물은 1.5순가락, 그렇지 않다면 1순가락을 넣으면 됩니다.

4. 취나물에 채 썬 양파, 고추장 양념, 깨 1순가락을 넣고 골고루 버무려주세요.

취나물고추장무침

나물류

취나물된장무침

1. 취나물 200g은 깨끗이 씻어서 소금 0.5순가락을 넣은 물에 1분간 데친 후 찬물에 헹구고 물기를 짜낸 다음 3~4등분해주세요.

2. 대파 10cm는 길게 4등분해서 잘게 썰어주세요.

3. 다진 마늘 0.3순가락, 된장 1순가락, 매실청 1순가락, 참기름 1순가락을 골고루 섞어 된장 양념을 만들어주세요.

4. 취나물에 잘게 썬 대파, 된장 양념, 깨 1순가락을 넣고 골고루 버무려주세요.

( 볶음 )

## 청경채굴소스 볶음

- ⏱ 10분
- ❄ 냉장 2일

**주재료**
- ☐ 청경채 10대

**부재료**
- ☐ 양파 1/2개
- ☐ 청양고추 1개
- ☐ 홍고추 1개
- ☐ 식용유 1숟가락
- ☐ 다진 마늘 1숟가락
- ☐ 소금 1꼬집
- ☐ 굴소스 1숟가락

## 공심채볶음

- ⏱ 10분
- ❄ 냉장 2일

**주재료**
- ☐ 공심채 400g

**부재료**
- ☐ 대파 10cm(중간 부분)
- ☐ 청양고추 1개
- ☐ 홍고추 1개
- ☐ 식용유 1숟가락
- ☐ 다진 마늘 0.3숟가락
- ☐ 소금 1꼬집
- ☐ 멸치액젓 1숟가락
- ☐ 굴소스 1.5숟가락
- ☐ 참기름 1숟가락
- ☐ 깨 0.5숟가락

**1.** 청경채 10대는 깨끗이 씻어주세요.

**2.** 양파 1/2개는 0.3cm 두께로 채썰기, 청양고추 1개, 홍고추 1개는 어슷썰기를 해주세요.

**3.** 팬에 식용유 1숟가락을 두르고 다진 마늘 1숟가락, 채 썬 양파를 중불에 볶아주세요.

**4.** 청경채, 어슷 썬 청양고추, 소금 1꼬집을 넣고 볶은 후 뚜껑을 덮고 익혀주세요.

**5.** 청경채 숨이 살짝 죽으면 굴소스 1숟가락을 넣고 골고루 볶아주세요.

**6.** 청경채 초록색이 진해지면 어슷 썬 홍고추를 넣고 볶아주세요.

**1.** 공심채 400g은 깨끗이 씻어서 5cm 길이로 자르고 줄기와 잎을 나눠주세요. 대파 10cm, 청양고추 1개, 홍고추 1개는 어슷썰기를 해주세요.

**2.** 팬에 식용유 1숟가락을 두르고, 다진 마늘 0.3숟가락, 대파를 중불에 볶아주세요.

💬 얇게 썬 돼지고기 또는 소고기 100g을 함께 넣고 볶아도 맛있습니다.

**3.** 공심채 굵은 줄기와 어슷 썬 청양고추, 소금 1꼬집을 넣고 볶아주세요.

**4.** 공심채 숨이 죽으면 멸치액젓 1숟가락, 굴소스 1숟가락을 넣고 볶아주세요.

**5.** 공심채 잎과 어슷 썬 홍고추, 굴소스 0.5숟가락을 넣고 볶아주세요.

**6.** 불을 끄고 참기름 1숟가락, 깨 0.5숟가락을 넣고 골고루 섞어주세요.

전 & 볶음

# 미나리전

- ⏱ 20분
- ❄ 당일

**주재료**
- 미나리 150g

**부재료**
- 양파 1/4개
- 홍고추 1.5개
- 작은 새우(또는 잘게 썬 오징어) 100g
- 부침가루 1/2컵
- 물 1/2컵
- 식용유 3숟가락
- 양조간장 2숟가락
- 식초 1.5숟가락
- 고춧가루 조금
- 다진 대파 1숟가락
- 다진 홍고추 0.5숟가락

# 궁채볶음 (상추대)

- ⏱ 15분
- ❄ 냉장 3일

**주재료**
- 삶은 궁채 400g

**부재료**
- 양파 1/2개
- 대파 10cm
- 홍고추 1개
- 들기름 3숟가락
- 멸치액젓 1숟가락
- 다진 마늘 0.5숟가락
- 들깻가루 2숟가락
- 깨 1숟가락

  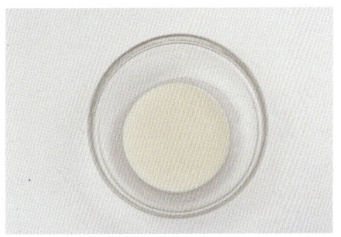

1. 미나리 150g은 깨끗이 씻어서 2.5cm 길이로 자르고, 양파 1/4개는 2.5cm 길이로 잘라 잘게 채썰기, 홍고추 1.5개는 송송 썰어주세요.

2. 작은 새우(또는 잘게 썬 오징어) 100g은 깨끗이 씻어서 물기를 빼주세요.

3. 부침가루 1/2컵, 물 1/2컵을 섞어주세요.
   💬 반죽 농도에 따라 물 양을 조절해주세요.

4. 3의 반죽에 자른 미나리, 새우(또는 오징어), 잘게 썬 양파, 송송 썬 홍고추를 넣고 골고루 섞어주세요.

5. 팬에 식용유 3숟가락을 두르고 예열 후 약불에 1숟가락씩 동그랗게 올려 천천히 앞뒤로 부쳐주세요.

6. 양조간장 2숟가락, 식초 1.5숟가락, 고춧가루 조금, 다진 대파 1숟가락, 다진 홍고추 0.5숟가락을 골고루 섞어 양념장을 만들어주세요.

1. 삶은 궁채 400g은 깨끗이 씻어 4cm 길이로 자르고, 양파 1/2개는 채썰기, 대파 10cm는 길게 4등분해서 잘게 다지기, 홍고추 1개는 어슷썰기를 해주세요.

2. 삶은 궁채에 들기름 2숟가락, 멸치액젓 1숟가락, 다진 마늘 0.5숟가락을 넣고 골고루 무쳐주세요.

3. 팬에 들기름 1숟가락을 두르고 잘게 썬 대파, 채 썬 양파를 볶아주세요.

 tip
마른 궁채는 따뜻한 물에 6시간 이상 불리고 끓는 물에 소금 1숟가락을 넣고 데쳐서 찬물에 헹궈주세요.

4. 양념한 궁채, 어슷 썬 홍고추를 넣고 중불에 볶아주세요. 싱겁다면 소금으로 간을 맞춘 후 들깻가루 2숟가락을 넣고 골고루 섞어가며 볶아주세요.
   💬 깨 1숟가락을 넣고 골고루 섞어줍니다.

## 육류·생선·해산물로 만드는
# 일품 반찬

# Chicken

## 닭고기

| | |
|---|---|
| 제철시기 | 연중 |
| 장보기 노하우 | - 색깔이 변하지 않고 탱탱한 육질의 닭고기를 구입합니다.<br>- 크기에 따라 5~17호로 나뉘며 프라이드 치킨은 10~11호, 2명 정도 먹기 좋은 삼계탕과 백숙은 8호, 1인용 삼계탕은 5호를 선택합니다.<br>- 5호 451~550g, 6호 551~650g, 7호 651~750g, 8호 751~850g, 9호 851~950g, 10호 951~1050g, 11호 1051~1150g, 12호 1151~1250g, 13호 1251~1350g, 14호 1351~1450g, 15호 1451~1550g, 16호 1551~1650g, 17호 1651g 이상 |
| 보관법 | 하루 내에 요리할 닭고기는 냉장 보관하고, 오래 두고 먹으려면 냉동 보관합니다. |
| 손질법 | 날개 끝과 배 끝의 지방 부위를 잘라내고 핏물이 남아 있지 않게 깨끗이 씻어냅니다. |

 한 그릇 요리

# 닭볶음탕

⏱ 35분
❄ 냉장 3일

**주재료**
- 볶음탕용 닭 1마리

**부재료**
- 감자 3개
- 양파 1개
- 당근 1개
- 대파 1/2대(뿌리 부분)
- 청양고추 1개
- 홍고추 1개
- 물 500ml
- 설탕 1숟가락
- 다진 마늘 1숟가락
- 고추장 1숟가락
- 고춧가루 2숟가락
- 진간장 5숟가락

# 닭갈비

⏱ 30분
❄ 냉장 3일

**주재료**
- 닭고기 400g(뼈 제거한 닭갈비용)

**부재료**
- 맛술 2숟가락
- 고구마 1개(작은 크기)
- 당근 1/2개
- 양파 1/2개
- 양배추 100g
- 대파 1/3대(흰 부분)
- 깻잎 10장
- 새송이버섯 1~2개
- 고추장 1숟가락
- 진간장 2숟가락
- 설탕 1숟가락
- 다진 마늘 0.5숟가락
- 고춧가루 1숟가락
- 올리고당 1숟가락
- 물 3숟가락
- 후춧가루 조금
- 식용유 2숟가락

1. 볶음탕용 닭 1마리를 겉면이 익을 정도로 삶아 찬물에 헹구고 물기를 빼주세요.
   💬 닭의 기름기와 불순물을 제거하는 과정입니다.

2. 감자 3개, 양파 1개는 4등분하고, 당근 1개는 1.5cm 두께로 반달썰기해주세요. 대파 1/2대(뿌리 부분), 청양고추 1개, 홍고추 1개는 어슷썰기해주세요.

3. 초벌 삶은 닭에 감자, 당근, 물 500ml, 설탕 1숟가락을 넣고 끓여주세요.

4. 물이 끓으면 다진 마늘 1숟가락, 고추장 1숟가락, 고춧가루 2숟가락, 진간장 5숟가락, 양파를 넣고 끓여주세요.

5. 양념장이 다시 끓으면 중불로 줄이고 10~15분 정도 감자가 익을 때까지 삶아주세요.
   💬 센 불에 빨리 삶는 것보다 중약불에 오래 끓이면 닭고기에 간이 충분히 배어들어 더 맛있습니다.

6. 감자가 익으면 어슷 썬 대파, 청양고추, 홍고추, 후춧가루 조금 넣고 뚜껑을 열어서 조려주세요.

1. 뼈를 제거한 닭갈비용 닭고기 400g은 2.5×3cm 크기로 잘라서 맛술 2숟가락을 골고루 버무려주세요.

2. 고구마, 당근은 0.3cm 두께로 반달썰기, 양파, 양배추는 네모나게 썰고 대파는 송송 썰기, 깻잎은 1cm 두께로 채썰기, 새송이버섯은 4등분해서 0.5cm 두께로 썰어주세요.

3. 고추장 1숟가락, 진간장 2숟가락, 설탕 1숟가락, 다진 마늘 0.5숟가락, 고춧가루 1숟가락, 올리고당 1숟가락, 물 3숟가락, 후춧가루 조금 섞어서 양념장을 만들어주세요.

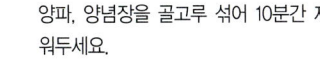

4. 손질한 닭고기에 고구마, 당근, 양배추, 양파, 양념장을 골고루 섞어 10분간 재워두세요.

5. 팬에 식용유 2숟가락을 두르고 양념한 닭갈비를 올려 뚜껑을 덮고 중불에 익혀주세요.
   💬 불이 세면 닭고기가 익기 전에 탈 수 있으니 눌어붙지 않도록 중간중간 섞어주세요.

6. 닭고기가 익으면 뚜껑을 열고 새송이버섯, 채 썬 깻잎, 송송 썬 대파를 넣고 골고루 볶아주세요.

## 닭안심튀김

- 25분
- 냉장 3일

**주재료**
- 닭안심 350g

**부재료**
- 소금 조금
- 카레 가루 2숟가락
- 튀김가루 100ml
- 물 150ml

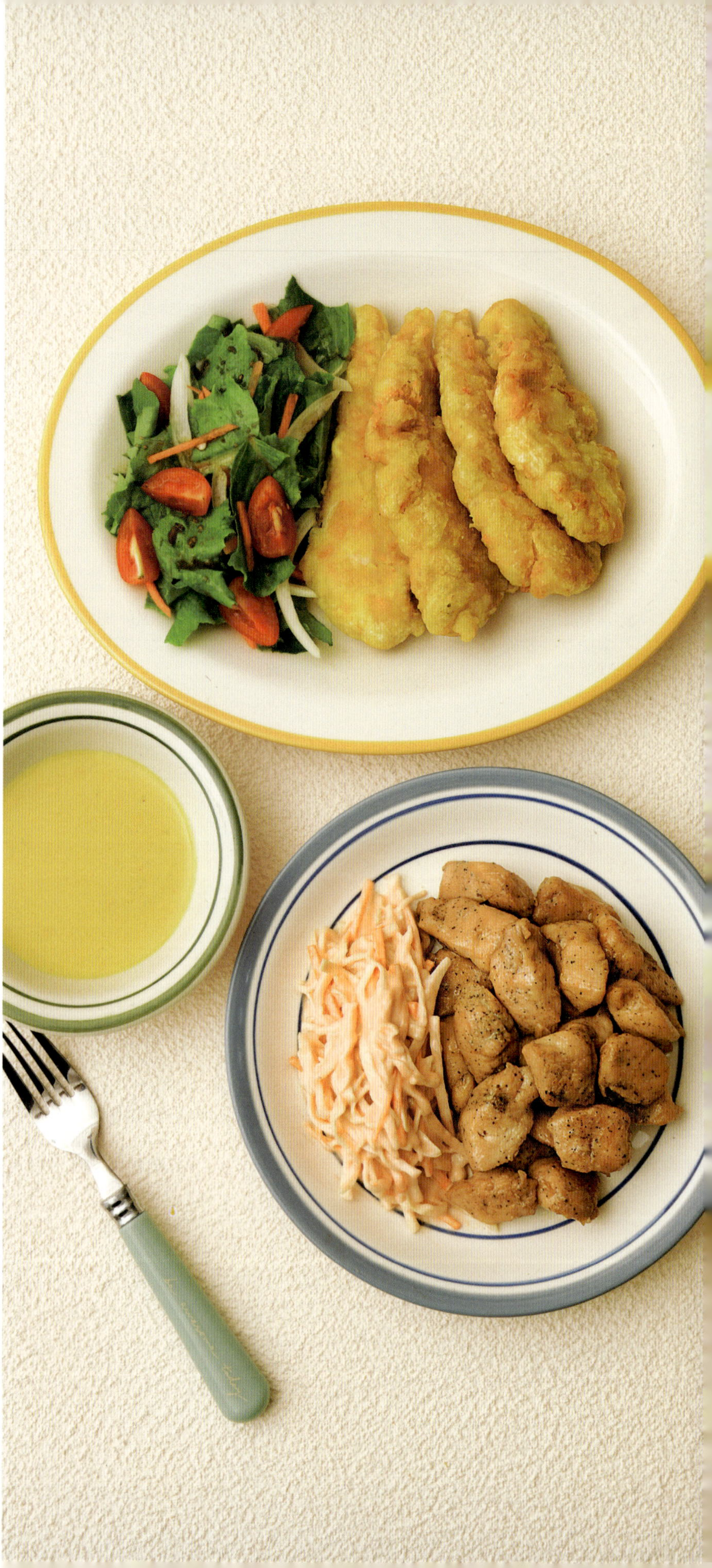

## 데리야키치킨

- 20분
- 냉장 2일

**주재료**
- 닭안심 400g

**부재료**
- 양파 1/2개(작은 크기)
- 대파 1/2대(흰 부분)
- 물 200ml
- 진간장 100ml
- 설탕 80ml
- 맛술 3숟가락
- 다진 생강 0.3숟가락
- 다진 마늘 0.5숟가락
- 식용유 1숟가락

## 닭안심튀김

1. 닭안심 350g은 앞뒤에 소금을 골고루 뿌려주세요.
2. 카레 가루 2숟가락을 접시에 펼치고 닭고기에 골고루 묻혀주세요.
3. 튀김가루 100ml, 물 150ml(1 : 1.5)를 골고루 섞어 반죽을 만들어주세요.

4. 카레 가루 묻힌 닭안심에 튀김가루를 얇게 입혀주세요.
5. 반죽에 튀김가루 입힌 닭안심을 담갔다 살짝 털어줍니다.
6. 작고 깊은 냄비에 식용유를 충분히 붓고 180도로 예열 후 반죽 입힌 닭안심을 넣고 노릇노릇하게 튀겨주세요.

   💬 튀김반죽을 조금 떨어트렸을 때 바로 떠오르면 튀기기에 알맞은 온도입니다. 불 세기가 일정하면 계속 온도가 올라가므로 줄였다 올렸다 조절하며 튀겨야 튀김옷이 타지 않고 닭안심 속까지 충분히 익힐 수 있습니다.

## 데리야키치킨

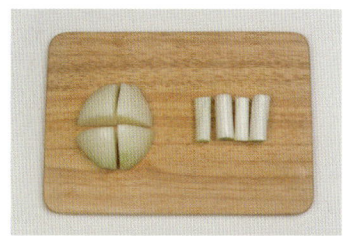  

1. 양파 1/2개는 4등분하고, 대파 1/2대(흰 부분)는 5cm 길이로 잘라주세요.
2. 냄비에 물 200ml, 진간장 100ml, 설탕 80ml, 맛술 3숟가락, 다진 생강 0.3숟가락, 다진 마늘 0.5숟가락을 넣고 설탕이 녹을 때까지 골고루 섞은 후 양파, 대파를 넣고 끓여주세요. 양념장이 끓으면 약불로 줄여서 10분간 졸인 후 체에 걸러 데리야키 소스를 만들어주세요.
3. 닭안심 400g은 1cm 두께로 길게 잘라서 후춧가루 조금 뿌려 버무린 후 데리야키 소스를 골고루 발라서 10분간 재워두세요.

   💬 데리야키 소스를 만들지 않고 닭안심에 바로 양념을 버무리면 촉촉한 윤기가 나지 않고 구울 때 타기 쉬워요.

4. 팬에 식용유 1숟가락을 두르고 데리야키 소스에 재운 닭안심을 중불에 구워주세요. 닭안심이 2/3 정도 익으면 뒤집어서 숟가락 또는 뒤집개로 눌러가며 구워줍니다.

   💬 설탕이 들어간 양념이라 탈 수 있으니 불 조절에 신경 써주세요.

• tip •
데리야키치킨을 접시에 샐러드와 함께 담아주세요.

 한 그릇 요리

# 닭고기 채소구이

- 35분
- 냉장 2일

**주재료**
- 닭고기 1마리

**부재료**
- 감자 1개
- 당근 1/2개
- 양파 1/2개
- 미니 양배추 3~5개
- 레몬 1/2~1개
- 통마늘 2개
- 허브솔트 조금
- 올리브오일 조금

# 닭고기겨자 냉채

- 15분
- 냉장 3일(소스 별도)

**주재료**
- 닭안심(또는 닭가슴살) 200g

**부재료**
- 오이 1개
- 빨강 파프리카 1/2개
- 노랑 파프리카 1/2개
- 당근 1/3개
- 양파 1/2개
- 양배추 50g
- 소금 0.5숟가락+0.1숟가락+1꼬집
- 맛술 2숟가락
- 후춧가루 조금
- 식초 4숟가락
- 연겨자 1숟가락
- 설탕 1숟가락
- 다진 마늘 0.3숟가락

## 닭고기채소구이

1. 닭고기 1마리는 꽁지와 지방질을 제거한 후 깨끗이 씻어서 맛술 2숟가락을 골고루 묻혀주세요.

2. 감자 1개는 껍질을 깨끗이 씻고, 당근 1/2개는 듬성듬성 자르고, 양파 1/2개는 4등분합니다. 미니 양배추 3~5개는 반으로 자르고, 껍질을 깨끗이 씻은 레몬 1/2~1개는 0.3cm 두께로 동그랗게 썰고, 통마늘 2개는 편 썰어주세요.

💬 감자와 레몬은 껍질을 벗기지 않습니다.

3. 닭 껍질을 포크로 찔러서 구멍을 여러 곳에 낸 후 허브솔트를 골고루 뿌리고 올리브오일을 골고루 발라주세요.

💬 퍽퍽한 닭가슴살 부위는 포크로 여러 곳 찍어주세요.

💬 허브솔트 대신 소금과 후춧가루를 뿌려도 됩니다.

4. 에어프라이어 바스켓에 닭, 레몬, 감자, 당근, 양파, 통마늘을 모두 넣고 180도에 25~30분 구워주세요.

💬 닭고기채소구이를 넓은 접시에 담고 허니머스터드 또는 케첩과 함께 냅니다.

> • tip •
>
> 오븐은 예열해서 굽고, 기기마다 열 전달과 온도 차이가 있으니 시간 조절을 하며 중간중간 뒤집어서 구워줍니다.

## 닭고기겨자냉채

1. 오이 1개는 돌려 깎아서 채 썰고, 씨를 제거한 빨강·노랑 파프리카 각 1/2개, 당근 1/3개, 양파 1/2개, 양배추 50g은 얇게 채 썰어주세요.

2. 오이와 당근에 소금을 뿌린 후 구부러질 정도로 절여지면 물에 헹궈 물기를 짜주세요. 채 썬 양파, 양배추는 찬물에 5분간 담근 후 물기를 빼주세요.

3. 닭안심(또는 닭가슴살) 200g을 소금 0.5숟가락, 맛술 2숟가락을 넣고 삶아서 식힌 후 가늘게 찢어서 소금 0.1숟가락, 후춧가루 조금 넣어 골고루 섞어주세요.

💬 삶아서 파는 닭가슴살을 데워서 찢어 사용하면 편리합니다. 닭가슴살보다 닭안심이 더 부드러워요.

4. 식초 4숟가락, 연겨자 1숟가락, 설탕 1숟가락, 소금 1꼬집, 다진 마늘 0.3숟가락을 골고루 섞어 겨자 소스를 만들어주세요.

5. 접시에 채 썬 오이, 파프리카, 당근, 양파를 색깔별로 가장자리를 따라 동그랗게 둘러서 담고 가운데 찢은 닭고기를 올려주세요.

💬 겨자 소스는 소스볼에 따로 담아서 먹기 전에 골고루 뿌려 섞어주세요.

> • tip •
>
> 오이를 돌려 깎기가 힘들면 어슷썰기를 한 후 채 썰어주세요.

한 그릇 요리

# 닭백숙

⏱ 45분
❄ 냉장 3일

**주재료**
- 닭 1마리(800g~1kg)

**부재료**
- 양파 1개
- 대파 1대
- 불린 찹쌀 1컵
- 물 2L
- 통마늘 3개(또는 다진 마늘 1숟가락)
- 소금 1숟가락
- 맛술 2숟가락
- 후춧가루 조금

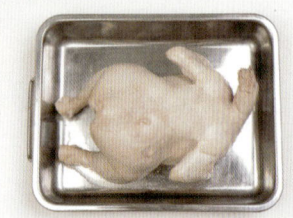

1. 닭 1마리는 꽁지, 배 안쪽 늘어난 살, 지방질, 날개 끝을 가위로 잘라내고 깨끗이 씻은 후 겉만 익을 정도로 한 번 삶아주세요.

2. 양파 1개는 2등분하고, 대파 1대는 5cm 길이로 잘라주세요. 대파 중간 부분 10cm는 송송 썰어주세요.

3. 불린 찹쌀 1컵은 물기를 빼서 닭 속에 넣고 다리를 모아 묶어주세요.

4. 큰 냄비에 물 2L를 붓고, 닭, 양파, 대파, 통마늘 3개(또는 다진 마늘 1숟가락), 소금 1숟가락, 맛술 2숟가락을 넣고 끓여주세요.

5. 물이 끓으면 중약불로 줄여서 20~25분 삶아서 그릇에 닭고기와 국물을 담고 후춧가루 조금과 송송 썬 대파를 올려주세요.

• tip •

간을 맞출 소금을 따로 종지에 담아서 냅니다.

# Pork

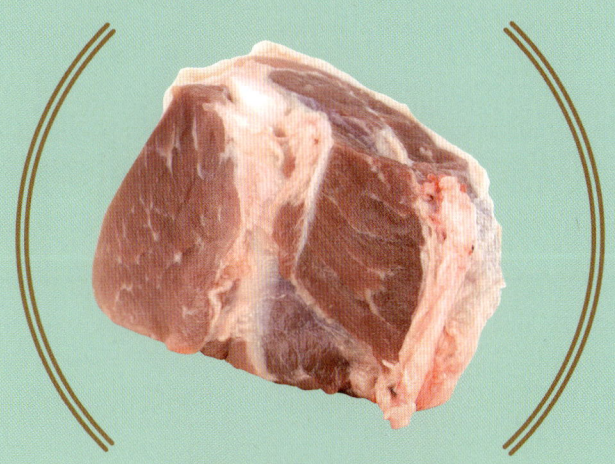

## 돼지고기

| | |
|---|---|
| 제철시기 | 연중 |
| 장보기 노하우 | - 질은 붉은빛이 도는 돼지고기를 선택합니다. 요리 종류와 조리법에 따라 부위를 선택합니다.<br>- 냉장육 또는 냉동육에 따라 국내산과 수입산이 나뉘고 맛과 냄새가 다릅니다. |
| 보관법 | 하루 내에 조리할 돼지고기는 밀봉하여 냉장 보관하고 오래 두고 먹으려면 소분하여 냉동 보관합니다. 냉장한 고기는 다시 냉동하지 않고 모두 다 요리하는 것이 좋습니다. |
| 손질법 | 키친타월에 감싸 핏물을 제거하면 요리가 좀 더 깔끔합니다. 요리에 따라 기름기를 제거하거나 칼집을 넣어 사용합니다. |

### 볶음

## 돼지고기 배추볶음

- ⏱ 25분
- ❄ 냉장 3일

**주재료**
- ☐ 돼지고기 300g (목살, 앞다리살, 뒷다리살 중 선택)
- ☐ 알배춧잎 5장

**부재료**
- ☐ 양파 1/2개
- ☐ 통마늘 2개
- ☐ 대파 15cm(흰 부분)
- ☐ 청양고추 1개
- ☐ 홍고추 1개
- ☐ 새송이버섯 1개
- ☐ 식용유 2숟가락
- ☐ 소금 0.5숟가락
- ☐ 후춧가루 조금
- ☐ 맛술 1숟가락
- ☐ 굴소스 1.5숟가락
- ☐ 올리고당 1숟가락

## 베이컨숙주 볶음

- ⏱ 15분
- ❄ 냉장 2일

**주재료**
- ☐ 베이컨 200g
- ☐ 숙주 400g

**부재료**
- ☐ 대파 1/2대(흰 부분)
- ☐ 청양고추 2개
- ☐ 식용유 1숟가락
- ☐ 굴소스 1숟가락
- ☐ 다진 마늘 0.5숟가락
- ☐ 후춧가루 조금
- ☐ 참기름 1숟가락

**돼지고기배추볶음**

1. 양파 1/2개는 0.3cm 두께로 채썰기, 통마늘 2개는 편 썰기를 해주세요. 대파 15cm(흰 부분), 청양고추 1개, 홍고추 1개는 어슷썰기합니다.

2. 알배춧잎 5장, 새송이버섯 1개는 길게 반으로 잘라서 1.5cm 두께로 어슷썰기 해주세요. 돼지고기 300g은 먹기 편한 크기로 잘라주세요.

3. 팬에 식용유 2숟가락을 두르고 예열 후 편 썬 마늘, 어슷 썬 대파를 볶아주세요.

4. 돼지고기, 채 썬 양파, 어슷 썬 청양고추, 소금 0.5숟가락, 후춧가루 조금, 맛술 1숟가락을 넣고 고기가 익을 때까지 볶아주세요.

5. 어슷 썬 알배춧잎, 새송이버섯, 굴소스 1.5숟가락을 넣고 골고루 볶아주세요.

6. 올리고당 1숟가락, 어슷 썬 홍고추를 넣고 골고루 섞어주세요.

**베이컨숙주볶음**

1. 대파 1/2대(흰 부분), 청양고추 2개는 송송 썰어주세요.

2. 베이컨 200g은 3~4등분해서 1장씩 떼어내고, 숙주 400g은 씻어서 물기를 빼주세요.

3. 팬에 식용유 1숟가락을 두르고 송송 썬 대파를 먼저 볶아주세요.

4. 베이컨을 넣고 골고루 볶아주세요.

5. 숙주, 송송 썬 청양고추를 넣고 숙주 숨이 죽을 정도만 볶아주세요.

6. 굴소스 1숟가락, 다진 마늘 0.5숟가락, 후춧가루 조금 넣고 골고루 볶은 후 참기름 1숟가락을 섞어주세요.

**볶음**

## 돼지고기 고추잡채

- 🕐 15분
- ❄ 냉장 2일

**주재료**
- ☐ 잡채용 돼지고기 200g

**부재료**
- ☐ 파프리카 1개
- ☐ 피망 1개
- ☐ 표고버섯 2개
- ☐ 새송이버섯 1개
- ☐ 팽이버섯 1/2봉지
- ☐ 양파 1/2개
- ☐ 대파 1대
- ☐ 다진 마늘 0.5숟가락
- ☐ 소금 0.3숟가락
- ☐ 후춧가루 조금
- ☐ 고추기름 1숟가락
- ☐ 진간장 1숟가락
- ☐ 굴소스 1숟가락
- ☐ 참기름 1숟가락

## 돼지고기부추 볶음

- 🕐 15분
- ❄ 냉장 2일

**주재료**
- ☐ 잡채용 돼지고기 300g
- ☐ 부추 2줌

**부재료**
- ☐ 양파 1/2개(작은 크기)
- ☐ 당근 1/3개
- ☐ 식용유 2숟가락
- ☐ 진간장 2숟가락
- ☐ 설탕 0.5숟가락
- ☐ 후춧가루 조금
- ☐ 다진 마늘 0.5숟가락
- ☐ 참기름 1숟가락
- ☐ 깨 1숟가락

1. 파프리카 1개, 피망 1개는 세로로 절반을 잘라 씨를 제거하고 0.3cm 두께로 채 썰어주세요. 표고버섯 2개는 갓과 대를 떼어내서 0.3cm 두께로 편 썰고, 새송이버섯 1개는 길게 0.3cm 두께로 채 썰어주세요. 팽이버섯 1/2봉지는 밑동을 잘라내고 가닥가닥 찢어주세요. 양파 1/2개, 대파 1대도 채 썰어주세요.

2. 팬에 식용유 2숟가락을 두르고 채 썬 대파, 다진 마늘 0.5숟가락을 센 불에 빠르게 볶아주세요.

3. 돼지고기 200g, 소금 0.3숟가락, 후춧가루 조금, 채 썬 양파, 고추기름 1숟가락을 넣고 볶은 후 편 썬 표고버섯, 채 썬 새송이버섯을 넣고 볶아주세요.

4. 진간장 1숟가락, 굴소스 1숟가락을 넣고 골고루 볶아주세요.

5. 채 썬 파프리카, 피망, 팽이버섯을 넣고 볶은 후 참기름 1숟가락을 골고루 섞어주세요.

1. 양파 1/2개, 당근 1/3개는 0.3cm 두께로 채 썰어주세요.

2. 부추 2줌은 5cm 길이로 자르고, 잡채용 돼지고기 300g을 준비해주세요.
   💬 덩어리째 산 돼지고기는 가늘고 길게 썰어주세요.

3. 팬에 식용유 2숟가락을 두르고 채 썬 양파, 당근을 먼저 볶아주세요.

4. 돼지고기, 진간장 2숟가락, 설탕 0.5숟가락, 후춧가루 조금, 다진 마늘 0.5숟가락을 넣고 볶아주세요.

5. 돼지고기가 익으면 부추, 참기름 1숟가락을 넣고 골고루 섞어가며 볶아주세요.

6. 깨 1숟가락을 골고루 뿌려주세요.

## 돼지고기고추장 바삭구이

- 30분
- 냉장 3일

**주재료**
- 불고기용 돼지고기 600g(앞다리살 또는 뒷다리살)

**부재료**
- 양파 1개
- 대파 1대
- 진간장 3숟가락
- 설탕 2숟가락
- 다진 마늘 2숟가락
- 고춧가루 1숟가락
- 고추장 2숟가락
- 물엿 2숟가락

## 돼지고기두부 두루치기

- 25분
- 냉장 3일

**주재료**
- 돼지고기 200g(앞다리살 또는 뒷다리살)
- 두부 1모

**부재료**
- 양파 1/2개
- 당근 1/4개
- 대파 15cm(푸른 부분)
- 청양고추 1~2개
- 새송이버섯 1개
- 물 150ml
- 다진 마늘 1숟가락
- 진간장 3숟가락
- 멸치액젓 2숟가락
- 설탕 1숟가락
- 고춧가루 1숟가락
- 고추장 0.5숟가락

**1.** 양파 1개는 반으로 잘라 0.3cm 두께로 채 썰고, 불고기용 돼지고기 600g은 먹기 편한 크기로 잘라주세요.

**2.** 대파 1대는 4등분해서 파채를 만들어 찬물에 5분 담갔다 찬물에 다시 헹구고 물기를 빼주세요.

💬 파채를 만들 때는 대파를 길게 반으로 자르거나 돌돌 말아서 채썰기를 합니다. 파채용 칼을 이용하면 편리합니다.

**3.** 돼지고기에 채 썬 양파, 진간장 3숟가락, 설탕 2숟가락, 다진 마늘 1숟가락, 고춧가루 1숟가락, 고추장 2숟가락, 물엿 2숟가락을 골고루 버무리고 10분 이상 재워주세요.

• tip •
고추장 양념한 고기는 먹을 만큼 나눠 냉동 보관해두고 필요할 때 사용합니다.
접시에 파채를 먼저 펼치고 고추장바삭구이를 올려주세요. 파채에 고기를 싸서 먹어야 맛있습니다.

**4.** 팬을 예열해서 양념한 고기를 얇게 펼쳐 센 불과 중불을 조절해가며 구워주세요.

💬 고추장 양념한 고기는 빨리 탈 수 있으니 불 세기를 조절해가며 구워줍니다.

💬 고기를 뒤집개로 꾹꾹 눌러 얇게 펴서 익히고, 바닥이 익으면 뒤집어서 다시 꾹꾹 눌러 바삭하게 구워주세요.

**1.** 양파 1/2개는 0.5cm 두께로 채 썰고, 당근 1/4개는 가늘게 채 썰어주세요. 대파 15cm(푸른 부분), 청양고추 1~2개는 어슷썰기를 해주세요.

**2.** 두부 1모는 반으로 잘라서 0.5cm 두께로 썰고, 새송이버섯 1개는 가로세로를 각각 2등분해서 0.5cm 두께로 편 썰어주세요.

**3.** 물 150ml, 다진 마늘 1숟가락, 진간장 3숟가락, 멸치액젓 2숟가락, 설탕 1숟가락, 고춧가루 1숟가락, 고추장 0.5숟가락을 섞어 양념장을 만들어주세요.

**4.** 전골냄비에 채 썬 양파를 먼저 깔고 두부를 가장자리에 빙 둘러서 놓은 다음, 가운데 채 썬 당근, 편 썬 새송이버섯, 한입 크기로 자른 돼지고기 200g을 올려주세요.

**5.** 양념장을 골고루 뿌리고 뚜껑을 덮어서 센 불에 끓여주세요.

**6.** 양념장이 끓고 돼지고기가 익으면 중불로 줄이고 어슷 썬 대파, 청양고추를 넣고 1분간 더 끓여주세요.

(볶음)

## 간장제육볶음

- ⏱ 30분
- ❄ 냉장 3일

**주재료**
- 불고기용 돼지고기 600g(앞다리살 또는 뒷다리살)

**부재료**
- 양파 1개
- 대파 1대
- 당근 1/2개
- 다진 마늘 0.5숟가락
- 진간장 7숟가락
- 참기름 1숟가락
- 설탕 1숟가락
- 후춧가루 조금
- 맛술 1숟가락
- 올리고당 1숟가락
- 깨 1숟가락

## 고추장 제육볶음

- ⏱ 20분
- ❄ 냉장 3일

**주재료**
- 돼지고기 400g(앞다리살 또는 뒷다리살)

**부재료**
- 양파 1개
- 당근 1/3개
- 대파 1/2대
- 청양고추 1개
- 홍고추 1개
- 표고버섯 2개
- 진간장 4숟가락
- 고추장 1숟가락
- 고춧가루 0.5숟가락
- 다진 마늘 1숟가락
- 참기름 2숟가락
- 설탕 1숟가락
- 식용유 1숟가락

## 간장제육볶음

1. 양파 1개는 반으로 잘라서 0.5cm 두께로 채썰기, 대파 1대는 어슷썰기, 당근 1/2개는 0.3cm 두께로 반달썰기해주세요.

2. 불고기용 돼지고기 600g은 먹기 편한 크기로 잘라주세요.

3. 돼지고기에 채 썬 양파, 반달 썬 당근, 어슷 썬 대파, 다진 마늘 0.5숟가락, 진간장 7숟가락, 참기름 1숟가락, 설탕 1숟가락, 후춧가루 조금, 맛술 1숟가락을 골고루 버무려서 10분간 재워주세요.

💬 맛술은 소주 또는 청주로 대체하거나 생략해도 됩니다.

💬 양념한 고기는 1회 분량으로 소분해 냉동 또는 냉장 보관합니다.

4. 팬을 예열해서 양념한 고기를 중불에 볶다가 돼지고기가 익으면 어슷 썬 대파를 넣고 센 불에 볶아주세요.

💬 양념한 고기는 먹을 만큼 나눠서 냉동 보관해두고 필요할 때 꺼내 쓰면 편리합니다. 한 달 정도 냉동 보관이 가능합니다.

5. 올리고당 1숟가락, 깨 1숟가락을 섞어주세요.

## 고추장제육볶음

1. 양파 1개는 1cm 두께로 채썰기, 당근 1/3개는 반달썰기, 대파 1/2대, 청양고추 1개, 홍고추 1개는 어슷썰기해주세요.

2. 표고버섯 2개는 갓과 대를 떼어내서 0.5cm 두께로 편 썰어주세요. 돼지고기 400g은 먹기 편한 크기로 잘라주세요.

3. 진간장 4숟가락, 고추장 1숟가락, 고춧가루 0.5숟가락, 다진 마늘 1숟가락, 참기름 2숟가락, 설탕 1숟가락을 섞어 양념장을 만든 후 돼지고기, 채 썬 양파, 반달썰기한 당근, 어슷 썬 대파 흰 부분, 청양고추, 표고버섯을 골고루 버무려주세요.

4. 팬에 식용유 1숟가락을 두르고 양념한 돼지고기를 볶아주세요.

💬 중불에 뚜껑을 덮고 익혀주세요.

5. 돼지고기가 익으면 대파 남은 것과 홍고추를 넣고 중불에 약 1분 정도 더 볶아주세요.

찜

## 돼지갈비찜

- 60분
- 냉장 3일

**주재료**
- 돼지갈비 1kg

**부재료**
- 감자 2개
- 당근 1/2개
- 양파 1/2개
- 대파 1대
- 진간장 100ml
- 물 100ml
- 설탕 50ml
- 맛술 50ml
- 후춧가루 조금
- 다진 마늘 1.5숟가락
- 다진 생강 0.5숟가락
- 참기름 2숟가락

## 돼지고기 김치찜

- 30분
- 냉장 3일

**주재료**
- 돼지고기 400g(목살 또는 삼겹살)
- 김치 1/2포기

**부재료**
- 양파 1/2개
- 대파 1/2대
- 물 600ml
- 김칫국물 3국자
- 된장 0.3숟가락

## 돼지갈비찜

1. 돼지갈비 1kg은 지방 부위를 가위로 잘라내고 찬물에 30분 정도 담가 핏물을 뺀 후 3~4번 헹구고 물기를 빼주세요.

2. 양파는 4등분해서 믹서에 물 50ml를 넣고 갈아주세요. 대파 1대는 채 썰고 감자와 당근은 한 입 크기로 썰어주세요.

3. 간 양파, 진간장, 물, 설탕, 맛술, 후춧가루, 다진 마늘, 다진 생강, 참기름을 골고루 섞어서 양념장을 만들어주세요.

4. 물기 뺀 돼지갈비에 양념장, 채 썬 대파를 넣고 골고루 버무려서 30분 정도 재워두세요.

5. 감자 2개, 당근 1/2개는 5cm 두께로 깍둑썰기해서 양념장에 재운 돼지갈비와 함께 냄비에 담아 센 불에 삶아주세요.

6. 양념이 끓으면 중약불로 줄이고 30분간 삶아주세요.

## 돼지고기김치찜

1. 양파 1/2개는 0.3cm 두께로 채 썰고, 대파 1/2대는 어슷썰기를 해주세요.

2. 돼지고기 400g은 1.5×2×6cm 크기로 썰고, 김치 1/2포기는 배추심을 잘라내고 반으로 썰어주세요.

3. 김치를 1장씩 펼치고 끝에 돼지고기를 올려 돌돌 말아주세요.

💬 구이용으로 잘라놓은 돼지고기는 2~3개씩 올리면 됩니다.

4. 전골냄비에 채 썬 양파, 어슷 썬 대파 흰 부분을 깔고, 돼지고기김치말이를 담아주세요.

5. 물 600ml, 김칫국물 3국자, 된장 0.3숟가락을 섞어서 붓고 센 불에 끓여주세요.

💬 조미료를 살짝 넣으면 감칠맛이 올라갑니다.

6. 돼지고기김치찜이 끓기 시작하면 나머지 대파 푸른 부분을 넣고 약불에 뚜껑을 덮어서 15~20분 끓여주세요.

( 한 그릇 요리 )

# 수육

- ⏱ 45분
- ❄ 냉장 3일

**주재료**
- 통삼겹살 또는 통고기(앞다리살, 뒷다리살) 600g

**부재료**
- 대파 1대
- 양파 1개
- 청양고추 2개
- 통마늘 3개
- 물 500ml
- 된장 1숟가락
- 맛술 50ml
- 후춧가루 조금

**1.** 대파 1대는 4등분하고, 양파 1개와 청양고추 2개는 반으로 잘라주세요.

**2.** 물 500ml에 된장 1숟가락, 자른 대파, 양파, 청양고추, 통마늘 3개를 넣고 끓여주세요.

**3.** 물이 끓으면 맛술 50ml, 후춧가루 조금, 돼지고기를 넣고 삶아주세요.

**4.** 물이 팔팔 끓으면 중약불로 줄여서 30분 정도 삶아줍니다.

# Beef

## 소고기

| | |
|---|---|
| 제철시기 | 연중 |
| 장보기 노하우 | - 붉은색이 선명하며 지방질이 골고루 퍼진 소고기를 구입합니다. 요리 종류에 따라 부위를 선택하고 표면이 갈색으로 변한 고기는 피합니다. 국내산 소고기는 한우와 육우로 나뉘며, 호주산, 미국산 소고기 가격이 조금 저렴합니다. 냉장육과 냉동육 보관 방법에 따라 가격과 맛, 육질이 다릅니다.<br>- 앞다리살 : 불고기, 육회, 샹소빔 / 우둔살 : 산적, 장조림, 육포 / 목심 : 불고기, 국거리 / 사태 : 탕, 샤브샤브, 육회 / 설도 : 산적, 장조림, 육포 / 홍두깨 : 장조림 / 척아이롤 : 목심과 윗등심(가격이 저렴하고 맛도 떨어지지 않습니다) |
| 보관법 | 하루 내에 먹을 소고기는 냉장 보관하고 오래 두고 먹으려면 소분하여 냉동 보관합니다. |
| 손질법 | 냉동육은 실온 또는 냉장실에서 천천히 해동해야 맛과 육질이 변하지 않습니다. |

구이

## 떡갈비

- ⏱ 25분
- ❄ 냉장 3일

**주재료**
- 다진 소고기 600g

**부재료**
- 양파 1/2개
- 대파 15cm(흰 부분)
- 다진 마늘 1숟가락
- 진간장 4숟가락
- 설탕 1숟가락
- 맛술 1숟가락
- 참기름 1숟가락
- 후춧가루 0.25숟가락
- 올리고당 1숟가락
- 잣 조금

## 너비아니

- ⏱ 30분
- ❄ 냉장 3일

**주재료**
- 소고기 300g(홍두깨살, 우둔살, 채끝살 등)

**부재료**
- 대파 5cm(흰 부분)
- 진간장 2숟가락
- 설탕 0.5숟가락
- 배즙 2숟가락
- 배 1/4개
- 다진 마늘 0.5숟가락
- 후춧가루 조금
- 참기름 1숟가락
- 올리고당 1숟가락
- 깨 또는 잣 조금

1. 다진 소고기 600g은 키친타월에 싸서 핏물을 제거해주세요.

2. 양파 1/2개, 대파 15cm(흰 부분)는 잘게 다져주세요.

3. 소고기에 다진 양파, 대파, 다진 마늘 1숟가락, 진간장 3숟가락, 설탕 1숟가락, 맛술 1숟가락, 참기름 1숟가락, 후춧가루 0.25숟가락을 넣고 치대주세요.

4. 양념장에 치댄 소고기를 2숟가락 떠서 동그랗게 빚어주세요.

● 공기가 빠지도록 여러 번 치댑니다.

5. 예열한 팬에 떡갈비를 올리고 중약불에 뚜껑을 덮고 구워주세요. 떡갈비가 2/3 정도 익으면 뒤집어서 구워주세요.

6. 진간장 1숟가락, 올리고당 1숟가락을 섞어서 구운 떡갈비 앞뒤에 바르고 한 번 더 살짝 구운 후 잣을 올립니다.

1. 소고기 300g은 0.5cm 두께로 포를 뜬 후 칼등을 사용해 X 자로 두드리고 힘줄은 칼끝으로 살짝 찍은 후 4×5.5cm 크기로 잘라주세요.

2. 배 1/4개는 강판에 갈아 즙을 짜고, 대파 5cm는 곱게 다져주세요.

3. 진간장 2숟가락, 설탕 0.5숟가락, 배즙 2숟가락, 다진 마늘 0.5숟가락, 다진 대파, 후춧가루 조금, 참기름 1숟가락을 섞어 양념장을 만들어주세요.

4. 소고기에 양념장을 골고루 발라 10분간 재워두세요.

5. 팬에 식용유를 살짝 두르고 양념한 소고기를 펼쳐 약불에 앞뒤로 서서히 구워주세요.

● 석쇠에 구우면 더욱 맛있습니다.

6. 구운 고기에 올리고당 1숟가락을 골고루 바르고 깨 또는 잣을 올려주세요.

( 찜 & 구이 )

# 소갈비찜

- ⏱ 45분+핏물 빼기 1시간
- ❄ 냉장 3일

**주재료**
- 소갈비 1kg(소갈비는 뼈 무게가 있어 2kg가 3~4인분)

**부재료**
- 감자 2개
- 당근 1개
- 새송이버섯 2개
- 표고버섯 2개
- 대파 1/2대(흰 부분)
- 물 350ml
- 양파 1/2개
- 배 1/4개
- 진간장 100ml
- 설탕 50ml
- 맛술 2숟가락
- 참기름 1숟가락
- 다진 마늘 1숟가락
- 다진 생강 0.3숟가락
- 후춧가루 조금

# LA갈비구이

- ⏱ 40분+핏물 빼기 1시간
- ❄ 냉장 3일

**주재료**
- LA갈비 1kg

**부재료**
- 양파 1/2개(작은 크기)
- 키위 1/4개
- 배 1/4개
- 물 300ml
- 진간장 100ml
- 흑설탕(또는 백설탕) 100ml
- 맛술 1숟가락
- 참기름 2숟가락
- 후춧가루 조금
- 계피가루 조금
- 깨 조금

소갈비찜

1. 소갈비 1kg을 찬물에 담가 1시간 정도 핏물을 뺀 후 갈비가 잠길 정도의 물을 넣고 고기 겉면이 익을 정도로 삶아주세요. 삶은 갈비는 찬물에 깨끗이 씻어주세요.

2. 감자는 4등분하고, 당근, 새송이버섯은 1.5cm 두께로 반달썰기, 표고버섯은 갓에 칼집을 내고, 대파는 3cm 길이로 잘라주세요.

3. 물 100ml, 양파 1/2개, 배 1/4개는 믹서에 갈아주세요.

💬 배와 물 대신 갈아만든배 음료 100ml에 양파를 넣고 갈아도 됩니다.

4. 물 250ml, 진간장 100ml, 설탕 50ml, 맛술 2숟가락, 참기름 1숟가락, 다진 마늘 1숟가락, 다진 생강 0.3숟가락, 후춧가루 조금, 3의 양파와 배 간 물을 넣고 설탕이 녹을 때까지 잘 섞어서 양념장을 만들어주세요.

5. 갈비에 4등분한 감자, 반달썰기한 당근, 양념장을 넣고 골고루 섞은 후 센 불에 올려 양념이 끓으면 뚜껑을 덮고 중약불에 30분간 끓여주세요.

💬 센 불에 익히면 고기가 질겨져요. 중약불에 뼈가 쏙 빠질 정도로 부드럽게 익힙니다.

6. 손질한 표고버섯, 새송이버섯, 대파를 넣고 양념장을 골고루 뿌려가며 끓여주세요.

LA갈비구이

1. LA갈비 1kg은 찬물에 담가 1시간 이상 핏물을 뺀 후 여러 번 씻어서 물기를 빼주세요.

2. 양파 1/2개, 키위 1/4개, 배 1/4개, 물 100ml를 믹서에 갈아서 체에 숟가락으로 비벼가며 걸러주세요.

💬 키위를 많이 넣으면 고기가 물러져요.

3. 물 200ml, 진간장 100ml, 흑설탕(또는 백설탕) 100ml, 맛술 1숟가락, 참기름 2숟가락, 후춧가루 조금, 계피가루 조금, 체에 거른 2의 즙을 넣고 골고루 섞어주세요.

4. 통에 3의 양념장 1국자를 넣고 핏물 뺀 LA갈비를 올려서 켜켜이 쌓아 6시간 이상 재워두세요.

💬 LA갈비는 양념에 재워 먹을 만큼 나눠서 냉동 보관하면 편리합니다.

5. 팬에 양념에 재운 LA갈비 3~4줄과 양념 1국자를 넣고 뚜껑을 덮어서 양념이 끓으면 중약불에 익혀주세요.

💬 센 불에 빨리 익히면 고기가 질겨져요. LA갈비찜은 약불에 오랜 시간 뼈가 쏙 빠질 정도로 부드럽게 익혀야 합니다.

6. 고기가 익으면 뚜껑을 열고 센 불에 1분간 조린 후 뼈 사이를 가로로 잘라 접시에 담고 깨를 골고루 뿌려주세요.

💬 실파를 송송 썰어서 올리면 더 맛있어 보입니다.

( 볶음 )

# 불고기

- ⏱ 25분
- ❄ 냉장 3일 / 냉동 1달

**주재료**
- 불고기용 소고기 300g

**부재료**
- 양파 1/2개(작은 크기)
- 표고버섯 2개
- 당근 1/2개
- 대파 1/3대(푸른 부분)
- 진간장 6숟가락
- 올리고당 1숟가락
- 참기름 1숟가락
- 다진 마늘 0.5숟가락
- 물 2숟가락
- 배즙 4숟가락
- 후춧가루 조금
- 올리고당 1숟가락
- 깨 1숟가락

# 찹스테이크

- ⏱ 25분
- ❄ 냉장 3일

**주재료**
- 소고기 300g(등심, 안심, 채끝 등)

**부재료**
- 빨강 파프리카 1/4개
- 노랑 파프리카 1/4개
- 피망 1/4개
- 양파 1/2개
- 새송이버섯 1개
- 당근 1/4개
- 통마늘 2개
- 소금 0.5숟가락
- 다진 마늘 0.3숟가락
- 후춧가루 조금
- 올리브오일 1숟가락
- 버터 10g
- 케첩 3숟가락
- 굴소스 0.5숟가락
- 스테이크소스 1숟가락
- 올리고당 1~2숟가락

불고기

1. 양파 1/2개는 0.5cm 두께로 채 썰고, 표고버섯 2개는 대를 떼어내고 0.5cm 두께로 편 썰어주세요. 당근 1/2개는 채썰기, 대파 1/3대는 송송 썰어주세요.

2. 진간장 6숟가락, 올리고당 1숟가락, 참기름 1숟가락, 다진 마늘 0.5숟가락, 물 2숟가락, 배즙 4숟가락, 후춧가루를 골고루 섞어 양념장을 만들어주세요.

3. 불고기용 소고기 300g에 채 썬 당근, 양파, 편 썬 표고버섯, 송송 썬 대파, 양념장을 골고루 버무려서 10분 이상 재워두세요.

💬 소고기는 먹기 좋은 크기로 잘라서 양념하면 더 편합니다.

4. 팬에 양념한 고기를 중불에 볶다가 뚜껑을 덮고 익혀주세요.

5. 소고기가 익으면 뚜껑을 열고 센 불에서 한 번 볶은 후 올리고당 1숟가락, 깨 1숟가락을 섞어주세요.

소고기

큐브스테이크

 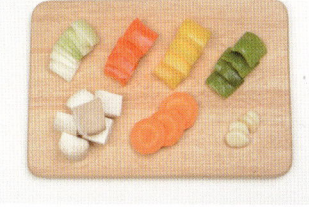 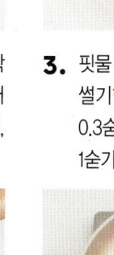

1. 소고기 300g은 키친타월에 싸서 5분간 핏물을 제거해주세요.

2. 씨를 제거한 빨강·노랑 파프리카 각 1/4개, 피망 1/4개, 양파 1/2개, 새송이버섯 1개는 깍둑썰기해주세요. 당근 1/4개, 통마늘 2개는 편 썰어주세요.

3. 핏물 뺀 소고기는 3×3cm 크기로 깍둑 썰기한 후 소금 0.5숟가락, 다진 마늘 0.3숟가락, 후춧가루 조금, 올리브오일 1숟가락을 넣고 골고루 버무려주세요.

4. 팬에 버터 5g을 녹여 2의 채소를 한꺼번에 볶은 후 덜어내고, 나머지 버터 5g을 녹여 소고기를 볶아주세요.

5. 볶은 소고기와 채소에 케첩 3숟가락, 굴소스 0.5숟가락, 스테이크소스 1숟가락, 후춧가루 조금 넣고 골고루 섞어주세요.

6. 중불에 한 번 더 볶은 후 올리고당 1~2 숟가락을 골고루 섞어주세요.

 샐러드 & 조림

## 우삼겹샐러드

⏱ 15분
❄ 당일

**주재료**
- 우삼겹살 150g

**부재료**
- 샐러드용 상추 100g
- 방울토마토 5개
- 팽이버섯 1/2봉지
- 소금 2꼬집
- 후춧가루 조금
- 양조간장 1숟가락
- 식초 0.3숟가락
- 고추냉이 조금

## 소고기장조림

⏱ 40분
❄ 냉장 10일

**주재료**
- 장조림용 소고기 250g(양지, 사태, 홍두깨살)
- 삶은 메추리알 15개

**부재료**
- 양파 1/2개
- 대파 1/2대(흰 부분)
- 꽈리고추 10개(작은 크기)
- 물 800ml
- 맛술 1숟가락
- 진간장 100ml
- 다진 마늘 1숟가락
- 다진 생강 0.3숟가락
- 물엿 50ml

1. 샐러드용 상추 100g을 길게 반으로 자른 후 2.5cm 크기로 썰어주세요. 방울토마토 5개는 반으로 자르고, 팽이버섯 1/2봉지도 밑동을 잘라내고 반으로 썰어주세요.

2. 우삼겹살 150g에 소금 2꼬집, 후춧가루 조금 뿌려서 볶아주세요.

3. 우삼겹살이 익으면 팽이버섯을 넣고 볶아주세요.

4. 양조간장 1숟가락, 식초 0.3숟가락, 고추냉이 조금 섞어서 드레싱을 만들어주세요.

5. 접시에 샐러드용 상추, 반으로 자른 방울토마토, 볶은 우삼겹살을 담고 드레싱을 뿌려주세요.

1. 소고기는 8등분해서 핏물을 빼고, 삶은 메추리알은 씻어서 물기를 빼주세요.

소고기는 결대로 잘 찢어지도록 길게 잘라주세요.

2. 양파 1/2개는 반으로 자르고, 대파 1/2대는 5cm 길이로 잘라주세요. 꽈리고추 10개는 꼭지를 떼어내고 포크로 앞뒤를 찍어서 구멍을 내주세요.

3. 물 800ml, 양파, 대파, 맛술 1숟가락, 진간장 50ml에 소고기를 넣고 삶아주세요. 물이 끓으면 거품을 걷어내고 중약불에 20분 정도 더 삶아주세요.

4. 삶은 소고기를 건져서 식힌 후 결대로 찢고, 육수에 다진 마늘 1숟가락, 다진 생강 0.3숟가락을 넣고 끓여서 육수만 체에 걸러주세요.

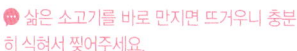
삶은 소고기를 바로 만지면 뜨거우니 충분히 식혀서 찢어주세요.

5. 육수 400ml, 진간장 50ml, 물엿 50ml를 골고루 섞은 후 찢은 소고기, 삶은 메추리알을 넣고 양념장이 끓으면 중약불에 조려주세요.

6. 메추리알에 간장이 골고루 배면 꽈리고추를 넣고 골고루 섞은 후 불을 꺼주세요.

꽈리고추에 포크로 구멍을 내면 양념이 잘 배어들어요.

**볶음**

# 소고기청경채볶음

⏱ 20분
❄ 냉장 3일

**주재료**
- 소고기 250g(치맛살, 척롤 등 0.5cm 이하 두께로 얇게 썰어놓은 고기)
- 청경채 7개

**부재료**
- 양파 1/2개
- 청양고추 1개
- 대파 10cm(중간 부분)
- 홍고추 1개
- 참기름 1숟가락
- 후춧가루 3꼬집
- 진간장 2숟가락
- 굴소스 1숟가락
- 다진 마늘 0.3숟가락
- 식용유 1숟가락

**1.** 청경채는 밑동을 잘라낸 후 잎을 하나씩 떼어내고, 양파는 채썰기, 대파는 길게 4등분해서 송송 썰기, 청양고추, 홍고추는 어슷썰기를 해주세요.

**2.** 얇게 썰어놓은 소고기 250g은 3×4cm 크기로 잘라 참기름 1숟가락, 후춧가루 2꼬집을 넣고 골고루 섞어서 밑간을 해주세요.

**3.** 진간장 2숟가락, 굴소스 1숟가락, 다진 마늘 0.3숟가락, 후춧가루 1꼬집, 송송 썬 대파, 청양고추를 골고루 섞어 양념장을 만들어주세요.

**4.** 팬에 식용유 1숟가락을 두르고 밑간한 소고기를 볶아주세요.

**5.** 소고기 겉면이 익으면 채 썬 양파와 양념장을 넣고 중불에 골고루 볶다가 소고기가 익으면 청경채를 넣고 볶은 후 마지막에 홍고추를 넣고 섞어주세요.

• **tip** •
소고기는 칼등으로 두드려 밑간하면 더 부드럽고 양념도 잘 배어듭니다.

# Shrimp

## 새우

| | |
|---|---|
| **제철시기** | 대하·흰다리새우 9~11월 / 양식·냉동새우 연중 |
| **장보기 노하우** | 요리 종류에 따라 생물, 냉동새우를 선택합니다. 자숙새우는 익혀서 냉동한 것입니다. |
| **보관법** | 하루 내로 요리할 새우는 냉장 보관하고, 오래 두고 먹으려면 소분하여 냉동 보관합니다. |
| **손질법** | - 껍질째 요리하려면 뿔과 수염을 잘라내고 이쑤시개 등으로 등 부위 내장을 제거합니다.<br>- 새우 대가리까지 요리하려면 통째로 깨끗이 씻어냅니다. |

## 칠리새우

- ⏱ 20분
- ❄ 당일

**주재료**
- ☐ 칵테일새우(대) 20마리

**부재료**
- ☐ 대파 10cm(흰 부분)
- ☐ 피망 1/2개
- ☐ 양파 1/4개
- ☐ 당근 1/5개
- ☐ 감자전분 2숟가락
- ☐ 튀김가루 2숟가락
- ☐ 물 2숟가락
- ☐ 식용유 100ml+1숟가락
- ☐ 케첩 3숟가락
- ☐ 고추장 0.5숟가락
- ☐ 물엿 2숟가락
- ☐ 물 7숟가락
- ☐ 땅콩(또는 아몬드 슬라이스) 조금

## 버터갈릭새우

- ⏱ 20분
- ❄ 당일

**주재료**
- ☐ 칵테일새우(대) 15마리

**부재료**
- ☐ 소금 0.6숟가락
- ☐ 브로콜리 1/3~1/2송이
- ☐ 버터 20g
- ☐ 다진 마늘 0.5숟가락
- ☐ 페페론치노 0.5~1숟가락
- ☐ 후춧가루 조금
- ☐ 양파 1/3개
- ☐ 마요네즈 3숟가락
- ☐ 올리고당 2숟가락
- ☐ 쪽파(또는 파슬리) 조금

1. 칵테일새우는 이쑤시개로 등 쪽 내장을 제거하고 깨끗이 씻어서 물기를 닦아주세요. 대파 10cm는 잘게 다지고, 피망, 양파, 당근은 0.3×0.3cm 크기로 잘게 썰어주세요.

2. 위생팩에 감자전분 2숟가락과 새우를 넣고 흔들어 골고루 묻혀주세요.

3. 튀김가루 2숟가락, 물 2숟가락을 섞어 튀김물을 만든 후 새우를 담가주세요.

4. 좁고 깊은 냄비에 식용유 100ml를 붓고 170~180도로 예열 후 약불에 새우를 튀겨서 키친타월에 올려 기름기를 빼주세요.
   💬 예열 후에 온도가 계속 올라갈 수 있으니 불 세기를 조절하며 튀깁니다.
   💬 튀김반죽을 살짝 떨어트려 3초 만에 떠오르면 알맞은 온도입니다.

5. 팬에 식용유 1숟가락을 두르고 다진 대파를 볶다가 양파, 피망, 당근을 넣고 볶아주세요. 케첩 3숟가락, 고추장 0.5숟가락, 물엿 2숟가락, 물 7숟가락을 넣고 골고루 섞어 중불에 조려주세요.
   💬 고추장을 생략하면 아이들이 먹기에도 좋아요.

6. 5의 양념에 튀긴 새우를 넣고 골고루 섞은 후 땅콩(또는 아몬드 슬라이스)을 뿌려주세요.

1. 칵테일새우 15마리는 깨끗이 씻어서 물기를 닦아내고, 브로콜리 1/3~1/2송이는 작게 잘라주세요.

2. 브로콜리를 끓는 물에 소금 0.5숟가락을 넣고 1분간 데친 후 물기를 빼주세요.

3. 달군 팬에 버터 20g, 다진 마늘 0.5숟가락을 넣고 버터가 녹을 때까지 준불에 볶아주세요.

4. 페페론치노 0.5~1숟가락, 칵테일새우, 소금 0.1숟가락(2꼬집), 후춧가루를 조금 넣고 골고루 볶은 후 데친 브로콜리를 넣고 1분간 볶아주세요.

5. 양파 1/3개, 마요네즈 3숟가락, 올리고당 2숟가락을 믹서에 갈아 양파 마요네즈 소스를 만들어주세요.

6. 접시에 버터갈릭새우를 깔고 양파 마요네즈 소스를 올린 후 쪽파(또는 파슬리)를 뿌려주세요.

309

## 새우소금구이

- ⏱ 30분
- ❄ 당일

**주재료**
- 생새우 20마리

**부재료**
- 맛술 30ml
- 레몬 1/2개
- 천일염 1컵
- 고추장 1숟가락
- 설탕 1숟가락
- 식초 2숟가락
- 깨 0.5숟가락

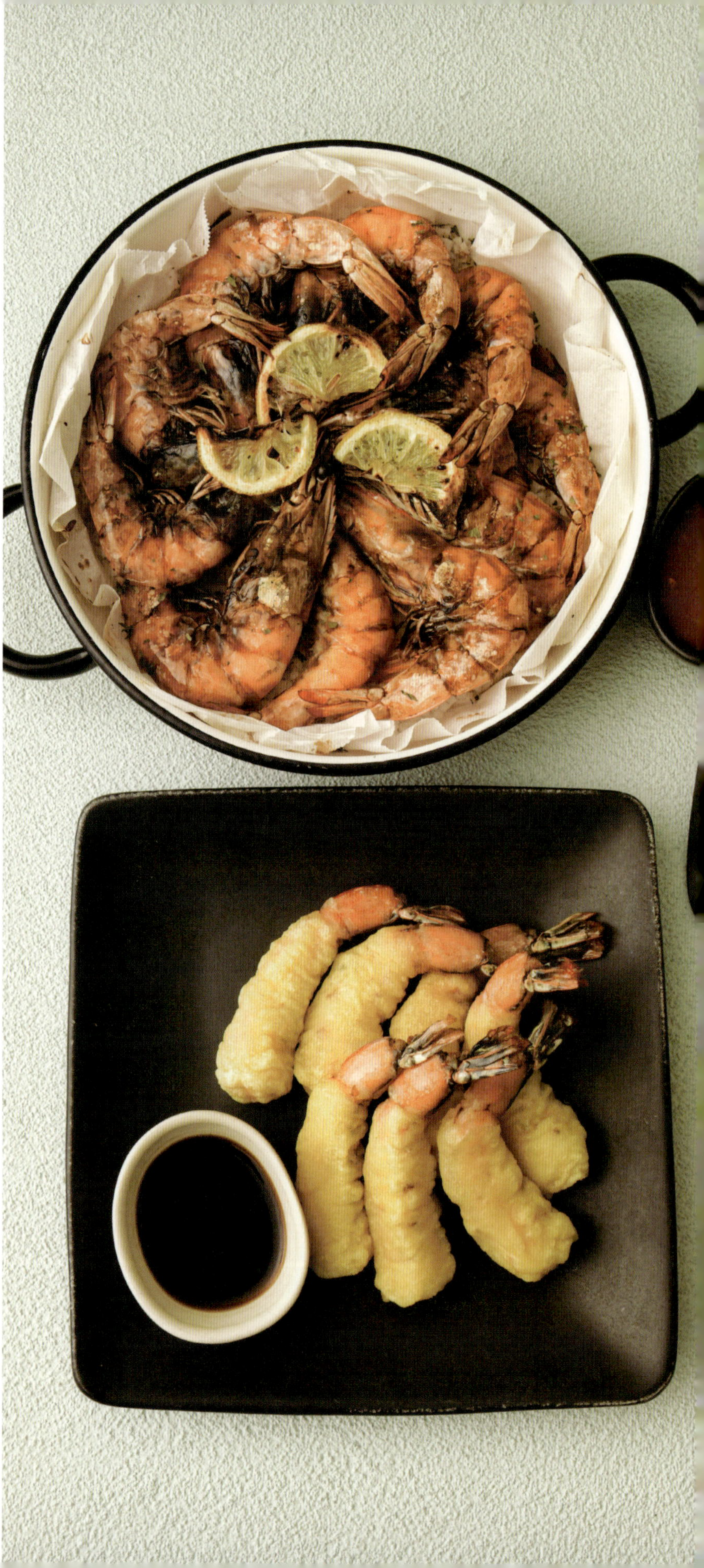

## 새우튀김

- ⏱ 20분
- ❄ 당일

**주재료**
- 생새우 15마리

**부재료**
- 밀가루 적당량
- 튀김가루 50ml
- 물 50ml
- 달걀노른자 1개
- 식용유 200ml
- 양조간장 2숟가락
- 식초 1숟가락
- 올리고당 1숟가락

1. 생새우 20마리는 수염과 뿔, 입 끝을 가위로 잘라내고 이쑤시개로 등 쪽의 내장을 제거한 후 깨끗이 씻어주세요.

2. 새우를 넓게 펼쳐서 맛술 30ml를 골고루 뿌려주세요.

3. 레몬 1/2개는 0.3cm 두께로 썰어주세요.
   💬 레몬은 생략해도 됩니다.

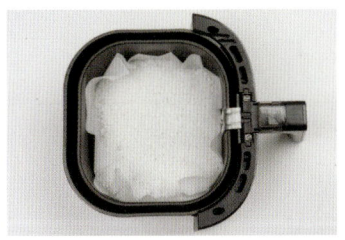 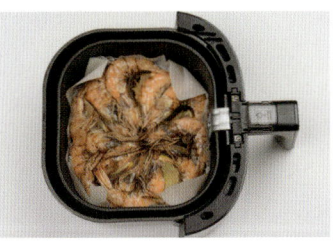 

4. 에어프라이어 바스켓에 쿠킹호일을 깔고 굵은 천일염을 바닥에 넉넉하게 깔아주세요.
   💬 프라이팬을 사용할 경우 바닥이 탈 수 있으니 식용유 1숟가락을 골고루 바른 다음 쿠킹호일을 깔고 약불에 뚜껑을 덮고 구워줍니다.

5. 키친타월로 새우의 물기를 닦은 후 소금 위에 평평하게 올리고 그 위에 레몬을 올린 다음 180도로 15~20분 구워주세요.
   💬 기기마다 열 전도율이 다르니 중간에 뒤집어줍니다.

6. 고추장 1숟가락, 설탕 1숟가락, 식초 2숟가락, 깨 0.5숟가락을 골고루 섞어 초고추장을 만들어주세요.

  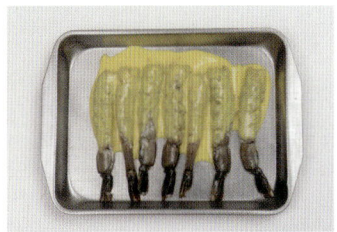

1. 생새우 15마리는 이쑤시개로 등 쪽 내장을 제거하고 배 쪽에 칼집을 넣은 후 깨끗이 씻어서 물기를 제거해주세요.
   💬 생새우는 껍질을 벗겨주세요.

2. 새우에 밀가루를 골고루 묻혀주세요.

3. 튀김가루 50ml, 물 50ml, 달걀노른자 1개를 골고루 섞어 묽은 튀김물을 만들고 새우에 입혀주세요.

• tip •
기름 온도가 계속 올라가니 불 세기를 조절하면서 튀깁니다.
튀김 부스러기는 제거하면서 튀겨야 기름이 타지 않고 노릇노릇 튀길 수 있어요.

4. 작은 냄비에 식용유 200ml를 붓고 180도로 예열 후 약불로 줄여서 새우를 튀긴 후 기름종이 또는 키친타월에 올려 기름기를 빼주세요.
   💬 예열된 기름에 튀김물을 떨어뜨렸을 때 가라앉지 않고 바로 떠오르면 튀기기 적당한 온도입니다.

5. 양조간장 2숟가락, 식초 1숟가락, 올리고당 1숟가락을 골고루 섞어 찍어 먹을 소스를 만들어주세요.

( 전 & 볶음 )

## 새우꼬치전

- 25분
- 냉장 3일

**주재료**
- 생새우(중간 크기/꼬치전 전용 새우) 원하는 만큼

**부재료**
- 소금 조금
- 후춧가루 조금
- 쪽파 5줄
- 새송이버섯 1개 이상
- 밀가루 적당량
- 달걀 2개
- 소금 0.1숟가락
- 식용유 2숟가락

## 새우야채볶음

- 15분
- 냉장 2일

**주재료**
- 냉동새우 20마리

**부재료**
- 양파 1/4개
- 피망 1/2개
- 빨강 파프리카 1/4개
- 양송이버섯 1개
- 올리브오일(또는 식용유) 2숟가락
- 다진 마늘 0.3숟가락
- 소금 1꼬집+0.1숟가락
- 후춧가루 조금
- 참기름 1숟가락
- 깨 1숟가락

1. 생새우는 이쑤시개로 등 쪽 내장과 머리를 제거하고 배를 갈라 칼집을 넣어서 펼친 후 소금과 후춧가루로 밑간을 해주세요.

2. 새우 길이와 크기에 맞춰 쪽파, 새송이버섯을 잘라주세요.

3. 새우, 쪽파, 새송이버섯 순서로 꽂이를 끼워주세요.

🔴 새우만 꽂기도 합니다.

4. 새우꼬치에 밀가루를 골고루 묻혀주세요.

5. 달걀 2개에 소금 0.1숟가락을 넣어 풀고 새우꼬치에 골고루 묻혀주세요.

6. 팬에 식용유 2숟가락을 두르고 예열 후 약불에 새우꼬치를 서서히 앞뒤로 부쳐주세요. 뒤집기 전 달걀물을 살짝 더 뿌려줍니다.

🔴 팬에 키친타월로 기름을 한 번 바른 다음 식용유를 두르고 약불에 서서히 구워야 노릇노릇 예쁘게 구워져요.

1. 냉동새우 20마리는 이쑤시개로 내장을 제거하고 깨끗이 씻어서 물기를 빼주세요.

2. 양파 1/4개, 피망 1/2개, 빨강 파프리카 1/4개는 씨를 제거한 후 2.5×2.5cm 크기로 깍둑썰기를 해주세요. 양송이버섯 1개는 편 썰어주세요.

3. 팬에 올리브오일(또는 식용유) 2숟가락을 두르고 새우, 깍뚝 썬 양파, 다진 마늘 0.3숟가락, 소금 1꼬집을 넣고 볶아주세요.

4. 새우가 익어가면 깍둑 썬 피망, 파프리카, 편 썬 양송이버섯, 소금 0.1숟가락, 후춧가루 조금 넣고 골고루 볶아주세요.

5. 참기름 1숟가락, 깨 1숟가락을 넣고 골고루 섞어주세요.

> 한 그릇 요리

# 감바스 알 아히요

- ⏱ 15분
- ❄ 당일

**주재료**
- ☐ 냉동 깐 새우 15마리

**부재료**
- ☐ 통마늘 5개
- ☐ 방울토마토 5개
- ☐ 브로콜리 3송이(작은 것)
- ☐ 소금 2꼬집
- ☐ 후춧가루 조금
- ☐ 파슬리 가루 조금
- ☐ 엑스트라버진 올리브오일 100~150ml
- ☐ 레드페퍼 조금
- ☐ 바게트 또는 구운 식빵

**1.** 마늘은 얇게 편썰기, 방울토마토 5개와 데친 브로콜리 3송이는 반으로 잘라주세요.

**2.** 냉동 깐 새우는 한 번 씻어서 물기를 빼고 소금 2꼬집, 후춧가루 조금 뿌려 밑간을 해주세요.

**3.** 팬에 엑스트라버진 올리브오일 100~150ml를 붓고, 편 썬 마늘, 레드페퍼를 넣고 중불에 뭉근하게 끓여주세요.

**4.** 마늘 색이 진하게 변하면 물기를 제거한 새우를 넣어주세요.

**5.** 새우를 앞뒤로 골고루 볶아서 익힌 다음 방울토마토, 브로콜리를 넣고 볶은 후 후춧가루와 파슬리 가루를 뿌려주세요.

💡 바게트 또는 구운 식빵을 잘라서 곁들입니다.

# Fish

## 생선

| | |
|---|---|
| 제철시기 | 연중 먹을 수 있는 냉동 생선과 계절 생선이 있습니다. |
| 장보기 노하우 | 생물 생선은 눈알이 투명하고 톡 튀어나오며, 비늘이 단단하고 몸통과 배가 탄탄한 것을 고릅니다. |
| 보관법 | 2일 정도 냉장 보관할 수 있으나 오래 두고 먹으려면 냉동 보관합니다. 물기가 남아 있으면 생선살이 흐물거릴 수 있으니 물기를 제거하고 밀폐하여 보관합니다. |
| 손질법 | 등, 꼬리, 배, 아가미, 지느러미를 제거합니다. 꼬리에서 머리 방향으로 비늘을 벗겨냅니다. 배를 갈라 내장을 빼내고 핏물까지 완전히 씻어내야 비린내가 나지 않습니다. 생선살은 물이 닿으면 흐물거리므로 세척은 최소로 합니다. 물이 끓었을 때 넣으면 생선살이 더욱 탄탄합니다. |

( 구이 )

## 고등어카레구이

- 15분
- 당일

**주재료**
- 자반고등어 1마리
- 카레 가루 2숟가락

**부재료**
- 밀가루 1숟가락
- 식용유 3숟가락

## 가자미구이

- 20분
- 냉장 2일

**주재료**
- 가자미 1마리

**부재료**
- 소금 2꼬집
- 부침가루 1숟가락
- 식용유 2숟가락

## 고등어카레구이

1. 자반고등어 1마리는 지느러미를 잘라내고 씻어서 반으로 자른 후 식초 또는 레몬즙을 살짝 뿌려 비린내를 날려줍니다.
2. 밀가루 1숟가락, 카레 가루 2숟가락을 골고루 섞어주세요.
3. 고등어 앞뒤로 2의 카레 가루를 골고루 묻힌 후 살짝 털어주세요.

> • tip •
> 고등어 안쪽의 내장을 제거한 부위를 더 깨끗이 씻어주세요.
> 종이호일 또는 키친타월을 올리면 생선 기름이 튀는 걸 막을 수 있어요. 가스레인지에 구울 때는 불이 닿지 않을 정도로 작게 잘라서 사용합니다.

4. 팬에 식용유 3숟가락을 두르고 예열 후 약불로 줄여 고등어 안쪽부터 구워주세요.
5. 생선살이 2/3 정도 익었을 때 뒤집어줍니다.
   💬 자주 뒤집으면 생선살이 으스러지니 천천히 구워주세요.

## 가자미구이

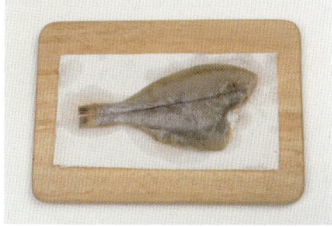  

1. 가자미 1마리는 칼로 비늘과 내장을 제거하고 깨끗이 씻어서 물기를 닦아주세요.
   💬 생선살에 물이 자주 닿으면 흐물거리니 손질 후 한 번에 씻어주세요.
2. 칼을 사선으로 비스듬히 기울여 가자미에 3cm 간격으로 칼집을 낸 뒤 소금 2꼬집을 뿌리고 10분간 재워두세요.
3. 부침가루 1숟가락을 가자미 앞뒤로 골고루 묻히고 살짝 털어주세요.

4. 예열한 팬에 식용유 2숟가락을 두르고 약불에 가자미를 구워주세요.
5. 생선살이 2/3 정도 익었을 때 뒤집어서 구워주세요.
   💬 자주 뒤집으면 껍질이 벗겨질 수 있으니 천천히 오래 구워주세요.

( 찜 & 구이 )

# 조기찜

- ⏱ 25분
- ❄ 냉장 2일

**주재료**
- 조기 5마리

**부재료**
- 양파 1/2개
- 대파 1/2대
- 청양고추 1개
- 물 100ml
- 진간장 2숟가락
- 다진 마늘 0.5숟가락
- 다진 생강 0.3숟가락
- 맛술 1숟가락
- 실파 3뿌리(푸른 부분)
- 달걀 1개

# 유장조기구이

- ⏱ 20분
- ❄ 당일

**주재료**
- 조기 3마리

**부재료**
- 참기름 1숟가락
- 진간장 1숟가락

1. 조기 5마리는 지느러미를 잘라내고 비늘을 긁어낸 후 배를 갈라 내장을 제거하고 깨끗이 씻어 3cm 간격으로 칼집을 내주세요.

2. 양파 1/2개는 채썰기, 대파 1/2대, 청양고추 1개는 어슷썰기를 해주세요.

3. 물 100ml, 진간장 2숟가락, 다진 마늘 0.5숟가락, 다진 생강 0.3숟가락, 맛술 1숟가락을 골고루 섞어 양념장을 만들어주세요.

4. 냄비에 채 썬 양파, 어슷 썬 청양고추를 깔고 조기를 올린 후 양념장을 골고루 뿌리고 뚜껑을 덮어서 양념이 끓으면 어슷 썬 대파를 넣고 중약불로 줄여 10~15분간 조려주세요.

🌸 중간중간 양념을 골고루 뿌려주세요.

5. 실파 3뿌리는 5cm 길이로 자르고, 달걀 흰자와 노른자를 따로 지단을 부친 후 5cm 길이로 채 썰어주세요.

6. 불을 끄고 조기 위에 실파, 달걀흰자와 노른자 지단을 올려 1분간 뚜껑을 덮고 잔열로 살짝 익혀주세요.

1. 조기 3마리는 지느러미를 잘라내고 칼날 세워 꼬리에서 머리 방향으로 비늘을 긁어낸 후 배를 갈라 내장을 제거하고 깨끗이 씻어주세요.

2. 조기 앞뒤로 3cm 간격으로 칼집을 내주세요.

3. 참기름 1숟가락, 진간장 1숟가락을 섞어서 조기 겉면에 골고루 발라주세요.

4. 팬에 종이타월로 식용유를 살짝 바른 다음 조기를 올리고 아주 약한 불에 서서히 앞뒤로 구워주세요.

🌸 일반 조기구이는 3의 과정에 소금을 뿌립니다. 4의 과정은 식용유를 두르지 않고 예열하여 서서히 구워줍니다.

• tip •

에어프라이어 또는 예열된 오븐 170도에 10~15분 구우면 석쇠구이처럼 맛있어요.

○ 조림

# 고등어무조림

- ⏱ 25분
- ❄ 냉장 3일

**주재료**
- 고등어 3토막
- 무 450g(10cm)

**부재료**
- 양파 1/2개
- 대파 15cm
- 청양고추 1개
- 홍고추 1개
- 물 200ml+50ml
- 된장 1숟가락
- 진간장 3숟가락
- 고춧가루 2숟가락
- 다진 마늘 1숟가락
- 후춧가루 조금

# 고등어된장 조림

- ⏱ 25분
- ❄ 냉장 5일

**주재료**
- 자반고등어 1마리

**부재료**
- 무 300g
- 양파 1/4개
- 대파 10cm(중간 부분)
- 청양고추 1개
- 물 200ml
- 된장 1숟가락
- 설탕 1숟가락
- 다진 마늘 0.5숟가락
- 맛술 1숟가락

## 고등어무조림

1. 고등어 3토막은 지느러미를 제거하고 흐르는 물에 깨끗이 씻어주세요.
   💬 내장이 붙어 있던 부위도 깨끗이 씻어내야 비린내가 덜 납니다.

2. 무 450g(10cm)은 1cm 두께로 반달썰기, 양파 1/2개는 0.5cm 두께로 채썰기를 해주세요. 대파 15cm, 청양고추 1개, 홍고추 1개는 어슷썰기를 해주세요.

3. 냄비에 무를 깔고, 고등어, 채 썬 양파, 어슷 썬 청양고추 순으로 올리고 물 200ml에 된장 1숟가락을 잘 풀어서 부은 후 뚜껑을 덮고 끓여주세요.

4. 진간장 3숟가락, 고춧가루 2숟가락, 다진 마늘 1숟가락, 후춧가루 조금, 물 50ml를 섞어 양념장을 만들어주세요.

5. 고등어조림이 끓으면 양념장을 골고루 붓고 중불에 10분 이상 끓여주세요.

6. 어슷 썬 대파, 홍고추를 올리고 뚜껑을 살짝 열어서 약불에 5~10분 조려주세요.

## 고등어된장조림

1. 자반고등어 1마리는 지느러미를 잘라내고 깨끗이 씻어서 4토막을 내주세요.

2. 무 300g은 부채꼴로 4등분 후 1cm 두께로 썰고, 양파 1/4개는 1cm 두께로 채썰기를 해주세요. 대파 10cm, 청양고추 1개는 어슷썰기를 합니다.

3. 물 200ml, 된장 1숟가락, 설탕 1숟가락, 다진 마늘 0.5숟가락, 맛술 1숟가락을 된장이 풀릴 정도로 골고루 섞어 양념장을 만들어주세요.

4. 냄비에 무, 채 썬 양파, 양념장을 넣고 중불로 줄여 5분간 끓여주세요.

5. 고등어를 넣고 뚜껑을 덮어서 10~15분간 조려주세요.

6. 어슷 썬 대파, 청양고추를 넣고 1분간 조려주세요.

( 조림 )

## 갈치조림

- ⏱ 25분
- ❄ 냉장 2일

**주재료**
- ☐ 갈치 1마리

**부재료**
- ☐ 양파 1/2개
- ☐ 무 150g
- ☐ 대파 1/3대(뿌리 부분)
- ☐ 청양고추 1개
- ☐ 홍고추 1개
- ☐ 물 300ml
- ☐ 진간장 3숟가락
- ☐ 맛술 1숟가락
- ☐ 다진 마늘 0.5숟가락
- ☐ 생강 조금
- ☐ 고춧가루 1숟가락

## 삼치간장조림

- ⏱ 25분
- ❄ 냉장 2일

**주재료**
- ☐ 삼치 1마리

**부재료**
- ☐ 대파 1/3대
- ☐ 청양고추 1개
- ☐ 홍고추 1개
- ☐ 양파 1/2개
- ☐ 물 100ml
- ☐ 진간장 4숟가락
- ☐ 맛술 1숟가락
- ☐ 다진 마늘 0.5숟가락
- ☐ 다진 생강 0.1숟가락
- ☐ 설탕 1숟가락

**1.** 토막 낸 갈치 1마리는 지느러미와 비늘을 제거 후 깨끗이 씻어주세요.

💬 비늘은 칼등으로 살살 밀어 제거하고, 내장이 있던 부위까지 깨끗이 씻어주세요.

**2.** 양파 1/2개는 0.5cm 두께로 채썰기, 무 150g은 4등분 후 0.3cm 두께로 납작하게 썰어주세요. 대파 1/3대, 청양고추 1개, 홍고추 1개는 어슷썰기를 해주세요.

**3.** 물 300ml, 진간장 3숟가락, 맛술 1숟가락, 다진 마늘 0.5숟가락, 생강 조금, 고춧가루 1숟가락을 골고루 섞어주세요.

**4.** 냄비에 납작 썬 무와 채 썬 양파를 넣고 양념장 2~3숟가락을 뿌린 후 갈치를 올려주세요.

**5.** 남은 양념장을 골고루 뿌리고 센 불에 올려 양념이 끓으면 중약불로 줄이고 15~20분 조려주세요.

💬 중간중간 양념장을 골고루 뿌려주세요.

**6.** 어슷 썬 대파, 청양고추, 홍고추를 올리고 뚜껑을 덮어서 3분간 조려주세요.

**1.** 대파 1/3대, 청양고추 1개, 홍고추 1개는 송송 썰고, 양파 1/2개는 0.5cm 두께로 채썰기를 해주세요.

**2.** 깨끗이 씻은 삼치 1마리는 3~4등분 후 X자 칼집을 내주세요.

**3.** 물 100ml, 진간장 4숟가락, 맛술 1숟가락, 다진 마늘 0.5숟가락, 다진 생강 0.1숟가락, 설탕 1숟가락을 골고루 섞어 양념장을 만들어주세요.

**4.** 냄비에 채 썬 양파를 깔고, 삼치를 올린 후 양념장을 골고루 부어서 센 불에 끓여주세요.

**5.** 양념이 끓으면 약불로 줄이고 송송 썬 대파, 청양고추, 홍고추를 넣어 10분 정도 조려주세요.

**조림**

# 가자미조림

⏱ 25분
❄ 냉장 3일

**주재료**
- 가자미 2마리

**부재료**
- 양파 1개
- 청양고추 1개
- 대파 10cm(중간 부분)
- 물 150ml
- 진간장 5숟가락
- 다진 마늘 0.5숟가락
- 설탕 1숟가락
- 고춧가루 0.5~1숟가락

● 고춧가루는 맵기와 색깔에 따라 양을 조절해주세요.

**1.** 가자미 2마리는 지느러미와 비늘을 제거하고 깨끗이 씻어서 2.5~3cm 간격으로 칼집을 내주세요.

**2.** 양파 1개는 1cm 두께로 채썰기, 청양고추 1개, 대파 10cm는 어슷썰기를 해주세요.

**3.** 물 150ml, 진간장 5숟가락, 다진 마늘 0.5숟가락, 설탕 1숟가락, 고춧가루 0.5~1숟가락을 골고루 섞어 양념장을 만들어주세요.

**4.** 냄비에 채 썬 양파, 가자미를 넣고 양념장을 부어서 뚜껑을 덮고 끓여주세요.

**5.** 양념이 끓으면 중약불로 줄여서 10분 정도 조려주세요.

**6.** 어슷 썬 대파, 청양고추를 넣고 중불에 1분간 양념을 골고루 뿌려가며 조려주세요.

# Squid

## 오징어

| | |
|---|---|
| **제철시기** | 7~11월 |
| **장보기 노하우** | - 몸통의 탄력이 있고 색이 선명한 오징어를 고릅니다. 조리 방법에 따라 통오징어 또는 배를 가른 오징어를 구입합니다.<br>- 냉동 포장된 절단 오징어를 구입하면 오래 두고 먹을 수 있습니다. |
| **보관법** | 하루 내로 요리할 오징어는 냉장 보관하고 2일 이상은 냉동 보관합니다. |
| **손질법** | - 내장을 제거하고 소금으로 다리 빨판을 문질러 씻어냅니다. 껍질은 미끄럽지 않게 키친타월을 사용하거나 젖은 손에 굵은소금을 묻히고 끝을 잡아당기면 제거됩니다.<br>- 칼집은 안쪽에 넣어줍니다. |

## 오징어볶음

- ⏱ 20분
- ❄ 냉장 3일

**주재료**
- ☐ 오징어 1마리

**부재료**
- ☐ 양파 1개
- ☐ 대파 15cm(중간 부분)
- ☐ 청양고추 1개
- ☐ 홍고추 1개
- ☐ 고춧가루 1숟가락
- ☐ 고추장 1숟가락
- ☐ 진간장 5숟가락
- ☐ 설탕 1숟가락
- ☐ 다진 마늘 1숟가락
- ☐ 식용유 2숟가락
- ☐ 깨 1숟가락
- ☐ 참기름 1숟가락

## 오징어간장 조림

- ⏱ 25분
- ❄ 냉장 10일

**주재료**
- ☐ 마른 오징어 1마리

**부재료**
- ☐ 꽈리고추 15개
- ☐ 당근 1/2개
- ☐ 대파 1/4대(중간 부분)
- ☐ 양파 1/2개
- ☐ 물 200ml
- ☐ 멸치액젓 1숟가락
- ☐ 진간장 3숟가락
- ☐ 설탕 1숟가락
- ☐ 다진 마늘 0.5숟가락
- ☐ 맛술 1숟가락
- ☐ 식용유 1숟가락
- ☐ 물엿 1숟가락
- ☐ 깨 1숟가락

1. 오징어는 배를 가르고 내장을 제거해 씻은 후 껍질을 벗겨내고 안쪽에 X자로 촘촘하게 칼집을 넣은 다음 세로로 2~3등분해서 1.5~2cm 두께로 잘라주세요.

2. 양파 1개는 절반을 잘라 1.5cm 두께로 썰고, 대파 15cm, 청양고추 1개, 홍고추 1개는 어슷썰기를 해주세요.

3. 고춧가루 1숟가락, 고추장 1숟가락, 진간장 5숟가락, 설탕 1숟가락, 다진 마늘 1숟가락을 섞어 양념장을 만들어주세요.

4. 팬에 식용유 2숟가락을 두르고 양파를 먼저 볶다가 오징어를 넣고 볶아주세요.

5. 오징어가 익으면 양념장과 어슷 썬 대파, 청양고추, 홍고추를 넣고 골고루 볶은 후 불을 끄고 깨 1숟가락, 참기름 1숟가락 넣고 골고루 섞어주세요.

1. 마른 오징어는 깨끗이 씻어서 미지근한 물에 담가 6시간 불린 후 1×4.5cm 크기로 잘라서 팬에 식용유 1숟가락을 두르고 중불에 1분간 볶아주세요.

2. 꽈리고추 15개는 꼭지를 떼어내고, 당근 1/2개는 0.3cm 두께로 빈달썰기를 해주세요. 대파 1/4대는 1cm 두께로 송송 썰고, 양파 1/2개는 채썰기를 해주세요.

3. 냄비에 물 200ml, 멸치액젓 1숟가락, 진간장 3숟가락, 설탕 1숟가락, 다진 마늘 0.5숟가락, 맛술 1숟가락을 넣고 섞은 후 양파, 대파, 당근을 넣고 끓여주세요.

4. 양파에 간장이 밸 정도로 익으면 볶은 오징어를 넣고 중불에 오징어가 말랑해지도록 끓여주세요.

오래 끓이면 오징어가 딱딱해질 수 있어요.

5. 양념이 끓으면 꽈리고추, 물엿 1숟가락을 넣어 골고루 섞은 후 불을 끄고 깨 1숟가락을 뿌려주세요.

한 그릇 요리 & 무침

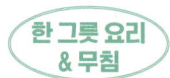

# 오징어숙회 파말이

⏱ 20분
❄ 냉장 2일

**주재료**
- ㅁ 오징어 1마리

**부재료**
- ㅁ 빨강 파프리카 1/2개
- ㅁ 노랑 파프리카 1/2개
- ㅁ 쪽파 50g
- ㅁ 소금 1숟가락
- ㅁ 고추장 1숟가락
- ㅁ 다진 마늘 0.5숟가락
- ㅁ 식초 3숟가락
- ㅁ 설탕 1숟가락
- ㅁ 올리고당 1숟가락
- ㅁ 깨 1숟가락

# 오징어 오이초무침

⏱ 20분
❄ 냉장 2일

**주재료**
- ㅁ 오징어 1마리
- ㅁ 오이 1개

**부재료**
- ㅁ 양파 1/2개
- ㅁ 청양고추 1개
- ㅁ 홍고추 1개
- ㅁ 꽃소금 0.5숟가락
- ㅁ 고추장 1숟가락
- ㅁ 고춧가루 0.5숟가락
- ㅁ 다진 마늘 0.5숟가락
- ㅁ 식초 5숟가락
- ㅁ 올리고당 2숟가락

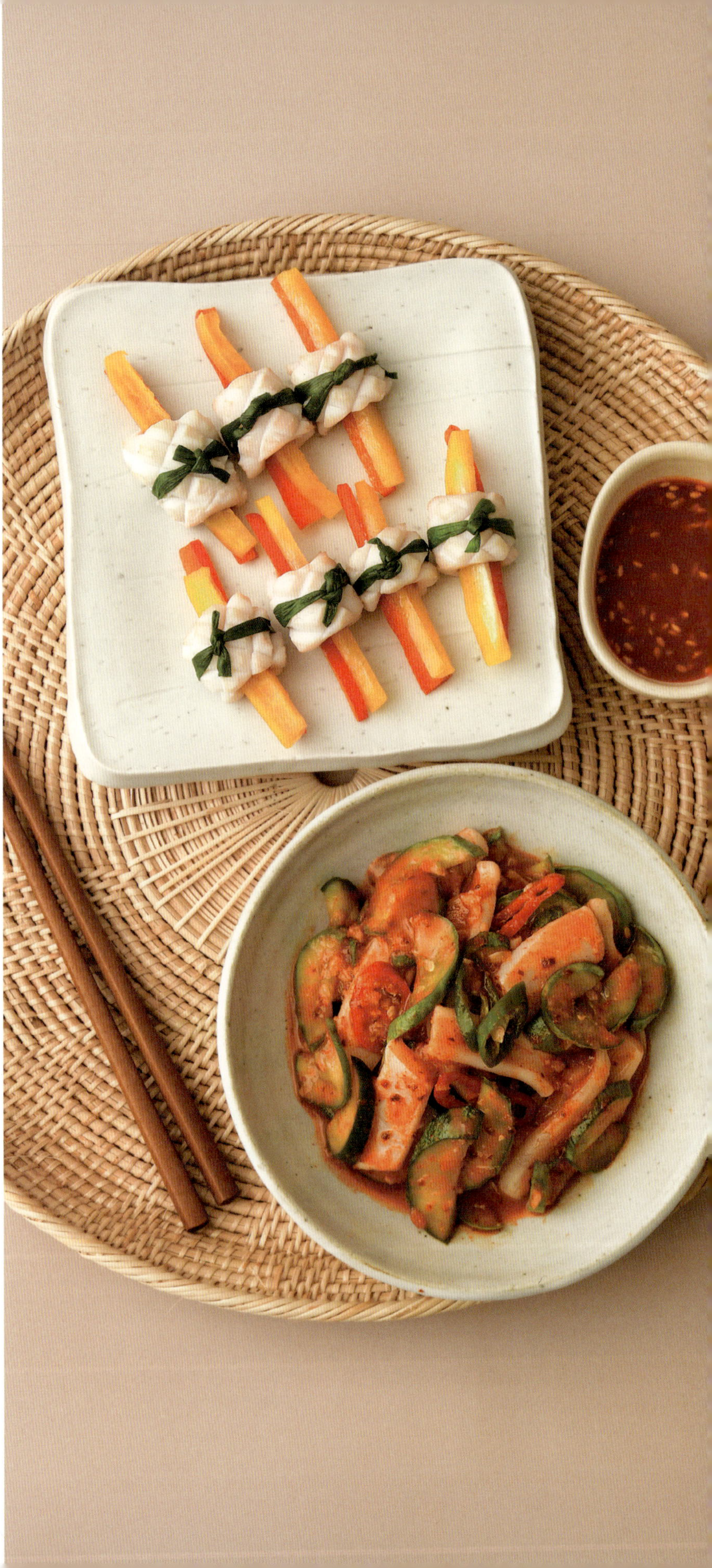

**1.** 빨강·노랑 파프리카 각 1/2개는 씨를 제거하고 5×0.5cm 두께로 채 썰어주세요.

**2.** 오징어 1마리는 배를 가르고 내장을 제거한 후 껍질을 벗기고, 안쪽에 X자로 촘촘하게 칼집을 넣은 후 깨끗이 씻어주세요.

**3.** 끓는 물에 소금 1숟가락을 넣고 쪽파 뿌리부터 넣어 데친 후 찬물에 헹구고 물기를 짜주세요.

**4.** 오징어를 가로로 2등분한 후 세로로 2cm 두께로 잘라서 쪽파 데친 물에 넣고 2~3분간 데쳐 식으면 달팽이 모양으로 만들어주세요.

● 오징어를 먼저 데친 후 5×1.5cm 크기로 잘라도 됩니다.

**5.** 달팽이 모양의 오징어 숙회에 빨강·노랑 파프리카를 중앙에 넣고 쪽파로 말아줍니다.

**6.** 고추장 1숟가락, 다진 마늘 0.5숟가락, 식초 3숟가락, 설탕 1숟가락, 올리고당 1숟가락, 깨 1숟가락을 골고루 섞어 초고추장을 만들어서 종지에 담고 오징어숙회말이와 함께 냅니다.

**1.** 오이 1개는 길게 반으로 잘라 어슷썰기를 하고, 양파 1/2개는 0.5cm 두께로 채 썰기, 청양고추 1개, 홍고추 1개도 어슷 썰기를 해주세요.

**2.** 어슷 썬 오이, 채 썬 양파에 꽃소금 0.5숟가락을 골고루 버무려 10분간 절인 후 찬물에 헹구고 물기를 짜주세요.

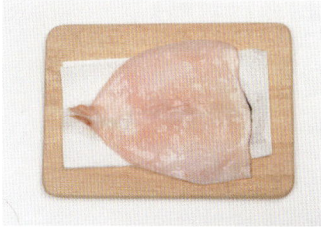

**3.** 오징어 1마리는 배를 가르고 내장을 제거한 후 껍질을 벗겨서 깨끗이 씻어주세요.

**4.** 끓는 물에 오징어를 데치고 길게 반으로 잘라 1.5cm 두께로 썰어주세요.

**5.** 고추장 1숟가락, 고춧가루 0.5숟가락, 다진 마늘 0.5숟가락, 식초 5숟가락, 올리고당 2숟가락을 섞어 양념장을 만들어주세요.

**6.** 데친 오징어, 절인 오이와 양파, 어슷 썬 청양고추, 홍고추를 담고 양념장을 골고루 무친 후 깨 1숟가락을 골고루 섞어주세요.

( 찜 & 튀김 )

# 오징어순대

- ⏱ 30분
- ❄ 냉장 2일

**주재료**
- 통오징어 2마리

**부재료**
- 부추 1줌
- 대파 10cm(흰 부분)
- 당근 1/2개
- 청양고추 1개
- 두부 1모
- 밀가루 1숟가락
- 달걀 1개
- 소금 0.1숟가락
- 후춧가루 조금

# 오징어튀김

- ⏱ 20분
- ❄ 당일

**주재료**
- 오징어 1마리

**부재료**
- 식용유 1컵
- 튀김가루 1/2컵
- 물 1/2컵
- 진간장 2숟가락
- 식초 1숟가락
- 올리고당 1숟가락
- 청양고추 1/2개

1. 통오징어 2마리는 몸통을 자르지 않은 상태로 내장을 빼고, 오징어 다리는 잘라서 깨끗이 씻어주세요.

2. 부추 1줌, 대파 10cm, 당근 1/2개, 씨를 제거한 청양고추 1개는 잘게 다져주세요.

3. 두부 1모는 으깨서 키친타월로 눌러 물기를 제거해주세요.

4. 으깬 두부, 다진 부추, 대파, 당근, 청양고추, 밀가루 1숟가락, 달걀 1개, 소금 0.1숟가락, 후춧가루 조금 넣고 섞어서 소를 만들어주세요.

5. 오징어 속에 소를 꾹꾹 눌러 넣고 꼬치를 끼워 입구를 막은 다음 찜기에 물이 끓으면 오징어 다리와 함께 넣고 쪄주세요.

6. 찐 오징어순대를 충분히 식힌 후 1cm 두께로 잘라주세요.

💬 충분히 식히지 않고 썰면 속이 터져나오기 쉬워요.

1. 오징어 1마리는 배를 갈라 내장을 제거하고 몸통과 다리를 깨끗이 씻은 후 키친타월로 물기를 닦아주세요.

2. 오징어 몸통을 길게 반으로 자른 후 1.5cm 두께로 자르고 오징어 다리도 잘라서 튀김가루를 골고루 묻혀주세요.

3. 튀김가루 1/2컵, 물 1/2컵을 골고루 섞어서 오징어에 묻히고 예열된 **식용유**에 튀겨주세요.

4. 튀김이 위로 떠오르면 튀김망 또는 키친타월에 올려 식혀주세요.

5. 진간장 2숟가락, 식초 1숟가락, 올리고당 1숟가락, 청양고추 1/2개를 다져 섞어서 튀김간장을 만들어주세요.

• tip •

식힌 후 한 번 더 튀기면 더 바삭합니다.

## 상차림이 더욱 근사해지는
# 국·찌개·한 그릇 요리

## 소고기뭇국

- 30분
- 냉장 3일

**주재료**
- 국거리 소고기 200g
- 무 120g

**부재료**
- 두부 1/2모
- 대파 1/2대
- 대파 뿌리 부분 10cm
- 청양고추 1개
- 양파 1/2개
- 국간장 1숟가락
- 참기름 1숟가락
- 물 800ml
- 다진 마늘 0.3숟가락
- 소금 조금
- 후춧가루 조금

1. 국거리 소고기 200g은 키친타월로 감싸 핏물을 빼주세요.

2. 무 120g, 두부 1/2모는 3×3×0.3cm 크기로 납작 썰고, 대파 1/2대, 청양고추 1개는 0.3cm 두께로 송송 썰어주세요.

3. 냄비에 소고기, 납작 썬 무, 국간장 1숟가락, 참기름 1숟가락을 넣고 중불에 볶아주세요.

4. 소고기 겉면이 익으면 물 800ml, 육수용 양파 1/2개, 대파 뿌리 부분 10cm를 넣고 국물이 끓으면 약불에서 10~15분 끓여주세요.

   거품이 올라오면 살짝 걷어냅니다.

5. 다진 마늘 0.3숟가락을 넣고 소금 또는 국간장으로 간을 맞춰주세요.

6. 국물이 끓으면 양파와 대파는 건져내고 송송 썬 대파, 납작 썬 두부를 넣고 센 불에 끓이다 후춧가루를 조금 뿌리고 불을 꺼주세요.

국/찌개

# 소고기미역국

- 25분
- 냉장 3일

**주재료**
- 국거리 소고기 150g
- 미역 1줌

**부재료**
- 들기름 1숟가락
- 국간장 1숟가락
- 물 800ml
- 다진 마늘 0.3숟가락
- 소금 조금

1. 미역 1줌을 불린 후 씻어서 물기를 꽉 짜고 3~4cm 크기로 잘라주세요.
2. 국거리 소고기 150g은 키친타월에 감싸 핏물을 빼주세요.
3. 냄비에 들기름 1숟가락을 두르고 물기 짠 미역을 중불에 볶아주세요.
4. 소고기, 국간장 1숟가락을 넣고 미역과 함께 볶아주세요.
5. 물 800ml를 넣고 뚜껑을 덮어서 끓여주세요.
   💬 국물이 끓어 넘치면 뚜껑을 살짝 열고 불을 조금만 줄여주세요.
6. 다진 마늘 0.3숟가락, 소금으로 간을 맞춘 후 중불에 10분간 끓여주세요.

# 소고기배추 된장국

- 35분
- 냉장 3일

**주재료**
- 소고기 150g
- 배춧잎 8~10장

**부재료**
- 소금 1숟가락
- 물 1L
- 양파 1/2개
- 대파 1대
- 청양고추 1개
- 홍고추 1개
- 국물용 멸치 10마리
- 된장 1숟가락
- 다진 마늘 1숟가락
- 고춧가루 1숟가락

1. 끓는 물 1L에 소금 1숟가락을 넣고 손질한 배춧잎 8~10장을 3분간 삶은 후 찬물에 헹구고 물기를 짜낸 다음 3~4등분해주세요.
   - 배춧잎 삶은 물은 버리지 않습니다.

2. 양파 1/2개는 채썰기, 대파 1대, 청양고추 1개, 홍고추 1개는 어슷썰기를 해주세요.

3. 소고기 150g은 2×3cm 크기로 썰어 키친타월에 감싸 핏물을 빼주세요.

4. 배추 삶은 물을 체에 걸러 냄비에 800ml 넣고, 소고기, 국물용 멸치 10마리, 어슷 썬 대파 흰 부분, 된장 1숟가락을 넣고 끓여주세요.
   - 배추 삶은 물이 부족하면 물을 보충해줍니다.

5. 국물이 끓으면 데친 배추, 다진 마늘 1숟가락, 고춧가루 1숟가락, 어슷 썬 청양고추를 넣고 끓여주세요.

6. 다시 국물이 끓으면 소금으로 간을 맞추고 어슷 썬 홍고추와 대파 나머지를 넣고 한 번 더 끓여주세요.
   - 달래나 냉이 등 제철 재료를 넣어도 됩니다.

# 시금치바지락 된장국

- 25분
- 냉장 3일

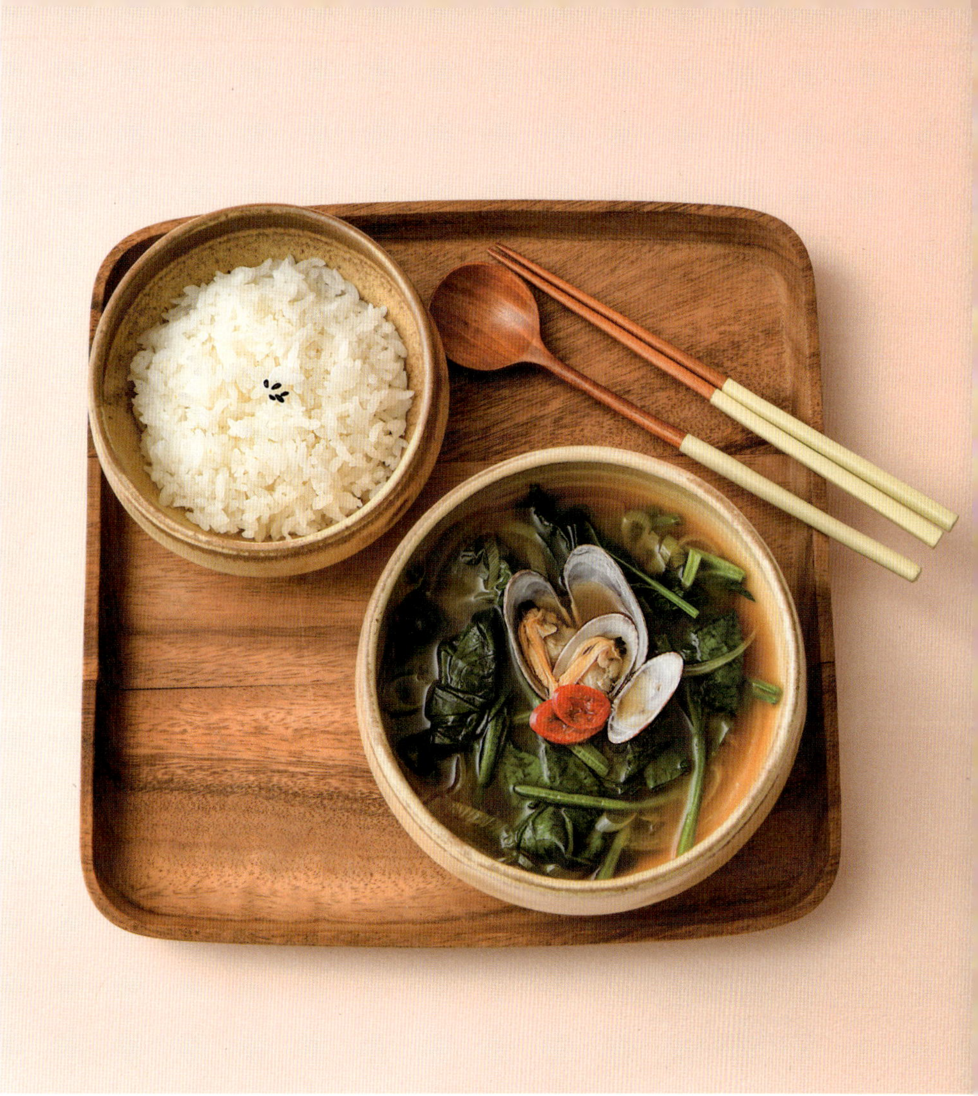

**주재료**
- 시금치 100g
- 바지락 100g

**부재료**
- 꽃소금 1숟가락
- 양파 1/2개(작은 것)
- 대파 중간 부분 15cm
- 청양고추 1개
- 홍고추 1개
- 물 800ml
- 된장 1~1.5숟가락
- 국물용 멸치 10마리
- 다진 마늘 0.5숟가락
- 소금 조금

1. 바지락 100g이 잠기도록 물을 붓고 꽃소금 1숟가락을 넣어 뚜껑을 덮어서 30분 이상 해감한 후 물에 여러 번 헹구고 손으로 비벼 깨끗이 닦아서 물기를 빼주세요.

2. 시금치 100g은 씻어서 뿌리 쪽부터 세로로 길게 2~4등분한 후 가로로 반을 잘라주세요.
   💬 안토시아닌이 풍부한 뿌리기 붉은 시금치가 달고 맛있어요.

3. 양파 1/2개는 0.3cm 두께로 채썰기, 대파 15cm, 청양고추 1개, 홍고추 1개는 어슷썰기를 해주세요.

4. 물 800ml에 된장 1~1.5숟가락을 풀고 손질한 국물용 멸치 10마리, 채 썬 양파를 넣고 끓여주세요.

5. 물이 끓으면 다진 마늘 0.5숟가락, 시금치, 바지락을 넣고 한 번 더 끓여주세요.

6. 국물이 끓으면 국물용 멸치를 건져내고 소금으로 간을 맞춘 다음 어슷 썬 대파, 청양고추, 홍고추를 넣고 한 번 더 끓여주세요.
   💬 고춧가루를 넣으면 얼큰하고 구수한 시금치바지락된장국이 됩니다.

# 얼갈이된장국

- 25분
- 냉장 3일

**주재료**
- 얼갈이 1/2단

**부재료**
- 꽃소금 1숟가락
- 물 1L
- 국물용 멸치 10마리
- 대파 흰 부분 1/2대(육수용)
- 다진 마늘 0.5숟가락
- 된장 2숟가락
- 양파 1개
- 청양고추 1개
- 홍고추 1개
- 대파 푸른 부분 1/2대
- 두부 1/2모
- 건새우 1/2컵
- 소금 조금

1. 얼갈이 1/2단은 손질 후 끓는 물에 꽃소금 1숟가락을 넣고 5분간 삶아서 찬물에 헹구고 물기를 짜주세요.

2. 물 1L, 국물용 멸치 10마리, 대파 흰 부분 1/2대를 반으로 잘라 넣고 끓여주세요.

3. 삶은 얼갈이에 다진 마늘 0.5숟가락, 된장 1숟가락을 무쳐주세요.

4. 양파 1개는 0.3cm 두께로 채썰기, 청양고추 1개, 홍고추 1개, 대파 푸른 부분 1/2대는 어슷썰기를 해주세요. 두부 1/2모는 반으로 자른 후 0.5cm 두께로 썰어주세요.

5. 2의 끓는 멸치육수에 양념한 얼갈이, 채 썬 양파, 건새우 1/2컵, 된장 1숟가락을 넣고 5분간 끓여주세요.
   💬 건새우는 생략해도 되지만 넣으면 국물이 더 시원해요.

6. 국물용 멸치와 대파는 건져내고, 두부, 어슷 썬 청양고추, 홍고추, 대파 푸른 부분을 넣고 끓인 다음 소금으로 간을 맞춥니다.

# 감잣국

⏱ 15분
❄ 냉장 3일

**주재료**
- 감자 2개(작은 것)

**부재료**
- 물 800ml
- 국물용 멸치 10마리
- 다시마 2장(4×5cm)
- 대파 흰 부분 15cm(육수용)
- 양파 1/4개
- 대파 10cm
- 다진 마늘 0.3숟가락
- 소금 0.3숟가락

1. 물 800ml에 국물용 멸치 10마리, 다시마 2장, 대파 흰 부분 15cm를 반으로 잘라 넣고 끓여주세요.
   💬 멸치는 육수통에 넣거나 다시팩을 사용하면 편합니다.

2. 감자 2개는 반으로 잘라 0.5cm 두께로 납작 썰어 찬물에 담가주세요.

3. 양파 1/4개는 0.3cm 두께로 채썰기, 대파 10cm는 얇게 송송 썰어주세요.

4. 멸치육수가 끓으면 다시마를 건져낸 후 납작 썬 감자와 채 썬 양파를 넣고 끓여주세요.

5. 국물이 끓으면 다진 마늘 0.3숟가락, 소금 0.3숟가락을 넣어주세요.

6. 국물용 멸치를 건져내고 송송 썬 대파를 넣어 조금 더 끓여주세요.

국/찌개

# 맑은달걀국

- 15분
- 냉장 2일

**주재료**
- 달걀 2개

**부재료**
- 물 600ml
- 국물용 멸치 6마리
- 대파 뿌리 부분 1/2대(육수용)
- 대파 푸른 부분 10cm
- 새우젓 1숟가락
- 다진 마늘 0.2숟가락
- 소금 조금

1. 물 600ml에 국물용 멸치 6마리, 대파 뿌리 부분 1/2대를 반으로 잘라 넣고 끓여주세요.

2. 대파 푸른 부분 10cm는 0.3cm 두께로 송송 썰어주세요.

3. 달걀 2개는 알끈을 제거하고 풀어주세요.

4. 멸치육수가 끓으면 새우젓 1숟가락을 체에 걸러 넣고, 거품은 걷어내주세요.
   💬 국물이 끓어 넘칠 수 있으니 중불로 줄여주세요.

5. 송송 썬 대파 푸른 부분, 다진 마늘 0.2숟가락을 넣고 소금 또는 새우젓 국물로 간을 맞춰주세요.

6. 국물이 끓으면 불을 끄고 풀어놓은 달걀물을 따라서 저어가며 부드럽게 익혀주세요.

국/찌개

# 어묵뭇국

⏱ 25분
❄ 냉장 3일

**주재료**
- 사각어묵 2장
- 무 50g

**부재료**
- 양파 1/2개
- 대파 흰 부분 1/2대(육수용)
- 대파 푸른 부분 10cm
- 물 1L
- 국물용 멸치 10마리
- 다진 마늘 0.5숟가락
- 소금 0.3~0.5숟가락

1. 양파 1/2개는 0.5cm 두께로 채썰기, 대파 흰 부분 1/2대는 반으로 자르고, 대파 푸른 부분 10cm는 송송 썰어주세요.

2. 무 50g은 3×4×0.3cm 크기로 납작 썰고, 사각어묵 2장은 길게 반으로 잘라서 3cm 크기로 썰어주세요 (다양한 어묵을 먹기 편한 크기로 잘라서 넣으면 됩니다.)

3. 물 1L에 대파 흰 부분, 납작 썬 무, 국물용 멸치 10마리를 넣고 끓여주세요.

   💬 멸치는 육수팩을 사용하면 편합니다.

4. 육수가 끓으면 채 썬 양파를 넣고 무가 투명하게 익을 때까지 끓여주세요.

5. 국물용 멸치와 대파 흰 부분을 건져낸 후 어묵, 다진 마늘 0.5숟가락, 소금 0.3~0.5숟가락을 넣고 끓여주세요.

6. 국물이 끓으면 송송 썬 대파 푸른 부분을 넣고 한 번 더 끓여주세요.

# 오징어어묵국

- 25분
- 냉장 3일

**주재료**
- 오징어 1/2마리
- 사각어묵 2장

**부재료**
- 양파 1/2개
- 대파 흰 부분 1/2대(육수용)
- 대파 푸른 부분 10cm
- 청양고추 1개
- 무 50g
- 물 1L
- 국물용 멸치 10마리
- 다진 마늘 0.5숟가락
- 소금 0.5숟가락
- 고춧가루 0.5숟가락

1. 양파 1/2개는 0.5cm 두께로 채썰기, 대파 흰 부분 1/2대는 반으로 자르고, 대파 푸른 부분 10cm, 청양고추 1개는 어슷썰기를 해주세요.

2. 무 50g은 3×4×0.3cm 크기로 납작 썰고, 사각어묵 2장은 길게 반으로 잘라 3cm 크기로 썰어주세요. 오징어 1/2마리는 길게 반으로 잘라 2cm 두께로 썰어주세요.
   - 오징어 몸통은 오징어볶음을 만들고, 다리만 사용해도 됩니다.

3. 물 1L에 대파 흰 부분, 국물용 멸치 10마리, 납작 썬 무, 채 썬 양파를 넣고 끓여주세요.
   - 멸치는 육수팩을 사용하면 편리합니다.

4. 무가 투명해지면 대파와 국물용 멸치를 건져내고 오징어와 어묵을 넣고 끓여주세요.

5. 어슷 썬 청양고추, 다진 마늘 0.5숟가락, 소금 0.5숟가락, 고춧가루 0.5숟가락을 넣고 끓여주세요.
   - 고춧가루는 체에 걸러 넣으면 국물이 더 깔끔합니다.

6. 오징어가 익으면 어슷 썬 대파 푸른 부분을 넣고 한 번 더 끓여주세요.

국/찌개

# 얼큰오징어 뭇국

- 25분
- 냉장 3일

**주재료**
- 오징어 1마리
- 무 5cm

**부재료**
- 양파 1/2개(작은 것)
- 대파 중간 부분 15cm
- 청양고추 1개
- 홍고추 1개
- 국간장 1숟가락
- 물 800ml
- 국물용 멸치 10마리
- 고춧가루 1숟가락
- 다진 마늘 0.5숟가락
- 새우젓 조금

1. 무 5cm는 3×4×0.3cm 크기로 납작 썰고, 양파 1/2개는 0.5cm 두께로 채썰기, 대파 중간 부분15cm, 청양고추 1개, 홍고추 1개는 어슷썰기를 해주세요.

2. 오징어 1마리는 내장을 제거하고 몸통은 길게 반으로 잘라 1.5cm 두께로 썰고, 다리는 2~3등분합니다.
   💬 오징어 껍질은 취향에 따라 제거하거나 그냥 사용합니다.

3. 냄비에 무와 국간장 1숟가락을 넣고 무에 간장 색깔이 모두 스며들 정도로 중불에 1~2분 볶아주세요.

4. 물 800ml, 국물용 멸치 10마리, 채 썬 양파를 넣고 무가 익을 때까지 끓여주세요.

5. 무가 투명하게 익으면 오징어, 어슷 썬 대파, 청양고추, 고춧가루 1숟가락, 다진 마늘 0.5숟가락을 넣고 끓여주세요.

6. 국물이 끓으면 국물용 멸치를 건진 후 새우젓으로 간을 맞추고, 어슷 썬 홍고추를 넣어주세요.
   💬 새우젓을 넣으면 국물이 더욱 시원하고 맛있어요. 새우젓이 없다면 국간장 또는 소금으로 간을 맞춥니다.

국/찌개

# 얼큰콩나물국

- ⏱ 20분
- ❄ 냉장 3일

**주재료**
- 콩나물 150g

**부재료**
- 양파 1/4개
- 대파 중간 부분 10cm
- 청양고추 1개
- 물 800ml
- 국물용 멸치 10마리
- 다진 마늘 0.3숟가락
- 소금 0.3숟가락
- 소금 조금
- 고춧가루 0.5~1숟가락

1. 양파 1/4개는 얇게 채썰기, 대파 중간 부분 10cm, 청양고추 1개는 얇게 송송 썰어주세요.

2. 콩나물 150g은 깨끗이 씻어서 물기를 빼주세요.

3. 물 800ml에 콩나물, 국물용 멸치 10마리를 넣고 뚜껑을 닫아서 끓여주세요.
   💬 콩나물 삶을 때 뚜껑은 처음부터 닫거나 열고 끓여야 콩나물 비린내가 나지 않아요.

4. 물이 끓고 30초 후 채 썬 양파, 다진 마늘 0.3숟가락, 소금 0.3숟가락을 넣고 뚜껑을 열어서 끓여주세요.
   💬 조미료를 조금 넣으면 감칠맛이 납니다.

5. 국물용 멸치를 건져내고, 소금으로 간을 맞춘 후 고춧가루 0.5~1숟가락을 체에 걸러 넣어주세요.

6. 송송 썬 청양고추, 대파를 넣고 한 번 더 끓여주세요.
   💬 5번 과정에서 고춧가루를 빼면 맑은 콩나물국이 됩니다.

# 콩나물냉국

- ⏱ 20분
- ❄ 냉장 3일

**주재료**
- 콩나물 200g

**부재료**
- 양파 1/2개
- 통마늘 1개
- 청양고추 1개
- 홍고추 1개
- 대파 중간 부분 10cm
- 물 800ml
- 소금 0.5숟가락
- 대파 흰 부분 10cm(육수용)
- 국물용 멸치 10마리
- 다시마 2장(4×5cm)

1. 콩나물 200g은 깨끗이 씻어서 물기를 빼주세요.

2. 양파 1/2개, 통마늘 1개는 반으로 자르고, 청양고추 1개, 홍고추 1개, 대파 중간 부분 10cm는 0.3cm 두께로 송송 썰어주세요.

3. 물 800ml에 콩나물, 소금 0.5숟가락을 넣고 끓으면 1분 후 콩나물만 건져서 찬물에 담갔다가 체에 걸러 물기를 빼주세요.

4. 콩나물 삶은 국물에 반으로 자른 양파, 통마늘, 대파 흰 부분 10cm, 국물용 멸치 10마리, 다시마 2장을 넣고 끓여주세요. 물이 끓으면 다시마를 건져내고 중불로 줄여서 10분간 끓여주세요.
   💬 시원하고 진한 맛을 위해 육수를 오래 끓여줍니다.

5. 소금으로 간을 맞춘 후 불을 끄고 한 김 식혀서 체에 걸러 맑은 국물을 내려주세요.

6. 국물이 식으면 삶은 콩나물, 송송 썬 홍고추, 청양고추, 대파를 넣고 냉장고에 두어 차게 만듭니다.

# 김칫국

- 25분
- 냉장 3일

**주재료**
- 묵은 김치(또는 신김치) 1/4포기

**부재료**
- 대파 흰 부분 1/2대
- 대파 푸른 부분 10cm
- 청양고추 1개
- 양파 1/2개
- 두부 1/2모
- 물 800ml
- 김칫국물 1국자
- 소금 조금
- 다진 마늘 0.5숟가락
- 국물용 멸치 10마리

1. 대파 흰 부분 1/2대는 3등분으로 자르고, 대파 푸른 부분 10cm, 청양고추 1개는 어슷썰기, 양파 1/2개는 채썰기를 해주세요.

2. 두부 1/2모는 반으로 자른 후 1cm 두께로 자르고, 묵은 김치(또는 신김치) 1/4포기는 길게 절반 또는 3등분해서 2cm 폭으로 잘라주세요.
   💬 김치 꼭지는 버리지 않고 함께 넣어요.

3. 물 800ml에 국물용 멸치 10마리, 3등분한 대파 흰 부분, 채 썬 양파, 김치, 김칫국물 1국자를 넣고 끓여주세요.

4. 국물이 끓으면 중불로 줄여서 10분 정도 끓인 후 국물용 멸치와 대파 흰 부분은 건져냅니다.

5. 소금으로 간을 맞추고 송송 썬 대파, 다진 마늘 0.5숟가락을 넣고 센 불에 끓여주세요.
   💬 뜨거울 때는 약간 싱겁게 간을 맞춰야 국물이 식었을 때 짜지 않아요.

6. 김치 꼭지를 꺼낸 후 어슷 썬 청양고추, 두부를 넣고 끓여주세요.
   💬 김칫국은 약불로 줄여 김치가 푹 익을 정도로 끓여야 더욱 맛있습니다.

# 김치콩나물국

- ⏱ 20분
- ❄ 냉장 3일

**주재료**
- 김치 잎 부분 2~3쪽
- 콩나물 50g

**부재료**
- 물 800ml
- 국물용 멸치 10마리
- 대파 1/3대
- 양파 1/4개
- 김칫국물 1국자
- 소금 조금

1. 물 800ml에 국물용 멸치 10마리, 콩나물 50g을 넣고 뚜껑을 덮어서 끓여주세요.
2. 대파 1/3대는 송송 썰고, 양파 1/4개는 채썰기를 해주세요.
3. 김치 잎 부분 2~3쪽은 길게 반으로 잘라서 1.5cm 폭으로 잘라주세요.
4. 육수가 끓으면 김치, 채 썬 양파, 김칫국물 1국자를 넣고 끓여주세요.
5. 국물이 끓으면 소금으로 간을 맞춰주세요.
   💬 조미료를 살짝 넣으면 더 감칠맛이 납니다.
6. 국물용 멸치는 건져내고 송송 썬 대파를 넣은 다음 중약불로 줄여서 10분 정도 끓여주세요.

## 굴국

- ⏱ 20분
- ❄ 냉장 1일

**주재료**
- 봉지굴 300g

**부재료**
- 양파 1/2개
- 대파 흰 부분 10cm(육수용)
- 대파 중간 부분 10cm
- 청양고추 1개
- 홍고추 1/2개
- 무 50g
- 부추 10줄
- 물 800ml
- 국물용 멸치 10마리
- 멸치액젓 1숟가락
- 다진 마늘 0.5숟가락
- 소금 0.5숟가락

1. 굴 300g은 꽃소금 1숟가락을 넣고 골고루 섞은 후 찬물에 여러 번 헹구고 물기를 빼주세요.

2. 양파 1/2개, 대파 흰 부분 10cm는 반으로 자르고, 대파 중간 부분 10cm, 청양고추 1개, 홍고추 1/2개는 어슷썰기를 해주세요.

3. 무 50g은 3×4×0.3cm 크기로 나박썰기, 부추 10줄은 5cm 길이로 잘라주세요.

4. 물 800ml에 국물용 멸치 10마리, 양파, 대파 흰 부분, 무, 멸치액젓 1숟가락을 넣고 끓여주세요. 육수가 끓으면 중불로 줄여서 무가 익을 만큼 10분 정도 더 끓여주세요.

5. 양파, 국물용 멸치, 대파는 건져내고, 굴, 다진 마늘 0.5숟가락, 소금 0.5숟가락을 넣고 끓여주세요.

   💬 입맛에 따라 소금 또는 멸치액젓으로 간을 맞춰주세요.

6. 육수가 끓으면 어슷 썬 청양고추, 홍고추, 대파, 부추를 넣고 끓여주세요.

## 맑은순두붓국

- 25분
- 냉장 2일

**주재료**
- 바지락 100g
- 순두부 1봉지
- 간 돼지고기 150g

**부재료**
- 꽃소금 1숟가락
- 대파 1/2대
- 청양고추 1개
- 양파 1/2개(작은 것)
- 팽이버섯 1봉지
- 애호박 1/3개
- 참기름 2숟가락
- 물 800ml
- 새우젓 국물 1숟가락
- 소금 조금
- 달걀 1개

1. 바지락 100g은 잠길 정도로 물을 붓고 꽃소금 1숟가락을 넣어 뚜껑을 덮고 30분 이상 해감한 후 물에 여러 번 헹구고 손으로 비벼 깨끗이 씻어서 물기를 빼주세요.

2. 대파 1/2대, 청양고추 1개는 0.2cm 두께로 송송 썰고, 양파 1/2개는 0.2cm 두께로 채썰기를 해주세요. 팽이버섯 1봉지는 밑동을 잘라내 반으로 자르고, 애호박 1/3개는 0.3cm 두께로 반달썰기를 해주세요.

3. 냄비에 참기름 2숟가락을 둘러서 채 썬 양파, 간 돼지고기 150g을 중불에 볶아주세요.

4. 물 800ml, 새우젓 국물 1숟가락, 반달썰기한 애호박, 해감한 바지락, 송송 썬 청양고추를 넣고 끓여주세요.

5. 바지락이 입을 벌리면 자른 순두부 1봉지, 팽이버섯, 송송 썬 대파를 넣고 끓여주세요.

6. 소금으로 간을 맞춘 후 달걀 1개를 풀어 빙 둘러 넣고 불을 꺼주세요.

💬 조미료를 살짝 넣으면 감칠맛이 더합니다.(분말조미료 0.3숟가락, 액상조미료 0.5숟가락)

# 된장찌개

⏱ 20분
❄ 냉장 3일

**주재료**
- 애호박 1/3개
- 감자 1/2개
- 두부 1/2모

**부재료**
- 양파 1/4개
- 청양고추 1개
- 홍고추 1개
- 대파 1/3대
- 표고버섯 1개
- 물 600ml
- 된장 1.5~2숟가락
- 국물용 멸치 10마리
- 다진 마늘 0.3숟가락
- 고춧가루 0.5~1숟가락

1. 애호박 1/3개, 감자 1/2개, 양파 1/4개는 가로세로 4등분해서 0.3cm 두께로 썰고, 청양고추 1개, 홍고추 1개, 대파 1/3대는 어슷썰기를 해주세요.

2. 두부 1/2모는 가로세로 2등분해서 0.5cm 두께로 썰고, 표고버섯은 대를 떼어내고 반으로 잘라 0.5cm 두께로 편 썰어주세요.

   💬 표고버섯 대신 새송이버섯을 넣어도 됩니다.

3. 물 600ml에 된장 1.5~2숟가락을 풀어서 양파, 감자, 국물용 멸치 10마리를 넣고 끓여주세요.

4. 육수가 끓으면 애호박, 편 썬 표고버섯, 어슷 썬 청양고추, 다진 마늘 0.3숟가락을 넣고 끓여주세요.

5. 된장찌개가 끓으면 간을 보고 싱거우면 된장을 더 풀어서 간을 맞춘 후 고춧가루 0.5~1숟가락, 두부를 넣고 끓여주세요.

   💬 조미료를 조금 넣으며 더 깊은 맛이 납니다.

6. 어슷 썬 대파, 홍고추를 넣고 끓여주세요.

   💬 된장찌개에 해물을 넣으면 해물된장찌개가 됩니다.

국/찌개

# 차돌박이 된장찌개

- 25분
- 냉장 3일

**주재료**
- 차돌박이 200g

**부재료**
- 양파 1/2개
- 감자 1개
- 애호박 1/4개
- 대파 중간 부분 10cm
- 팽이버섯 1/2봉지
- 두부 1/2모
- 물 600ml
- 된장 1.5숟가락
- 고추장 0.5숟가락
- 다진 마늘 0.5숟가락
- 고춧가루 0.5숟가락

1. 양파 1/2개, 감자 1개, 애호박 1/4개는 4등분해서 납작 썰고, 대파 중간 부분 10cm는 송송 썰기, 팽이버섯 1/2봉지는 반으로 잘라 가닥을 나눠주세요.

2. 두부 1/2모는 반으로 잘라서 0.5cm 두께로 썰어주세요.

3. 냄비에 차돌박이 200g을 중불에 볶다가 송송 썬 대파를 넣고 함께 볶아주세요.

4. 물 600ml에 된장 1.5숟가락, 고추장 0.5숟가락을 풀고 납작 썬 감자, 양파를 넣고 끓여주세요.

5. 국물이 끓으면 납작 썬 애호박, 팽이버섯, 두부, 다진 마늘 0.5숟가락을 넣고 끓여주세요.

6. 고춧가루 0.5숟가락을 넣고 1~2분 더 끓여주세요.

# 순두부찌개

- 25분
- 냉장 2일

**주재료**
- 순두부 1봉지
- 바지락 100g
- 돼지고기(뒷다리살 또는 앞다리살) 100g

**부재료**
- 꽃소금 1숟가락
- 양파 1/2개(작은 것)
- 대파 1/3대
- 청양고추 1개
- 팽이버섯 1/2봉지
- 식용유 2숟가락
- 고춧가루 1숟가락
- 물 600ml
- 멸치액젓 1숟가락
- 소금 0.3~0.5숟가락
- 다진 마늘 0.5숟가락
- 달걀 1개
- 참기름 1숟가락

1. 바지락 100g은 잠길 정도로 물을 붓고 꽃소금 1숟가락을 넣어 뚜껑을 덮고 30분 이상 해감한 후 물에 여러 번 헹구고 손으로 비벼 깨끗이 씻어서 물기를 빼주세요.

2. 양파 1/2개는 0.2cm 두께로 채썰기, 대파 1/3대, 청양고추 1개는 어슷썰기, 팽이버섯 1/2봉지는 밑동을 잘라내고 씻어서 반으로 썰어주세요.

3. 돼지고기(뒷다리살 또는 앞다리살) 100g은 1×1cm 크기로 잘라서 냄비에 식용유 1숟가락을 두르고 약불에 볶다가 고기 겉면이 익으면 채 썬 양파, 어슷 썬 대파, 식용유 1숟가락, 고춧가루 1숟가락을 넣고 중불에 빠르게 볶아주세요.
   💬 고춧가루를 볶을 때 연기가 날 수 있으니 물을 미리 준비해주세요.

4. 물 600ml에 멸치액젓 1숟가락, 바지락, 소금 0.3~0.5숟가락을 넣고 끓여주세요.

5. 찌개가 끓으면 다진 마늘 0.5숟가락, 팽이버섯, 순두부 1봉지를 잘라 넣고, 어슷 썬 청양고추를 넣어 끓여주세요.

6. 마지막에 달걀 1개를 넣어 흰자만 흔들어 끓인 후 참기름 1숟가락을 넣고 불을 꺼주세요.
   💬 달걀은 풀지 않고 반숙으로 익혀야 맛있는 순두부찌개가 됩니다.

# 청국장찌개

- 25분
- 냉장 3일

**주재료**
- 청국장 150g
- 신김치 50g

**부재료**
- 애호박 1/3개
- 양파 1/2개
- 대파 흰 부분 10cm
- 청양고추 1개
- 홍고추 2개
- 두부 1/2모
- 표고버섯 2개
- 물 100+500ml
- 식용유 2숟가락
- 고춧가루 1숟가락
- 국물용 멸치 5마리
- 김칫국물 1국자
- 다진 마늘 1숟가락
- 멸치액젓 1숟가락

1. 애호박 1/3개, 양파 1/2개는 4등분해서 0.5cm 두께로 채썰기, 대파 흰 부분 10cm, 청양고추 1개, 홍고추 2개는 어슷썰기를 해주세요.

2. 두부 1/2모는 반으로 잘라 0.5cm 두께로 썰고, 표고버섯 2개는 대를 떼어내 길게 반으로 자르고, 갓은 0.5cm 두께로 편 썰어주세요. 신김치 50g은 잘게 썰고, 물 100ml에 청국장 150g을 풀어주세요.

3. 냄비에 식용유 2숟가락을 두르고 중불에 신김치, 고춧가루 1숟가락을 볶아주세요.

4. 물 500ml에 국물용 멸치 5마리, 김칫국물 1국자, 채 썬 양파를 넣고 끓여주세요.

5. 국물이 끓으면 애호박, 표고버섯, 청양고추, 다진 마늘 1숟가락, 멸치액젓 1숟가락을 넣고 끓여주세요.

6. 국물이 다시 끓으면 풀어놓은 청국장, 두부, 어슷 썬 대파, 홍고추를 넣고 뚜껑을 덮어서 1분간 더 끓여주세요.

💬 청국장 냄새는 잘 빠지지 않으므로, 집 안에 퍼지지 않게 방문을 꼭 닫고 조리하세요.

## 비지찌개

- ⏱ 20분
- ❄ 냉장 2일

**주재료**
- 콩비지 300~500g
- 신김치 150g
- 간 돼지고기 150g

**부재료**
- 대파 흰 부분 15cm
- 청양고추 1개
- 표고버섯 2개
- 식용유 1숟가락
- 다진 마늘 0.5숟가락
- 고춧가루 1숟가락
- 물 200ml
- 김칫국물 2~3숟가락
- 소금 조금

1. 대파 흰 부분 15cm, 청양고추 1개는 어슷썰기, 표고버섯 2개는 대를 떼어내 길게 반으로 자르고 갓은 0.3cm 두께로 편 썰어주세요.

2. 신김치 150g은 1.5×1.5cm 크기로 썰어주세요.

3. 냄비에 식용유 1숟가락을 두르고 다진 마늘 0.5숟가락, 신김치, 간 돼지고기 150g을 넣고 센 불에 볶아주세요.

4. 돼지고기가 익으면 고춧가루 1숟가락을 넣고 중불에 골고루 섞어가며 볶아주세요.

5. 물 200ml에 김칫국물 2~3숟가락, 어슷 썬 청양고추, 콩비지 300~350g을 넣고 끓여주세요.

6. 찌개가 끓으면 소금으로 간을 맞추고, 표고버섯, 어슷 썬 대파를 넣고 끓여주세요.

 국/찌개

# 부대찌개

- 25분
- 냉장 3일

**주재료**
- 소시지 15cm
- 스팸 150g
- 간 돼지고기 100g
- 베이크드빈스 3숟가락

**부재료**
- 콩나물 50g
- 양파 1/2개
- 대파 1/2대
- 물 500ml
- 소금 0.3숟가락
- 다진 마늘 1숟가락
- 고춧가루 1~2숟가락
- 라면스프 0.5숟가락
- 체다치즈 1장

1. 콩나물 50g은 씻어서 물기를 빼고, 양파 1/2개는 0.3cm 두께로 채썰기, 대파 1/2대는 어슷썰기를 해주세요.

2. 소시지 15cm는 0.5cm 두께로 어슷썰기, 스팸 150g은 0.5cm 두께로 썰어주세요.
   💬 다양한 맛과 식감의 소시지와 햄을 준비하면 좋습니다.

3. 냄비에 양파, 콩나물, 햄과 소시지, 간 돼지고기 100g, 베이크드빈스 3숟가락을 담아주세요.

4. 물 500ml, 소금 0.3숟가락, 다진 마늘 1숟가락, 고춧가루 1~2숟가락을 넣고 뚜껑을 덮어서 끓여주세요.
   💬 물 대신 사골육수를 넣으면 더 맛있어요. 시판용 사골육수 또는 사골 엑기스를 사용하면 됩니다.

5. 찌개가 끓으면 라면스프 0.5숟가락을 넣고 어슷 썬 대파를 넣어서 끓여주세요.

6. 체다치즈 1장을 올리고 불을 꺼주세요.
   💬 물 양을 조절해서 라면 또는 떡을 넣어도 됩니다.

# 애호박감자 고추장찌개

- 25분
- 냉장 3일

**주재료**
- 감자 1개(중간 크기)
- 애호박 2/3개
- 돼지고기 목살 200g

**부재료**
- 양파 1/2개
- 두부 1/2모
- 식용유 1숟가락
- 다진 마늘 0.5숟가락
- 소금 0.1숟가락
- 후춧가루 조금
- 물 500ml
- 고추장 1숟가락(듬뿍)

1. 양파 1/2개는 반으로 잘라서 0.5cm 두께로 채썰기, 감자 1개는 가로세로 4등분해서 0.5cm 두께로 납작 썰어주세요. 애호박 2/3개는 0.5cm 두께로 반달썰기, 두부 1/2모는 0.5cm 두께로 썰어주세요.

2. 돼지고기 목살 200g은 3×4cm 크기로 썰어주세요.
   - 돼지고기는 기름기 또는 껍데기가 있는 부위를 사용하면 됩니다.

3. 냄비에 식용유 1숟가락을 두르고 돼지고기를 중불에 볶아주세요.

4. 고기가 2/3 정도 익으면 납작 썬 감자, 다진 마늘 0.5숟가락, 소금 0.1숟가락, 후춧가루 조금 넣고 중불에 볶아주세요.

5. 물 500ml에 고추장 1숟가락을 듬뿍 풀고, 채 썬 양파, 반달 썬 애호박을 넣고 센 불에 5분 이상 끓여주세요.

6. 국물이 끓으면 두부를 넣고 3분간 더 끓여주세요.

# 스팸두부 고추장찌개

- 15분
- 냉장 3일

**주재료**
- 스팸 150g
- 두부 1/2모

**부재료**
- 양파 1/2개
- 대파 중간 부분 10cm
- 청양고추 1개
- 감자 1개(작은 것)
- 진간장 2숟가락
- 다진 마늘 1숟가락
- 설탕 0.5숟가락
- 고춧가루 0.5숟가락
- 고추장 1숟가락
- 물 600ml

1. 양파 1/2개는 채썰기, 대파 중간 부분 10cm, 청양고추 1개는 송송 썰어주세요. 감자 1개는 반으로 자른 후 납작 썰어주세요.

2. 두부 1/2모, 스팸 150g은 크기에 맞춰 1cm 두께로 썰어주세요.

3. 잘라낸 스팸 자투리는 모아서 으깨주세요.

4. 물 600ml에 진간장 2숟가락, 다진 마늘 1숟가락, 설탕 0.5숟가락, 고춧가루 0.5숟가락, 고추장 1숟가락을 넣고 완전히 풀어주세요.

5. 냄비에 채 썬 양파와 납작 썬 감자를 넣고, 가장자리에 두부와 스팸을 번갈아 둥그렇게 담아주세요. 가운데 으깬 스팸, 송송 썬 대파 절반을 넣고 4의 양념물을 부어 뚜껑을 덮고 끓여주세요.

6. 찌개가 끓으면 송송 썬 청양고추와 남은 대파를 넣고 끓여주세요.

국/찌개

# 참치김치찌개

- 15분
- 냉장 3일

**주재료**
- 캔참치 1개
- 신김치 1/4포기

**부재료**
- 양파 1/2개
- 대파 1/3대
- 청양고추 1개
- 물 600ml
- 김칫국물 1국자
- 소금 조금

1. 양파 1/2개는 채썰기, 대파 1/3대, 청양고추 1개는 어슷썰기를 해주세요.
2. 신김치 1/4포기는 반으로 길게 잘라서 2cm 두께로 썰어주세요.
3. 물 600ml에 김치, 채 썬 양파, 김칫국물 1국자를 넣고 끓여주세요.
4. 국물이 끓으면 참치를 숟가락으로 크게 떠서 가운데 올리고 끓여주세요.
   💬 캔참치의 기름을 살짝 넣어줍니다.
5. 다시 국물이 끓으면 소금으로 간을 맞춘 후 어슷 썬 대파, 청양고추를 넣고 중약불에 5분간 끓여주세요.

## 꽁치김치찌개

- 20분
- 냉장 3일

**주재료**
- 통조림 꽁치 1캔
- 신김치 1/4포기

**부재료**
- 양파 1/2개
- 대파 1/3대
- 청양고추 1개
- 물 800ml
- 김칫국물 1국자
- 소금 조금

1. 양파 1/2개는 채썰기, 대파 1/3대, 청양고추 1개는 어슷썰기를 해주세요.
2. 신김치 1/4포기는 반으로 길게 자른 후 2cm 두께로 썰어주세요.
3. 통조림 꽁치는 국물을 따라 버리고 꽁치만 건져주세요.
4. 냄비에 채 썬 양파, 김치, 꽁치, 김치, 물 800ml, 김칫국물 1국자를 넣고 끓여주세요.
   💬 약간의 김치를 꽁치 위에 덮어줍니다.
5. 국물이 끓으면 어슷 썬 대파, 청양고추를 넣고 끓여주세요.
6. 다시 국물이 끓으면 소금 또는 김칫국물로 간을 맞추고 약불로 줄여 10분간 끓여주세요.

## 돼지고기 김치찌개

- 25분
- 냉장 5일

**주재료**
- 찌개용 돼지고기 150~200g
- 김치 1/4포기

**부재료**
- 양파 1/2개
- 대파 뿌리 부분 1/2대
- 청양고추 1개
- 두부 1/2모
- 김칫국물 2국자
- 물 500ml
- 다진 마늘 0.5숟가락
- 분말조미료 0.3숟가락(또는 액상조미료 1숟가락)
- 소금 조금

1. 양파 1/2개는 0.3cm 두께로 채썰기, 대파 뿌리 부분 1/2대, 청양고추 1개는 어슷썰기, 두부 1/2모는 길게 반으로 잘라 0.5cm 두께로 썰어주세요.

2. 김치 1/4포기는 길게 반으로 잘라 2.5cm 크기로 썰어주세요. 김치 꼭지는 버리지 않습니다.

3. 냄비에 채 썬 양파, 김치, 찌개용 돼지고기 150~200g, 김칫국물 2국자, 물 500ml를 넣고 끓여주세요.

4. 국물이 끓으면 다진 마늘 0.5숟가락, 어슷 썬 청양고추, 분말조미료 0.3숟가락(또는 액상조미료 1숟가락)을 넣고 끓여주세요.

5. 다시 찌개가 끓으면 두부와 어슷 썬 대파를 넣고 끓여주세요.

6. 싱겁다면 소금으로 간을 맞추고 취향에 따라 고춧가루를 조금 넣어 끓인 후 중약불로 줄여 5분 이상 끓여주세요.

💬 김치찌개는 오래 끓일수록 진하고 맛있어요.

## 닭개장 (10인분)

- 60분
- 냉장 4일

**주재료**
- 닭(12호) 1마리
- 얼갈이 1/2단
- 숙주 200g
- 삶은 토란대 150g
- 삶은 고사리 200g

**부재료**
- 물 2L
- 소금 1숟가락+0.3숟가락
- 양파 1개
- 대파 2대
- 청양고추 3개
- 홍고추 2개
- 다진 마늘 2숟가락
- 고춧가루 1.5숟가락
- 멸치액젓 3숟가락
- 국간장 2숟가락
- 후춧가루 1숟가락
- 참기름 2~3숟가락
- 식용유 4숟가락
- 고춧가루 1~2숟가락
- 멸치액젓(또는 소금) 조금
- 달걀 1~2개(1회 분량)
- 참기름 1숟가락

**tip**
한 끼 먹을 만큼 냄비에 덜어서 끓여주세요.
국물이 끓으면 달걀 1~2개를 풀어서 빙 둘러 넣고 달걀이 덩어리로 가라앉지 않게 빨리 저은 후 불을 끄고 참기름 1숟가락을 넣어주세요.

1. 닭(12호) 1마리는 손질해서 물 2L를 붓고 삶아주세요. 물이 끓으면 불을 줄여 푹 삶은 후 닭은 건져서 식히고, 육수는 체에 걸러주세요.

2. 얼갈이 1/2단은 3등분으로 잘라서 끓는 물에 소금 1숟가락을 넣고 데친 후 찬물에 헹구고 물기를 짜주세요.

3. 양파 1개는 0.5cm 두께로 채썰기, 대파 2대는 반으로 잘라 흰 무분 15cm는 반으로 자르고 나머지는 5~7cm 길이로 잘라서 길게 4등분해주세요. 청양고추 3개, 홍고추 2개는 어슷썰기를 해주세요.

4. 숙주 200g은 끓는 물에 소금 0.3숟가락을 넣고 1분간 데쳐서 물기를 짜내고, 삶은 토란대 150g, 고사리 200g, 얼갈이는 3~4cm 길이로 잘라주세요.

5. 찢은 닭고기, 데친 숙주, 고사리, 토란대, 얼갈이, 다진 마늘 2숟가락, 고춧가루 1.5숟가락, 멸치액젓 3숟가락, 국간장 2숟가락, 후춧가루 1숟가락, 참기름 2~3숟가락을 골고루 섞어주세요.

6. 냄비에 식용유 4숟가락을 두르고 길게 썬 대파를 먼저 중불에 볶다가 고춧가루 1~2숟가락을 넣고 재빨리 볶아줍니다.

7. 1의 육수 2L에 5의 양념한 재료, 어슷 썬 청양고추, 홍고추를 넣어 멸치액젓(또는 소금)으로 간을 맞추고 육수가 끓으면 중불로 줄여 10분 이상 끓입니다.

   육수가 부족하다면 물을 넣어 2L 맞춰 주세요.

# 육개장

⏱ 60분
❄ 냉장 4일(냉동 1달)

**주재료**
- 소고기 양지머리 600g
- 숙주 200g
- 느타리버섯 200g
- 삶은 토란대 150g

**부재료**
- 무 100g
- 양파 2개(큰 것)
- 대파 흰 부분 15cm(육수용)
- 대파 1대
- 물 1L
- 소금 1숟가락+0.3숟가락
- 청양고추 3개
- 홍고추 2개
- 다진 마늘 1숟가락
- 고춧가루 1숟가락
- 멸치액젓 2숟가락
- 국간장 3숟가락
- 참기름 2숟가락
- 후춧가루 1숟가락
- 식용유 3숟가락
- 고춧가루 1~2숟가락
- 국간장(또는 소금) 조금

• tip •
한 끼 먹을 만큼 냄비에 덜어 국간장(또는 소금)으로 간을 맞추고 끓여주세요. 국물이 끓으면 달걀 1~2개를 풀어 빙 둘러 넣고 달걀이 덩어리로 가라앉지 않게 빨리 저은 후 불을 꺼주세요. 과정이 복잡한 국물 요리는 한 번에 10인분 정도 많이 만들어 소분하여 냉동 보관하면 재료비와 시간을 절약할 수 있습니다.

1. 소고기 양지머리 600g은 4등분해서 찬물에 30분 정도 담가 핏물을 빼고 무 100g, 양파 1개, 대파 흰 부분 15cm는 반으로 잘라주세요.

2. 물 1L에 소고기 양지머리, 무, 양파, 대파, 소금 1숟가락을 넣고 끓으면 중불로 줄여 30~50분간 삶아주세요.
    소고기는 약불에 오래 삶아야 부드럽고 잘 찢어져요.

3. 소고기와 무는 건져내 고기는 결대로 얇게 찢고, 무는 3×4×0.3cm 크기로 납작 썰어주세요. 육수는 체에 걸러 물을 더해 2L를 만들어주세요.

4. 양파 1개는 반으로 잘라 0.5cm 두께로 채썰기, 대파 1대는 5~7cm 길이로 자른 후 길게 4등분해주세요. 청양고추, 홍고추는 어슷썰기를 해주세요. 숙주는 끓는 물에 소금 0.3숟가락을 넣고 1분간 데쳐 물기를 짜내고, 느타리버섯도 데쳐서 물기를 짠 후 길게 4~6등분으로 찢어주세요. 삶은 토란대, 숙주는 3~4cm 길이로 잘라주세요.

5. 찢은 소고기, 숙주, 고사리, 토란대, 느타리버섯, 다진 마늘 1숟가락, 고춧가루 1숟가락, 멸치액젓 2숟가락, 국간장 3숟가락, 참기름 2숟가락, 후춧가루 1숟가락을 골고루 섞어주세요.

6. 식용유 3숟가락을 두르고 길게 썬 대파를 중불에 볶다가 고춧가루 1~2숟가락을 넣고 재빨리 볶아줍니다.

7. 3의 육수 2L에 5의 양념한 재료, 어슷 썬 청양고추, 홍고추를 넣고 끓으면 중불로 줄여 10~20분 이상 끓입니다.

# 우럭매운탕

⏱ 25분
❄ 당일

**주재료**
- 미더덕(또는 만득이) 1줌
- 매운탕 거리 해물 100g(매운탕용 서더리 또는 손질한 우럭 1마리, 새우 3마리, 조갯살 등 모둠 해물. 매운탕 거리는 회 뜨고 남은 부분을 사용합니다. 서더리라 하여 머리와 살이 붙어 있는 뼈를 판매하고 있어요. 서더리도 맛있지만 우럭 1마리에 모둠 해물을 추가하면 더욱 깔끔합니다.)

**부재료**
- 콩나물 150g
- 쑥갓 25g
- 무 50g
- 양파 1개
- 미나리 5줄
- 대파 1/2대
- 청양고추 1개
- 홍고추 1개
- 팽이버섯 1봉지
- 물 600ml
- 된장 0.5숟가락
- 고추장 0.5숟가락
- 다진 마늘 0.5숟가락
- 소금(또는 된장) 조금
- 고춧가루 0.5숟가락

1. 콩나물 150g과 쑥갓 25g, 미더덕(또는 만득이) 1줌, 매운탕 거리 해물은 깨끗이 씻어 물기를 빼주세요.

   💬 매운탕용 서더리 또는 손질한 우럭 1마리, 새우 3마리, 조갯살 등 모둠해물은 여러 번 씻어주세요.

2. 무 50g은 3×4×0.3cm 크기로 나박썰기, 양파 1개는 반으로 잘라 0.3cm 두께로 채썰기, 미나리 5줄은 5cm 길이로 자르고, 대파 1/2대, 청양고추 1개, 홍고추 1개는 어슷썰기를 해주세요. 팽이버섯 1봉지는 밑동을 잘라내고 가닥가닥 찢어주세요.

3. 물 600ml에 된장 0.5숟가락, 고추장 0.5숟가락, 다진 마늘 0.5숟가락을 풀어주세요.

4. 냄비에 콩나물, 나박썰기한 무, 채 썬 양파, 매운탕 거리 해물, 미나리, 어슷 썬 청양고추, 3의 육수를 넣고 끓어오르면 중약불로 줄여 10분 정도 끓여주세요.

   💬 국물이 많이 졸아들면 물 200ml를 조절해서 넣어주세요.
   💬 매운탕은 생선의 기름이 떠야 깊고 시원한 맛이 납니다.

5. 매운탕 국물 위로 생선 기름이 뜨면 미더덕, 팽이버섯을 넣고 센 불에 끓여주세요.

6. 소금(또는 된장)으로 간을 맞춘 후 고춧가루 0.5숟가락, 어슷 썬 홍고추, 대파, 쑥갓을 넣고 끓여주세요.

   💬 취향에 따라 수제비 또는 라면을 넣어도 맛있어요.

# 맑은대구탕 (지리)

- 25분
- 냉장 2일

**주재료**
- 대구 1마리
- 미더덕(또는 만득이) 1줌
- 콩나물 150g
- 쑥갓 25g

**부재료**
- 무 50g
- 양파 1개
- 미나리 5줄
- 대파 1/2대
- 청양고추 1개
- 홍고추 1개
- 마늘 2개
- 팽이버섯 1봉지
- 물 1L
- 국물용 멸치 10마리
- 소금 0.5숟가락
- 국간장(또는 소금) 조금

1. 콩나물 150g, 쑥갓 25g, 미더덕(또는 만득이) 1줌, 손질한 대구 1마리는 지느러미를 제거하고 안쪽과 바깥쪽을 깨끗이 씻어주세요.
   💬 손질된 대구를 구입하거나 마트에서 손질을 부탁하면 토막과 내장을 분리해줍니다.

2. 무 50g은 3×4×0.3cm 크기로 나박썰기, 양파 1개는 반으로 잘라 0.3cm 두께로 채썰기, 미나리 5줄은 5cm 길이로 자르고, 대파 1/2대, 청양고추 1개, 홍고추 1개는 어슷썰기를 해주세요. 마늘 2개는 편 썰고, 팽이버섯 1봉지는 밑동을 잘라내고 가닥가닥 찢어주세요.

3. 물 1L에 국물용 멸치 10마리, 나박썰기한 무, 채 썬 양파, 편 썬 마늘을 넣고 국물이 끓으면 중불로 줄여 10분간 끓여주세요.

4. 대구, 콩나물, 소금 0.5숟가락을 넣고 국물이 끓으면 거품을 걷어내고 중불에 뚜껑을 덮고 10분간 끓여주세요.
   💬 뚜껑을 덮으면 국물이 넘칠 수 있으니 1/3 정도 열어둡니다.

5. 미나리, 팽이버섯을 넣고 끓여주세요.

6. 국간장(또는 소금)으로 간을 맞춘 후 어슷 썬 청양고추, 홍고추, 대파를 넣고 끓여주세요.

국/찌개

# 조개탕

- ⏱ 20분
- ❄ 냉장 2일

**주재료**
- ☐ 동죽(또는 바지락) 1kg

**부재료**
- ☐ 꽃소금 3숟가락
- ☐ 양파 1/2개
- ☐ 통마늘 2개
- ☐ 대파 흰 부분 10cm
- ☐ 청양고추 1개
- ☐ 홍고추 1개
- ☐ 물 1L
- ☐ 맛술 1숟가락
- ☐ 새우젓 1숟가락
- ☐ 소금 조금

1. 동죽(또는 바지락) 1kg이 잠길 정도로 물을 붓고, 꽃소금 3숟가락을 넣은 후 뚜껑 또는 검은 봉지를 씌워 1시간 정도 해감해주세요.

    💬 해감하는 동안 빛이 들어가지 않게 합니다.

2. 해감한 조개를 헹군 후 물에 담가 여러 번 흔들고 비벼 씻어서 체에 받쳐 물기를 빼주세요.

3. 양파 1/2개, 통마늘 2개는 반으로 자르고, 대파 흰 부분 10cm, 청양고추 1개, 홍고추 1개는 어슷썰기를 해주세요.

4. 냄비에 조개, 물 1L, 맛술 1숟가락, 반으로 자른 양파, 마늘을 넣고 끓여주세요.

    💬 끓으면서 올라온 거품은 걷어냅니다.

5. 국물이 끓으면 양파는 건져내고, 새우젓 1숟가락, 어슷 썬 대파, 청양고추, 홍고추를 넣고 끓여주세요.

    💬 소금으로 간을 맞춰주세요.

# 두부소고기 전골

- 25분
- 냉장 2일

**주재료**
- 두부 1모
- 샤브샤브용 소고기 100g

**부재료**
- 대파 흰 부분 15cm(육수용)
- 대파 1/2대
- 양파 1개
- 국물용 멸치 10마리
- 통마늘 2개
- 물 1L
- 당근 1/3개
- 표고버섯 2개
- 청경채 3~4개
- 소금(또는 국간장) 조금

1. 물 1L에 대파 흰 부분 15cm, 양파 1/2개는 반으로 잘라서 국물용 멸치 10마리, 통마늘 2개와 함께 넣고 끓여주세요. 물이 끓으면 중불로 줄여 진하게 오래 끓입니다.

    시판용 육수를 사용하면 더 간편합니다.

2. 양파 1/2개는 0.5cm 두께로 채썰기, 대파 1/2대는 송송 썰기, 당근 1/3개는 0.3cm 두께로 썰어서 모양 틀로 찍어주세요.

3. 두부 1모는 반으로 잘라서 1cm 두께로 썰고, 표고버섯 2개는 대를 떼어내 반으로 자르고 갓은 + 또는 * 모양 칼집을 넣어주세요. 청경채는 뿌리를 잘라냅니다.

4. 샤브샤브용 소고기 100g은 반으로 잘라주세요.

5. 전골냄비에 채 썬 양파를 먼저 깔고, 두부를 가장자리를 따라 둥그렇게 담아주세요. 냄비 가운데 버섯 대와 소고기를 넣고, 두부와 고기 사이에 당근을 담은 후 육수 600ml를 넣고 끓여주세요.

    국물에 거품이 떠오르면 걷어냅니다.

6. 육수가 끓으면 소금(또는 국간장)으로 간을 맞춘 후 표고버섯 갓, 청경채, 송송 썬 대파를 넣고 끓여주세요.

    진간장에 고추냉이를 풀어 찍어 먹으면 맛있습니다.

# 짜장

- ⏱ 20분
- ❄ 냉장 3일

**주재료**
- 춘장 200g
- 돼지고기 150g(앞다리살 또는 뒷다리살)

**부재료**
- 양파 1개(큰 것)
- 애호박 1/3개
- 감자 1개
- 대파 15cm
- 식용유 2숟가락
- 소금 0.1숟가락
- 다진 생강 0.1숟가락
- 다진 마늘 1숟가락
- 맛술 1숟가락
- 진간장 2숟가락
- 물 500ml+2숟가락
- 감자전분 2숟가락

1. 돼지고기 150g, 양파 1개, 애호박 1/3개, 감자 1개는 1.5×1.5cm 크기로 깍둑썰기, 대파 15cm는 송송 썰어주세요.

2. 식용유 50ml, 춘장 200g을 약불에 볶다가 춘장이 끓기 시작하면 불을 꺼주세요.

3. 냄비에 춘장 볶은 기름 2숟가락을 두르고 깍둑 썬 양파, 돼지고기를 볶다가 소금 0.1숟가락, 다진 생강 0.1숟가락, 다진 마늘 1숟가락을 넣고 볶은 다음 진간장 2숟가락, 맛술 1숟가락을 넣고 볶아주세요.

4. 송송 썬 대파, 깍둑 썬 감자를 넣고 볶은 후 애호박을 넣고 볶아주세요.

5. 볶은 춘장을 넣고 중불에 골고루 볶다가 물 500ml를 넣고 센 불에 끓여주세요.
   💬 미원을 넣으면 식당 짜장 맛과 비슷해져요.

6. 물 2숟가락, 감자전분 2숟가락을 섞어 녹말물을 만든 후 5의 짜장에 조금씩 넣어가며 걸쭉하게 농도를 맞추세요.
   💬 따뜻한 밥 또는 면 위에 짜장을 올리고, 삶은 메추리알, 통조림 완두콩 1숟가락 또는 오이채를 올리면 더 맛있어 보입니다.

## 카레

- ⏱ 20분
- ❄ 냉장 3일

**주재료**
- ☐ 분말 카레 1봉지
- ☐ 카레용 돼지고기 (또는 소고기) 200g

**부재료**
- ☐ 양파 1개(작은 것)
- ☐ 감자 1개
- ☐ 당근 1/2개
- ☐ 버터 1개(또는 식용유 2숟가락)
- ☐ 물 400+100ml

1. 카레용 돼지고기(또는 소고기) 200g은 키친타월에 감싸 핏물을 빼주세요.

2. 양파 1개, 감자 1개, 당근 1/2개는 1.5×1.5cm 크기로 깍둑썰기를 해주세요.

3. 냄비에 버터 1개(또는 식용유 2숟가락)를 두르고 돼지고기, 깍둑 썬 양파, 감자, 당근을 볶아주세요.

4. 고기가 익으면 물 400ml를 넣어주세요.
   💬 포장지에 적힌 레시피 물 양의 2/3 정도만 넣고 끓입니다.

5. 물 100ml에 분말 카레 1봉지를 넣고 섞어서 풀어주세요.
   💬 고체형 카레는 해당 과정을 생략합니다.

6. 감자가 익으면 5의 카레를 넣고 끓여주세요.
   💬 카레의 종류와 맛은 정말 다양합니다. 입맛과 취향에 맞는 카레를 선택하고, 포장지에 적힌 레시피의 물 양을 꼭 확인해주세요.

## 인덱스

### 조리법 인덱스

#### 구이

| 가자미구이 | 316 |
| 가지된장구이 | 164 |
| 가지두부말이 | 166 |
| 고등어카레구이 | 316 |
| 너비아니 | 298 |
| 당근칩 | 60 |
| 데리야키치킨 | 280 |
| 돼지고기고추장바삭구이 | 290 |
| 떡갈비 | 298 |
| 분홍소시지구이 | 154 |
| 브로콜리치즈구이(전) | 220 |
| 새송이버섯고추장구이 | 84 |
| 새우소금구이 | 310 |
| 소떡소떡 | 154 |
| 스팸두부구이 | 156 |
| 애호박구이 | 94 |
| 애호박두부구이 | 96 |
| 우엉찹쌀구이 | 240 |
| 유장조기구이 | 318 |
| 진미채버터구이 | 264 |
| LA갈비구이 | 300 |

#### 국/찌개

| 감잣국 | 339 |
| 굴국 | 348 |
| 김치콩나물국 | 347 |
| 김칫국 | 346 |
| 꽁치김치찌개 | 359 |
| 닭개장(10인분) | 361 |
| 돼지고기김치찌개 | 360 |
| 된장찌개 | 350 |
| 두부소고기전골 | 366 |
| 맑은달걀국 | 340 |
| 맑은대구탕(지리) | 364 |
| 맑은순두붓국 | 349 |
| 부대찌개 | 355 |
| 비지찌개 | 354 |
| 소고기뭇국 | 334 |
| 소고기미역국 | 335 |
| 소고기배추된장국 | 336 |
| 순두부찌개 | 352 |
| 스팸두부고추장찌개 | 357 |
| 시금치바지락된장국 | 337 |
| 애호박감자고추장찌개 | 356 |
| 어묵뭇국 | 341 |
| 얼갈이된장국 | 338 |
| 얼큰콩나물국 | 344 |
| 오징어뭇국 | 343 |
| 오징어어묵국 | 342 |
| 우럭매운탕 | 363 |
| 육개장 | 362 |
| 조개탕 | 365 |
| 차돌박이된장찌개 | 351 |
| 참치김치찌개 | 358 |
| 청국장찌개 | 353 |
| 콩나물냉국 | 345 |

#### 김치

| 가지소박이 | 168 |
| 깻잎김치 | 186 |
| 당근양배추생채 | 58 |
| 무생채 | 190 |
| 배추겉절이 | 202 |
| 배추생채 | 206 |
| 보쌈무 | 190 |
| 부추겉절이 | 210 |
| 생깻잎지 | 186 |
| 양파김치 | 112 |
| 오이고추소박이 | 174 |
| 오이도라지생채 | 134 |
| 오이소박이 | 132 |
| 칼국숫집겉절이 | 202 |

#### 냉국

| 가지냉국 | 170 |
| 오이냉국 | 136 |
| 오이미역냉국 | 136 |

#### 냉채

| 감자냉채 | 41 |
| 연두부미역냉채 | 76 |
| 팽이버섯냉채 | 80 |

#### 무침

| 가지무침 | 170 |
| 고사리나물 | 266 |
| 곤드레나물 | 268 |
| 깻잎순나물 | 182 |
| 깻잎순된장무침 | 182 |
| 단무지무침 | 192 |
| 닭고기숙주 겨자무침 | 224 |
| 두부브로콜리무침 | 68 |
| 두부톳무침 | 68 |
| 매운콩나물무침 | 146 |
| 매콤오이무침 | 128 |
| 무말랭이무침 | 192 |
| 미나리오이무침 | 268 |
| 미역오이초무침 | 198 |
| 브로콜리들깨마요무침 | 218 |
| 쇠미역무침 | 198 |
| 숙주무침 | 224 |
| 시금치된장무침 | 230 |
| 시금치무침 | 230 |

| | | | | | | | |
|---|---|---|---|---|---|---|---|
| 애호박새우젓지짐 | 92 | 돼지고기부추볶음 | 288 | 콩나물제육볶음 | 148 | | |
| 양파무침 | 114 | 두부잡채 | 74 | 토마토달걀볶음 | 52 | | |
| 양파비빔장 | 114 | 마늘종건새우볶음 | 256 | 햄감자채볶음 | 32 | | |
| 오이겨자무침 | 130 | 매운애호박볶음 | 90 | | | | |
| 오이고추된장무침 | 174 | 매콤멸치볶음 | 252 | **( 부침 )** | | | |
| 오이된장무침 | 130 | 명엽채볶음 | 258 | 당근달걀말이 | 58 | | |
| 오이파무침 | 132 | 무나물 | 194 | 부추오믈렛 | 214 | | |
| 오징어오이초무침 | 328 | 미역줄기볶음 | 197 | 새송이버섯말이 | 84 | | |
| 우엉고추장무침 | 238 | 버터갈릭새우 | 308 | 시금치달걀말이 | 44 | | |
| 우엉깨소스무침 | 238 | 베이컨숙주볶음 | 286 | 애호박달걀말이 | 100 | | |
| 으깬오이무침 | 128 | 부추표고버섯볶음 | 212 | 참치달걀말이 | 44 | | |
| 진미채무침 | 262 | 불고기 | 302 | 팽이버섯베이컨말이 | 80 | | |
| 참나물무침 | 266 | 브로콜리새우볶음 | 220 | 햄달걀말이 | 46 | | |
| 취나물고추장무침 | 270 | 새우야채볶음 | 312 | | | | |
| 취나물된장무침 | 270 | 소고기배추볶음 | 208 | **( 샐러드 )** | | | |
| 콩나물무침 | 146 | 소고기청경채볶음 | 306 | 감자샐러드 | 40 | | |
| 콩나물미나리무침 | 146 | 소시지야채볶음 | 152 | 당근견과류샐러드 | 56 | | |
| 황태채무침 | 258 | 숙주베이컨볶음 | 226 | 당근라페 | 56 | | |
| | | 숙주소고기볶음 | 226 | 멕시칸샐러드 | 158 | | |
| **( 볶음 )** | | 숙주잡채 | 228 | 부추해물샐러드 | 214 | | |
| 가지제육볶음 | 162 | 시금치해물볶음 | 232 | 브로콜리두부샐러드 | 218 | | |
| 간장제육볶음 | 292 | 애호박가지된장볶음 | 94 | 시금치샐러드 | 232 | | |
| 감자어묵볶음 | 120 | 애호박볶음 | 90 | 양배추샐러드 | 102 | | |
| 감자채볶음 | 32 | 애호박새우젓지짐 | 92 | 어묵샐러드 | 126 | | |
| 견과류멸치볶음 | 254 | 애호박채볶음 | 92 | 우삼겹샐러드 | 304 | | |
| 고추장제육볶음 | 292 | 양배추베이컨볶음 | 104 | 참깨소스연근샐러드 | 248 | | |
| 고추장건새우볶음 | 256 | 양파볶음 | 116 | 참치샐러드 | 144 | | |
| 고추장어묵볶음 | 120 | 어묵볶음 | 126 | 코울슬로 | 102 | | |
| 공심채볶음 | 272 | 오이소고기볶음 | 138 | | | | |
| 굴소스가지볶음 | 162 | 오징어볶음 | 326 | **( 전 )** | | | |
| 궁채볶음(상추대) | 274 | 우엉잡채 | 236 | 감자전 | 38 | | |
| 느타리버섯볶음 | 82 | 진미채볶음 | 262 | 감자채전 | 38 | | |
| 느타리버섯햄볶음 | 82 | 참스테이크 | 302 | 고추전 | 173 | | |
| 달콤멸치볶음 | 252 | 청경채굴소스볶음 | 272 | 당근감자채전 | 54 | | |
| 돼지고기고추잡채 | 288 | 칠리새우 | 308 | 당근부침개 | 54 | | |
| 돼지고기배추볶음 | 286 | 콩나물볶음 | 148 | | | | |
| | | 콩나물잡채 | 150 | | | | |

371

## 인덱스

| 두부전 | 70 |
| 두부참치동그랑땡 | 70 |
| 미나리전 | 274 |
| 배추전 | 206 |
| 부추전 | 212 |
| 새우꼬치전 | 312 |
| 애호박오징어전 | 98 |
| 애호박전 | 98 |
| 애호박채전 | 96 |
| 연근전 | 246 |
| 연근카레전 | 246 |
| 참치고추장전 | 140 |
| 참치깻잎전 | 140 |
| 팽이버섯전 | 78 |
| 표고버섯고기전 | 86 |
| 한입팽이버섯전 | 78 |

### 절임

| 가지장아찌 | 168 |
| 고깃집양파부추절임 | 112 |
| 고추장아찌 | 178 |
| 두부장아찌 | 72 |
| 부추양파절임 | 210 |
| 브로콜리파프리카피클 | 217 |
| 양배추피클 | 104 |
| 양파고추장아찌 | 110 |
| 양파양배추장아찌 | 110 |
| 양파장아찌 | 110 |
| 연근피클 | 248 |
| 오이피클 | 134 |

### 조림

| 가자미조림 | 324 |
| 가지만두조림 | 166 |
| 갈치조림 | 322 |
| 감자조림 | 34 |
| 고등어된장조림 | 320 |
| 고등어무조림 | 320 |
| 고추멸치다짐 | 178 |
| 꽈리고추감자조림 | 36 |
| 꽈리고추감자조림 | 176 |
| 꽈리고추달걀장조림 | 48 |
| 꽈리고추멸치조림 | 254 |
| 달걀장조림 | 46 |
| 돼지고기두부조림 | 66 |
| 된장소스두부조림 | 64 |
| 두부간장조림 | 62 |
| 두부강된장 | 74 |
| 두부조림 | 62 |
| 두부튀김조림 | 64 |
| 마른오징어무조림 | 260 |
| 마약달걀장 | 43 |
| 마파두부 | 66 |
| 매운감자조림 | 34 |
| 무조림 | 195 |
| 문어조림 | 260 |
| 배추된장지짐 | 204 |
| 삼치간장조림 | 322 |
| 소고기달걀장조림 | 48 |
| 소고기장조림 | 304 |
| 소시지감자조림 | 152 |
| 스팸두부조림 | 156 |
| 알감자조림 | 36 |
| 양배추롤 | 106 |
| 어묵곤약조림 | 122 |
| 어묵조림 | 122 |
| 연근버섯조림 | 244 |
| 연근조림 | 244 |
| 오징어간장조림 | 326 |
| 우엉조림 | 236 |
| 참치무조림 | 142 |
| 표고버섯조림 | 86 |

### 찜

| 깻잎찜 | 184 |
| 꽈리고추찜 | 176 |
| 돼지갈비찜 | 294 |
| 돼지고기김치찜 | 294 |
| 된장소스깻잎찜 | 184 |
| 배추삼겹살찜 | 204 |
| 소갈비찜 | 300 |
| 숙주채소찜 | 223 |
| 양배추찜 | 106 |
| 오징어순대 | 330 |
| 조기찜 | 318 |
| 폭탄달걀찜 | 50 |
| 푸딩달걀찜 | 50 |

### 튀김

| 가지튀김 | 164 |
| 깻잎맛살말이튀김 | 188 |
| 깻잎튀김 | 181 |
| 닭안심튀김 | 280 |
| 두부강정 | 72 |
| 모둠버섯탕수육 | 88 |
| 새우튀김 | 310 |
| 양파튀김 | 116 |
| 어묵튀김 | 125 |
| 연근튀김 | 250 |
| 오징어튀김 | 330 |
| 우엉강정 | 242 |
| 우엉튀김 | 240 |
| 햄카츠 | 158 |

### 한 그릇 요리

| 감바스 알 아히요 | 314 |
| 닭갈비 | 278 |
| 닭고기겨자냉채 | 282 |
| 닭고기채소구이 | 282 |

| | | | | | | |
|---|---|---|---|---|---|---|
| 닭백숙 | 284 | 감자조림 | 34 | **ㄴ** | |
| 닭볶음탕 | 278 | 감자채볶음 | 32 | 너비아니 | 298 |
| 돼지고기두부두루치기 | 290 | 감자채전 | 38 | 느타리버섯볶음 | 82 |
| 매운어묵꼬치 | 124 | 감잣국 | 339 | 느타리버섯햄볶음 | 82 |
| 쇠미역말이 | 200 | 견과류멸치볶음 | 254 | | |
| 수육 | 296 | 고깃집양파부추절임 | 112 | **ㄷ** | |
| 시금치프리타타 | 234 | 고등어된장조림 | 320 | 단무지무침 | 192 |
| 양배추참치빈대떡 | 108 | 고등어무조림 | 320 | 달걀장조림 | 46 |
| 양파카레 | 118 | 고등어카레구이 | 316 | 달콤멸치볶음 | 252 |
| 오징어숙회파말이 | 328 | 고사리나물 | 266 | 닭갈비 | 278 |
| 짜장 | 367 | 고추멸치다짐 | 178 | 닭개장(10인분) | 361 |
| 참치두부두루치기 | 142 | 고추장건새우볶음 | 256 | 닭고기겨자냉채 | 282 |
| 카레 | 368 | 고추장아찌 | 178 | 닭고기숙주 겨자무침 | 224 |
| | | 고추장어묵볶음 | 120 | 닭고기채소구이 | 282 |
| | | 고추장제육볶음 | 292 | 닭백숙 | 284 |
| **ㄱㄴㄷ 인덱스** | | 고추전 | 173 | 닭볶음탕 | 278 |
| | | 곤드레나물 | 268 | 닭안심튀김 | 280 |
| **ㄱ** | | 공심채볶음 | 272 | 당근감자채전 | 54 |
| 가자미구이 | 316 | 굴국 | 348 | 당근견과류샐러드 | 56 |
| 가자미조림 | 324 | 굴소스 가지볶음 | 162 | 당근달걀말이 | 58 |
| 가지냉국 | 170 | 궁채볶음(상추대) | 274 | 당근라페 | 56 |
| 가지된장구이 | 164 | 김치콩나물국 | 347 | 당근부침개 | 54 |
| 가지두부말이 | 166 | 김칫국 | 346 | 당근양배추생채 | 58 |
| 가지만두조림 | 166 | 깻잎김치 | 186 | 당근칩 | 60 |
| 가지무침 | 170 | 깻잎맛살말이튀김 | 188 | 데리야키치킨 | 280 |
| 가지수박이 | 168 | 깻잎순나물 | 182 | 돼지갈비찜 | 294 |
| 가지장아찌 | 168 | 깻잎순된장무침 | 182 | 돼지고기고추잡채 | 288 |
| 가지제육볶음 | 162 | 깻잎찜 | 184 | 돼지고기고추장바삭구이 | 290 |
| 가지튀김 | 164 | 깻잎튀김 | 181 | 돼지고기김치찌개 | 360 |
| 간장제육볶음 | 292 | 꽁치김치찌개 | 359 | 돼지고기김치찜 | 294 |
| 갈치조림 | 322 | 꽈리고추감자조림 | 176 | 돼지고기두부두루치기 | 290 |
| 감바스 알 아히오 | 314 | 꽈리고추감자조림 | 36 | 돼지고기두부조림 | 66 |
| 감자냉채 | 41 | 꽈리고추달걀장조림 | 48 | 돼지고기배추볶음 | 286 |
| 감자샐러드 | 40 | 꽈리고추멸치조림 | 254 | 돼지고기부추볶음 | 288 |
| 감자어묵볶음 | 120 | 꽈리고추찜 | 176 | 된장소스깻잎찜 | 184 |
| 감자전 | 38 | | | 된장소스두부조림 | 64 |

373

## 인덱스

| | |
|---|---|
| 된장찌개 | 350 |
| 두부간장조림 | 62 |
| 두부강된장 | 74 |
| 두부강정 | 72 |
| 두부브로콜리무침 | 68 |
| 두부소고기전골 | 366 |
| 두부잡채 | 74 |
| 두부장아찌 | 72 |
| 두부전 | 70 |
| 두부조림 | 62 |
| 두부참치동그랑땡 | 70 |
| 두부톳무침 | 68 |
| 두부튀김조림 | 64 |
| 떡갈비 | 298 |

### ㅁ

| | |
|---|---|
| 마늘종건새우볶음 | 256 |
| 마른오징어무조림 | 260 |
| 마약달걀장 | 43 |
| 마파두부 | 66 |
| 맑은달걀국 | 340 |
| 맑은대구탕(지리) | 364 |
| 맑은순두붓국 | 349 |
| 매운감자조림 | 34 |
| 매운애호박볶음 | 90 |
| 매운어묵꼬치 | 124 |
| 매운콩나물무침 | 146 |
| 매콤멸치볶음 | 252 |
| 매콤오이무침 | 128 |
| 멕시칸샐러드 | 158 |
| 명엽채볶음 | 258 |
| 모둠버섯탕수육 | 88 |
| 무나물 | 194 |
| 무말랭이무침 | 192 |
| 무생채 | 190 |
| 무조림 | 195 |
| 문어조림 | 260 |
| 미나리오이무침 | 268 |
| 미나리전 | 274 |
| 미역오이초무침 | 198 |
| 미역줄기볶음 | 197 |

### ㅂ

| | |
|---|---|
| 배추겉절이 | 202 |
| 배추된장지짐 | 204 |
| 배추삼겹살찜 | 204 |
| 배추생채 | 206 |
| 배추전 | 206 |
| 버터갈릭새우 | 308 |
| 베이컨숙주볶음 | 286 |
| 보쌈무 | 190 |
| 부대찌개 | 355 |
| 부추겉절이 | 210 |
| 부추양파절임 | 210 |
| 부추오믈렛 | 214 |
| 부추전 | 212 |
| 부추표고버섯볶음 | 212 |
| 부추해물샐러드 | 214 |
| 분홍소시지구이 | 154 |
| 불고기 | 302 |
| 브로콜리두부샐러드 | 218 |
| 브로콜리들깨마요무침 | 218 |
| 브로콜리새우볶음 | 220 |
| 브로콜리치즈구이(전) | 220 |
| 브로콜리파프리카피클 | 217 |
| 비지찌개 | 354 |

### ㅅ

| | |
|---|---|
| 삼치간장조림 | 322 |
| 새송이버섯고추장구이 | 84 |
| 새송이버섯말이 | 84 |
| 새우꼬치전 | 312 |
| 새우소금구이 | 310 |
| 새우야채볶음 | 312 |
| 새우튀김 | 310 |
| 생깻잎지 | 186 |
| 소갈비찜 | 300 |
| 소고기달걀장조림 | 48 |
| 소고기뭇국 | 334 |
| 소고기미역국 | 335 |
| 소고기배추된장국 | 336 |
| 소고기배추볶음 | 208 |
| 소고기장조림 | 304 |
| 소고기청경채볶음 | 306 |
| 소떡소떡 | 154 |
| 소시지감자조림 | 152 |
| 소시지야채볶음 | 152 |
| 쇠미역말이 | 200 |
| 쇠미역무침 | 198 |
| 수육 | 296 |
| 숙주무침 | 224 |
| 숙주베이컨볶음 | 226 |
| 숙주소고기볶음 | 226 |
| 숙주잡채 | 228 |
| 숙주채소찜 | 223 |
| 순두부찌개 | 352 |
| 스팸두부고추장찌개 | 357 |
| 스팸두부구이 | 156 |
| 스팸두부조림 | 156 |
| 시금치달걀말이 | 44 |
| 시금치된장무침 | 230 |
| 시금치무침 | 230 |
| 시금치바지락된장국 | 337 |
| 시금치샐러드 | 232 |
| 시금치프리타타 | 234 |
| 시금치해물볶음 | 232 |

## ㅇ

| 항목 | 페이지 |
|---|---|
| 알감자조림 | 36 |
| 애호박가지된장볶음 | 94 |
| 애호박감자고추장찌개 | 356 |
| 애호박구이 | 94 |
| 애호박달걀말이 | 100 |
| 애호박두부구이 | 96 |
| 애호박볶음 | 90 |
| 애호박새우젓지짐 | 92 |
| 애호박오징어전 | 98 |
| 애호박전 | 98 |
| 애호박채볶음 | 92 |
| 애호박채전 | 96 |
| 양배추롤 | 106 |
| 양배추베이컨볶음 | 104 |
| 양배추샐러드 | 102 |
| 양배추찜 | 106 |
| 양배추참치빈대떡 | 108 |
| 양배추피클 | 104 |
| 양파고추장아찌 | 110 |
| 양파김치 | 112 |
| 양파무침 | 114 |
| 양파볶음 | 116 |
| 양파비빔장 | 114 |
| 양파양배추장아찌 | 110 |
| 양피장이찌 | 110 |
| 양파카레 | 118 |
| 양파튀김 | 116 |
| 어묵곤약조림 | 122 |
| 어묵뭇국 | 341 |
| 어묵볶음 | 120 |
| 어묵샐러드 | 126 |
| 어묵조림 | 122 |
| 어묵튀김 | 125 |
| 얼갈이된장국 | 338 |
| 얼큰콩나물국 | 344 |
| 연근버섯조림 | 244 |
| 연근전 | 246 |
| 연근조림 | 244 |
| 연근카레전 | 246 |
| 연근튀김 | 250 |
| 연근피클 | 248 |
| 연두부미역냉채 | 76 |
| 오이겨자무침 | 130 |
| 오이고추된장무침 | 174 |
| 오이고추소박이 | 174 |
| 오이냉국 | 136 |
| 오이도라지생채 | 134 |
| 오이된장무침 | 130 |
| 오이미역냉국 | 136 |
| 오이소고기볶음 | 138 |
| 오이소박이 | 132 |
| 오이파무침 | 132 |
| 오이피클 | 134 |
| 오징어간장조림 | 326 |
| 오징어뭇국 | 343 |
| 오징어볶음 | 326 |
| 오징어숙회파말이 | 328 |
| 오징어순대 | 330 |
| 오징어어묵국 | 342 |
| 오징어오이초무침 | 328 |
| 오징어튀김 | 330 |
| 우럭매운탕 | 363 |
| 우삼겹샐러드 | 304 |
| 우엉강정 | 242 |
| 우엉고추장무침 | 238 |
| 우엉깨소스무침 | 238 |
| 우엉잡채 | 236 |
| 우엉조림 | 236 |
| 우엉찹쌀구이 | 240 |
| 우엉튀김 | 240 |
| 유장조기구이 | 318 |
| 육개장 | 362 |
| 으깬오이무침 | 128 |

## ㅈ

| 항목 | 페이지 |
|---|---|
| 조개탕 | 365 |
| 조기찜 | 318 |
| 진미채무침 | 262 |
| 진미채버터구이 | 264 |
| 진미채볶음 | 262 |
| 짜장 | 367 |

## ㅊ

| 항목 | 페이지 |
|---|---|
| 차돌박이된장찌개 | 351 |
| 참깨소스연근샐러드 | 248 |
| 참나물무침 | 266 |
| 참치고추장전 | 140 |
| 참치김치찌개 | 358 |
| 참치깻잎전 | 140 |
| 참치달걀말이 | 44 |
| 참치두부두루치기 | 142 |
| 참치무조림 | 142 |
| 참치샐러드 | 144 |
| 찹스테이크 | 302 |
| 청경채굴소스볶음 | 272 |
| 청국장찌개 | 353 |
| 취나물고추장무침 | 270 |
| 취나물된장무침 | 270 |
| 칠리새우 | 308 |

## ㅋ

| 항목 | 페이지 |
|---|---|
| 카레 | 368 |
| 칼국숫집겉절이 | 202 |
| 코울슬로 | 102 |
| 콩나물냉국 | 345 |
| 콩나물무침 | 146 |
| 콩나물미나리무침 | 146 |
| 콩나물볶음 | 148 |

## 인덱스

콩나물잡채　　　150
콩나물제육볶음　　　148

### ㅌ

토마토달걀볶음　　　52

### ㅍ

팽이버섯냉채　　　80
팽이버섯베이컨말이　　　80
팽이버섯전　　　78
폭탄달걀찜　　　50
표고버섯고기전　　　86
표고버섯조림　　　86
푸딩달걀찜　　　50

### ㅎ

한입팽이버섯전　　　78
햄감자채볶음　　　32
햄달걀말이　　　46
햄카츠　　　158
황태채무침　　　258

### A-Z

LA갈비구이　　　300